工业和信息化
精品系列教材

U0683902

Java

程序设计
任务式教程

慕课版

梁凡 许建豪◎主编

褟静 李先贵 廖慧茜◎副主编

人民邮电出版社

北 京

图书在版编目（CIP）数据

Java 程序设计任务式教程：慕课版 / 梁凡，许建豪
主编． -- 北京 ：人民邮电出版社，2025． -- （工业和信
息化精品系列教材）． -- ISBN 978-7-115-66492-1

Ⅰ．TP312.8

中国国家版本馆 CIP 数据核字第 2025FH8350 号

内 容 提 要

本书是一本适合初学者的 Java 入门图书，旨在帮助读者快速掌握 Java 知识。书中以一个购物管理系统项目作为引导，共 8 个任务。本书的主要知识点和技能包括初识 Java、编程基础、选择结构与常见类、循环结构、数组与方法、类与对象、集合、异常处理机制与 I/O 流等。每个任务都包含任务描述、知识储备、任务实施、任务小结、同步练习和拓展项目实训等内容。其中，拓展项目实训是开发博物馆访客信息管理系统，旨在帮助读者熟悉项目开发流程，进一步巩固和提升项目开发技能。

本书内容深入浅出，不仅适合作为高等院校本、专科相关专业的 Java 程序设计课程教材，也适合从事计算机应用工作的工程技术人员自学。

◆ 主　 编　梁 凡　许建豪
　　副主编　禤　静　李先贵　廖慧茜
　　责任编辑　刘 佳
　　责任印制　王　郁　焦志炜
◆ 人民邮电出版社出版发行　　北京市丰台区成寿寺路 11 号
　　邮编 100164　电子邮件 315@ptpress.com.cn
　　网址 https://www.ptpress.com.cn
　　北京市艺辉印刷有限公司印刷
◆ 开本：787×1092　1/16
　　印张：14.25　　　　　　　　2025 年 9 月第 1 版
　　字数：364 千字　　　　　　2025 年 9 月北京第 1 次印刷

定价：56.00 元

读者服务热线：(010)81055256　印装质量热线：(010)81055316
反盗版热线：(010)81055315

本书以党的二十大精神为指导，以社会主义核心价值观为引领，融价值塑造、知识传授和能力培养于一体，力求做到润物无声地全过程育人。本书以培养学生数字工匠精神为出发点，融入"1+X"Java 应用开发职业技能等级证书考试的相关要求，着重强调项目开发流程的规范性、代码书写的规范性，以及提高读者对程序设计精益求精的职业素养。本书由校企联合编写，突出产教融合、科教融汇的特点，内容通俗易懂，可让读者轻松理解并迅速掌握 Java 知识。

本书是中国特色高水平高职学校软件技术专业群重点建设课程的配套教材，是广西壮族自治区级职业教育在线精品课程、广西壮族自治区职业教育课程思政示范课程"Java 程序设计"的配套教材。

• 内容介绍

本书以一个购物管理系统项目为载体，按照项目开发流程分为 8 个任务。

任务 1 是搭建购物管理系统开发环境，主要介绍 Java 的特性、发展历程、JDK 的安装与配置、常用开发工具的安装与使用等内容，以及完成创建项目、系统欢迎界面、系统主菜单界面等子任务。

任务 2 是存储单个购物数据，主要介绍标识符、数据类型、变量与常量、运算符和数据类型转换等编程基础知识，以及完成存储购物数据、计算购物总金额、判断会员是不是幸运顾客等子任务。

任务 3 是实现系统界面，主要介绍选择结构、多分支选择结构、嵌套选择结构和常见类的操作等内容，以及完成系统登录验证、系统菜单选择、显示客户信息和幸运抽奖等子任务。

任务 4 是统计购物数据，主要介绍 3 种循环结构、循环的中断、二重循环等内容，以及完成循环登录验证、循环录入商品信息、循环添加商品至购物车并结算等子任务。

任务 5 是处理批量购物数据，主要介绍数组、方法等内容，以及完成分析顾客消费等级、统计购物数据、分析多位顾客的购物数据等子任务。

任务 6 是实现管理模块，主要介绍类、对象、封装、继承、接口、多态、内部类、Lambda 表达式等内容，并使用面向对象程序设计的核心思想设计购物管理系统的增、删、改、查功能。

任务 7 是优化存储结构，主要介绍 Collection 接口、List 接口、泛型、Set 接口、Map 集合，以及遍历集合等内容，并实现基于集合的购物管理系统的增、删、改、查功能。

任务 8 是异常处理和数据的导入与导出，主要介绍异常的分类与异常处理的方法、常见 I/O 流的操作、File 类的方法和应用等内容，以及完成录入购物数据及数据的导入与导出子任务。

• 配套资源

本书附有微课视频、示例源代码、教学大纲、PPT课件、教案、教学进度表、试题库等教学资源，还增设 AIGC 学习工具助力读者学习，所有资料均可通过人邮教育社区（https://www.ryjiaoyu.com/）下载。另外，与本书配套的慕课在超星"学银在线"开放，课程名称为《Java 程序设计（第 13 期）》，读者可以登录学习。由于本书配套视频依托该课程建设，内容编写与视频制作在时间和侧重点上存在差异，可能出现视频与书中文字不完全一致的情况，但这并不影响学习，反而能为您提供多视角的知识呈现。

• 本书的素质拓展

本书以"立德树人、价值引领、匠心独运、润物无声"为设计理念，在教学设计上遵循人格引领，将社会主义核心价值观和中华优秀传统文化相融合，将显性教育与隐性教育相结合，做到润物无声，全面培养学生的数字工匠精神和社会主义职业精神，提高综合职业素养。

每个素质拓展的教学活动过程，教师和学生都应参与其中。在课堂教学中，教师可结合表 1 中的内容，引导学生进行思考或展开讨论。

表1　教学内容与素质拓展

页码	内容引导	思考问题	素质拓展
2、3、4	Java 的发展历程 对 Java 人才的需求	1. Java 的发展对软件开发领域有什么影响？ 2. 在学习过程中如何培养创新意识？	创新精神 创新意识
23、24、25	注释的使用和标识符的命名规则	1. 如何规范地使用注释和标识符？ 2. 如何养成良好的编码习惯？	规范意识 数字工匠精神
50、51	BMI 体重判断程序	1. 在保证健康的情况下如何控制自己的 BMI？ 2. 如何养成良好的生活习惯？	自我管理 自律能力
53	if 语句	1. 如何理解 if 语句"非此即彼"的思想？ 2. 什么是"二元互补"哲学思想？	合作意识 团队精神
59、60	计算中华人民共和国成立周年	1. 你了解我国的发展历程吗？ 2. 如何珍惜现在的美好生活？	爱国情怀 科技报国
72	巴金小说《秋》与循环结构	1. 如何理解巴金小说《秋》中"花谢花开……"的含义？ 2. 循环结构的作用是什么？	持之以恒 锲而不舍
74	输出社会主义核心价值观数组	1. 什么是社会主义核心价值观？ 2. 如何使用数组输出社会主义核心价值观？	正确价值观 正确人生观
108、109	使用方法输出《己亥杂诗（其五）》	1. 龚自珍《己亥杂诗（其五）》表达了什么思想？ 2. 如何使用方法输出《己亥杂诗（其五）》？	家国情怀 提升文化品位
124、125	定义航天员类	1. 航天员类有哪些特征？ 2. 成为中国航天员需要哪些品质？	勇于探索进取 民族自豪感
138、139	定义新能源汽车类	1. 我国的新能源汽车有什么特点？ 2. 如何定义新能源汽车类的属性和方法？	环保节能 创新超越
162、163	集合的作用	1. 集合中的元素都是同一种数据类型的吗？ 2. 集合有什么作用？	同舟共济 团队精神
195、196	异常处理概述	1. 程序中的异常处理与实际生活有什么关系？ 2. 如何理解程序的异常处理？	积极面对失败 勇于解决困难

- **联系我们**

本书由南宁职业技术大学的梁凡、许建豪担任主编，禤静、李先贵、廖慧茜担任副主编，广西塔易信息技术有限公司给予项目指导。

在编写本书的过程中，虽然编者力求准确和完善，但难免有疏漏和不足之处，欢迎各界专家和读者给予宝贵意见，不胜感激！

编 者

2025 年 2 月

目 录

目 录

任务1
搭建购物管理系统开发环境
——初识Java

1.1　任务描述

　　小林如愿以偿地进入了大学，成为软件技术专业的一名新生。他来到大学校园已经有一个星期，认真聆听了老师们的入学教育和专业介绍，一直很期待专业课程的学习。在高中时，他学习过计算机的基础知识，知道什么是软件，也知道开发软件需要工具、需要学习编程语言。领到新课本的那一刻，他非常兴奋，希望能学好 Java，开发出自己的软件作品。

　　小林去学校超市买东西，经常会和超市的收银员聊天，看到收银员使用的软件系统，觉得该系统功能挺简单。所以，他决定试一试，从开发一个小型的超市购物管理系统开始，逐步学习 Java 的专业知识。目前，他需要先搭建好开发 Java 项目需要的环境。

任务目标	<ul><li>搭建系统开发环境</li><li>使用 Eclipse 创建购物管理系统项目</li><li>创建购物管理系统的欢迎界面和主菜单界面</li></ul>
知识目标	<ul><li>了解 Java 的特性和发展历程</li><li>掌握 Java 开发环境的搭建和环境变量的配置</li><li>掌握 Eclipse 和 IntelliJ IDEA 的安装和使用</li><li>学会使用简单的输出语句</li></ul>
素养目标	<ul><li>培养学生开放和创新的思维模式</li><li>督促学生端正学习态度，养成良好的学习习惯</li><li>培养学生的创新精神和创新意识</li></ul>

1.2　知识储备

　　要搭建项目开发环境，需要了解 Java 的特性和发展历程，熟悉 Java 程序的运行机制。另外，还需要熟悉常用的集成开发环境，这样才能高效地开发购物管理系统。

1.2.1　Java 简介

1. 什么是 Java

　　Java 是一种应用广泛的高级编程语言，由 Sun 公司（后被 Oracle 公司收购）的詹姆斯·高斯林（James Gosling）和他的团队在 1995 年开发而成。

微课

Java 简介

Java 最初是为网络应用程序设计而开发的，它的主要作用是使开发人员能够编写一次代码，然后将代码在不同的计算机系统上运行，而不需要对代码进行修改。

Java 具有许多优秀的特性，包括可移植性、安全性、面向对象、平台独立性、垃圾回收机制等。Java 程序可以在任何支持 Java 虚拟机（Java Virtual Machine，JVM）的计算机上运行，这使得 Java 成为一种非常流行的编程语言，并广泛应用于 Web 开发、企业级应用、移动应用、大数据处理等领域。

另外，Java 的类库也非常丰富，包含许多常用的 API（Application Program Interface，应用程序接口）和工具，如集合框架、Swing GUI（Graphical User Interface，图形用户界面）库、JavaBeans、XML（Extensible Markup Language，可扩展标记语言）解析器、JDBC（Java DataBase Connectivity，Java 数据库连接）等，可以帮助开发人员迅速开发各种应用程序。由于 Java 易于学习、使用和维护，因此它成为当今最流行的编程语言之一。

2．Java 的特性

（1）面向对象

Java 是一种完全面向对象的编程语言。它支持类、继承、多态和封装等面向对象的特性，使得开发人员可以灵活地组织和管理代码。面向对象程序设计的核心是把问题分解成对象，并分别定义这些对象的属性和方法。

（2）安全性

Java 具有很高的安全性。Java 程序运行在 JVM 中，不与操作系统直接交互。JVM 通过安全管理器来保证 Java 程序的安全性，控制程序的访问权限，防止恶意程序对系统造成危害。

（3）多线程

Java 具有良好的多线程支持，可以轻松实现并发编程。多线程可以提高程序的执行效率，使程序可以同时执行多个任务。

（4）健壮性

Java 程序的编译和执行都会进行层层检查，这使得 Java 程序具有很强的健壮性。Java 还具有异常处理机制，使程序在出现错误时能够恰当地响应，不会轻易崩溃。

（5）平台独立性和可移植性

Java 程序在编译时会被编译成字节码，这些字节码可以在任何支持 JVM 的平台上运行。JVM 将字节码转换成本地机器码，使得 Java 程序可以在任何平台上运行，方便代码的移植，这就是平台独立性和可移植性。

（6）自动内存管理

Java 具有自动内存管理机制，开发人员不需要手动管理内存，JVM 会自动对内存进行管理，包括分配、释放和回收等操作。这种机制可以减少开发人员的工作量，同时也可以避免一些常见的内存管理错误。

3．Java 的发展历程

Java 于 1995 年诞生，1996 年 Java 1.0 发布。Java 1.0 是第一个正式发布的 Java 版本，引入许多 Java 的核心特性，如面向对象、垃圾回收机制和平台独立性等。

1998 年 Java 1.2 发布。Java 1.2 是对 Java 平台的重大升级，它引入了集合框架、内部类、反射、JavaBeans、Swing GUI 库等内容。

2000 年 Java 1.3 发布。

2002 年 Java 1.4 发布。Java 1.4 是 Java 真正走向成熟的一个版本，代表技术包括：正则表达式、异常链、NIO、日志类、XML 解析器和 XSLT 转换器等。

2004 年 Java 1.5（更名为 Java 5）发布。Java 5 引入了许多新功能，如泛型、枚举类型、自动装箱/拆箱、注解和增强的 for 循环等。

2006 年 Java 6 发布。Java 6 新增了脚本语言支持、JDBC 4.0 API、JAX-WS 等特性。

2009 年 Oracle 收购 Sun 公司，成为 Java 的主要维护者和支持者。

2014 年 Java 8 发布。Java 8 是一个重要的里程碑，引入了函数式编程的概念，包括 Lambda 表达式、Stream API 和新的日期/时间 API 等。

2017 年 Java 9（JDK 9）发布。Java 9 引入了模块化系统，可提供更好的可伸缩性和安全性，还包括一些新的语言特性和 API 改进。

2018 年 3 月 Java 10（JDK 10）发布。Java 10 增加了一些新功能，如局部变量类型推断、垃圾回收器接口等。

2018 年 9 月 Java 11（JDK 11）发布。Java 11 是一个长期支持（Long-Term Support，LTS）版本，引入了 HTTP 客户端 API、本地变量语法增强、动态类文件常量等新特性。

2020 年 3 月 Java 14（JDK 14）发布。Java 14 引入了一些新功能，如 switch 表达式、记录类型、Pattern 匹配等。

2021 年 Java 17（JDK 17）发布。Java 17 带来了多个新特性，包括恢复严格的浮点语义、改进的字符串处理、新的垃圾回收机制等，是一个长期支持（LTS）版本。

2022 年 Java 18（JDK 18）发布。Java 18 增加了默认使用 UTF-8 字符编码、简易 Web 服务器等功能。

2023 年 9 月 Java 21（JDK 21）发布。Java 21 引入了虚拟线程、结构化并发、动态加载代理等新特性。

2024 年 9 月 Java 23（JDK 23）发布。Java 23 扩展了 Java 的模式匹配能力，新增对原始类型在 instanceof 和 switch 中的支持等。

Java 的发展一直持续至今，每个新版本都会引入新的特性和改进，以满足不断变化的编程需求和适应技术趋势。Java 版本的发展线路如图 1-1 所示。

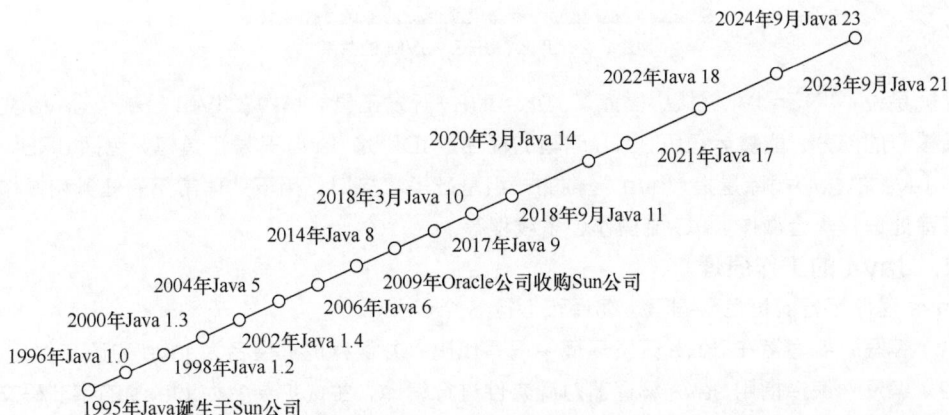

图 1-1　Java 版本的发展线路

在我国的 IT 行业，许多企业都在使用 Java 进行软件开发，尤其是大型互联网公司、金融机构、电子商务平台等。随着数字化转型的不断推进，对能够开发高质量、高性能应用程序的 Java

工程师的需求也在不断增加，Java 工程师除了需要具备专业的编程技能，还需要有开放和创新的思维模式、不断学习与进取的精神。具备 Java 编程能力的人才在当前和未来都将具有很好的就业前景和发展空间。

1.2.2　Java 程序的运行机制

理解 Java 程序的运行机制可以帮助开发人员开发出高效、稳定、安全的 Java 应用程序。要理解 Java 程序的运行机制，首先要了解 Java 的组成。

1. Java 的组成

Java 主要由 3 个部分组成：Java 编程语言、Java 开发工具和 Java 运行环境。

（1）Java 编程语言

Java 是一种面向对象的编程语言，具有类、继承、多态和封装等面向对象的特性，还具有自动内存管理、异常处理、泛型、多线程支持等特性，使得开发人员可以编写出健壮、安全和高性能的应用程序。

（2）Java 开发工具

Java 提供了丰富的开发工具，包括编译器、调试器、集成开发环境（Integrated Development Environment，IDE）等。其中，最重要的是 Java Development Kit（JDK），它包含了编译器（javac）、JVM、Java 标准类库（Java Standard Library）和其他工具，用于开发和运行 Java 程序。

（3）Java 运行环境

Java 运行环境（Java Runtime Environment，JRE）包含 JVM 和核心类库，提供在计算机上运行 Java 程序所需的运行环境。用户在计算机上安装 JRE 后，就可以运行 Java 程序，而不需要安装 JDK。但如果需要进行 Java 程序的开发工作，是需要额外安装 JDK 的。

JDK、JRE、JVM 可以说是 Java 中 3 个非常重要的组件，三者的关系如图 1-2 所示。

图 1-2　JDK、JRE、JVM 的关系

也就是说，JRE=JVM+核心类库、JDK=JRE+开发工具。其中，JVM 是整个 Java 实现跨平台最核心的部分，能够运行用 Java 编写的程序。JDK 是 Java 开发工具包，包括 JRE、开发工具。Java 的核心类库是指 Java 提供的一组基础类和接口，用于处理常见的任务和操作，包括字符串处理、集合操作、I/O 流操作、多线程等。

2. Java 的工作原理

Java 程序运行流程包含编写、编译和运行 3 个步骤。

（1）编写。编写指在 Java 开发环境中编写代码，并保存成扩展名为.java 的源文件。

（2）编译。编译指用 Java 编译器对源文件进行编译，生成扩展名为.class 的字节码文件，而不是像 C 语言那样生成可执行文件。

（3）运行。运行指使用 Java 解释器将字节码翻译成机器码，然后执行并显示结果。

Java 程序运行流程如图 1-3 所示。

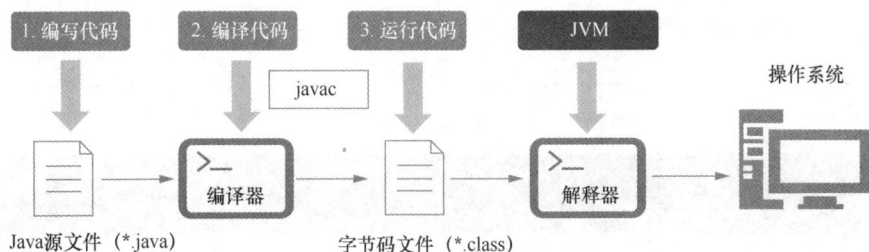

图 1-3 Java 程序运行流程

字节码文件是一种二进制文件，是一种与机器环境及操作系统无关的中间代码文件，是 Java 源程序由 Java 编译器编译后生成的目标代码文件。编程人员和计算机都无法直接读懂字节码文件，它必须由专用的 Java 解释器来解释执行。

Java 解释器负责将字节码解释成具体硬件平台和操作系统环境下的机器码。因此，Java 程序不能直接运行在现有的操作系统上，它必须运行在相应操作系统的 JVM 上。JVM 是运行 Java 程序的软件环境，Java 解释器是 JVM 的一部分。运行 Java 程序时，首先启动 JVM，由 JVM 负责解释执行 Java 字节码文件，并且 Java 字节码文件只能运行在 JVM 上。这样，JVM 就可以把 Java 字节码文件与具体的硬件平台及操作系统环境分割开来，只要安装了针对特定平台的 JVM，Java 程序就可以在不同的计算机上运行，而不用考虑当前具体的硬件平台及操作系统环境，也不用考虑字节码文件是在哪个平台上生成的。JVM 把在不同硬件平台上的具体差别隐藏起来，从而实现了真正的跨平台运行。

1.2.3 安装与配置 JDK

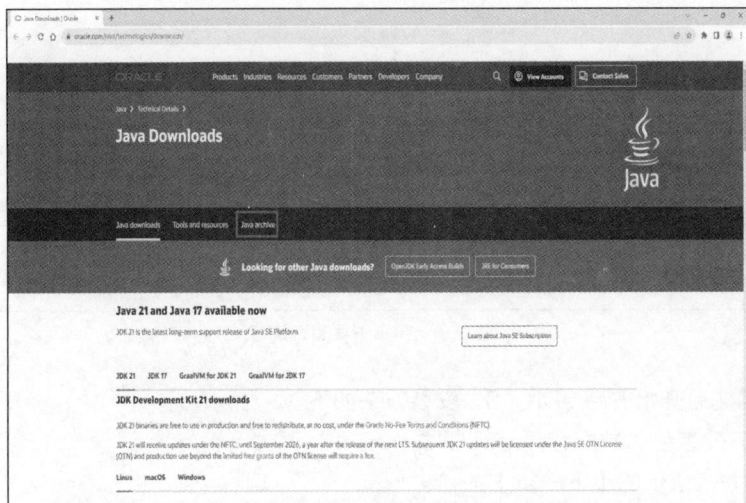

1. 安装 JDK

Oracle 公司提供了多种操作系统的 JDK，最新的 JDK 版本可在 Oracle 官网查看。每种操作系统的 JDK 在使用上非常相似，开发人员可以根据自己使用的操作系统，从 Oracle 官网下载相应的 JDK 安装文件。接下来以 64 位的 Windows 10 系统为例演示 JDK 18 的安装过程，具体步骤如下。

微课

安装与配置 JDK

（1）访问 Oracle 官网，单击【Products】下【Java】选项，进入 Java 软件页面，如图 1-4 所示，单击【Java archive】，进入 Java 版本选择界面。

图 1-4 Oracle 官网

（2）在 Java 版本选择界面（见图 1-5），单击【Java SE 18】。

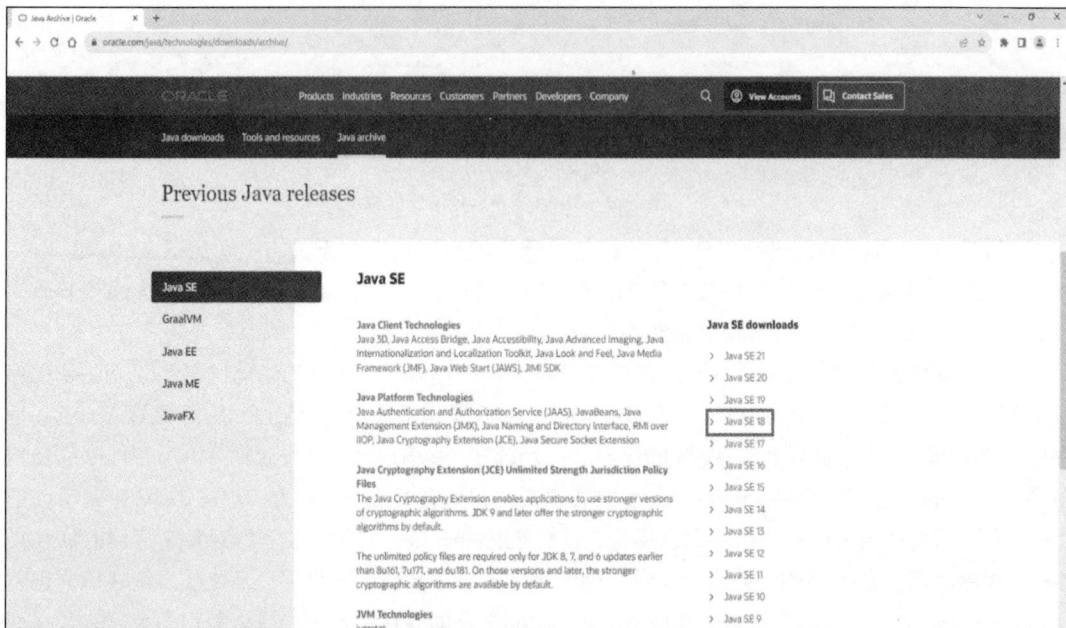

图 1-5　Java 版本选择界面

（3）图 1-6 所示为单击对应系统版本的下载超链接。

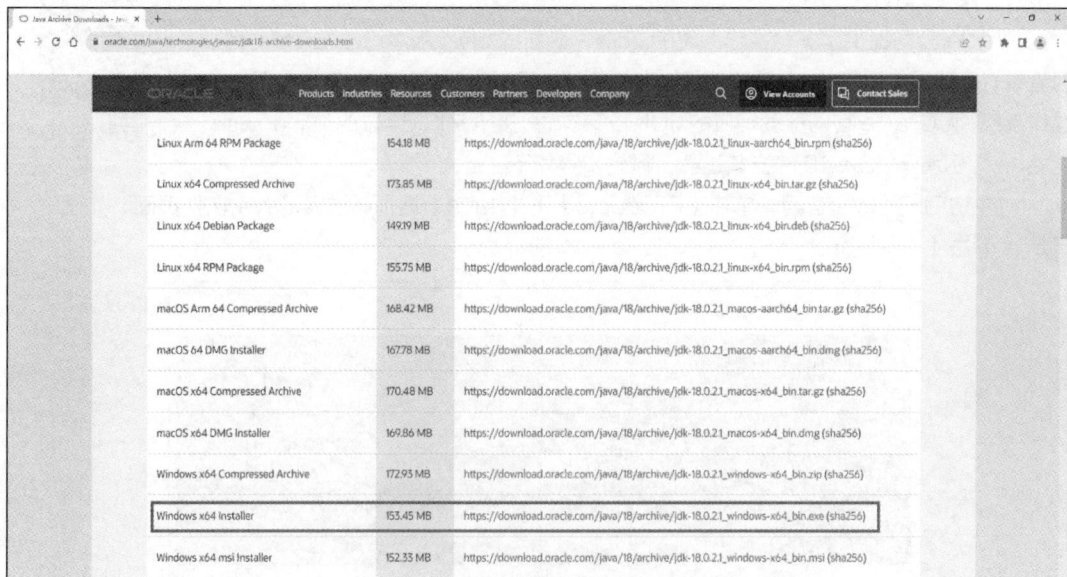

图 1-6　单击下载超链接

（4）下载完成后开始安装 JDK 18，安装方法如下。

① 双击打开安装包（扩展名是 .exe 的文件）。

② 单击图 1-7 所示的【下一步】按钮。

③ 在打开的界面中单击【更改】按钮，可选择安装路径。本例使用默认安装路径。单击

图 1-8 所示的【下一步】按钮开始安装 JDK，安装完成后单击【关闭】按钮，则完成 JDK 的安装。

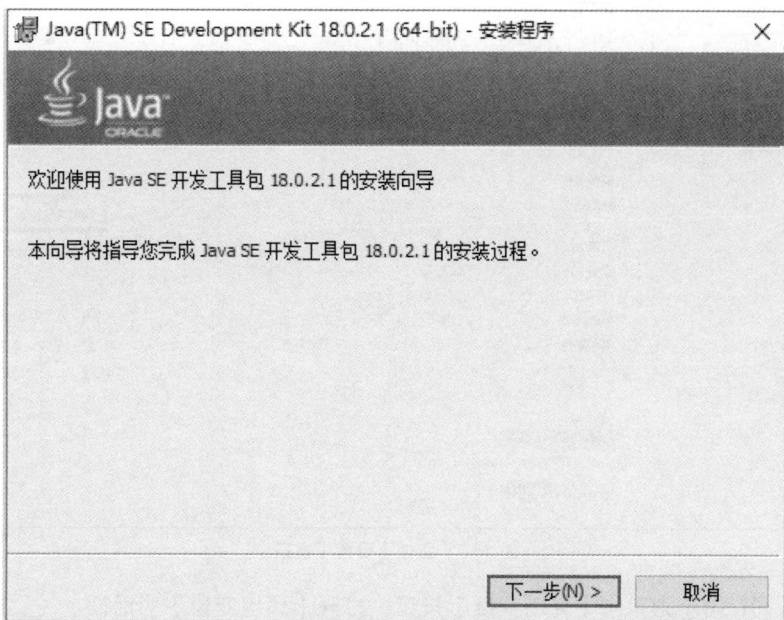

图 1-7　JDK 18 安装向导

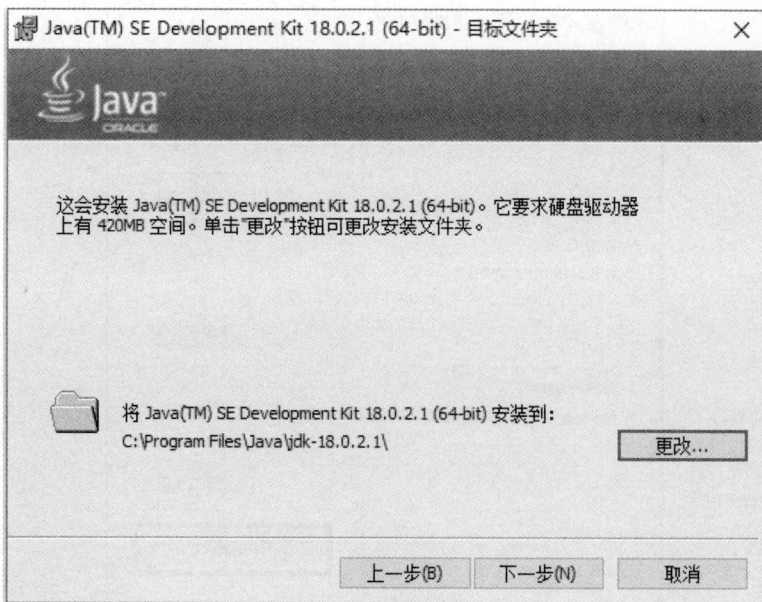

图 1-8　安装位置选择

2. 配置环境变量

安装好 JDK 后，需要对它进行配置，将其安装路径添加到环境变量中，步骤如下。

（1）在桌面上右击【此电脑】，选择【属性】，进入属性【设置】窗口。

（2）选择【高级系统设置】，如图 1-9 所示，打开【系统属性】对话框。

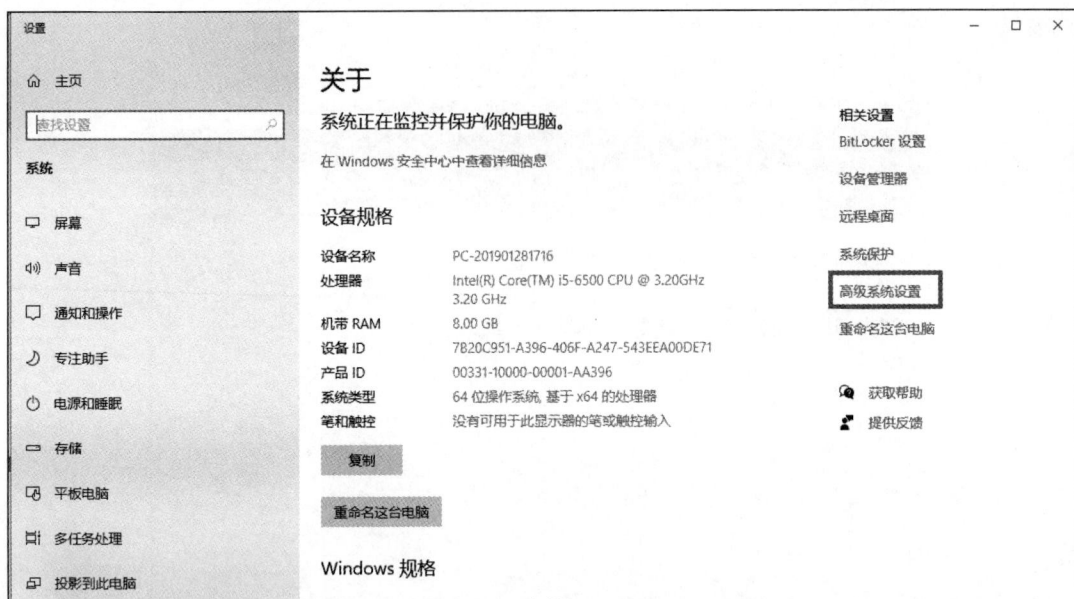

图 1-9　属性【设置】窗口

（3）图 1-10 所示为单击【环境变量】按钮，打开【环境变量】对话框。

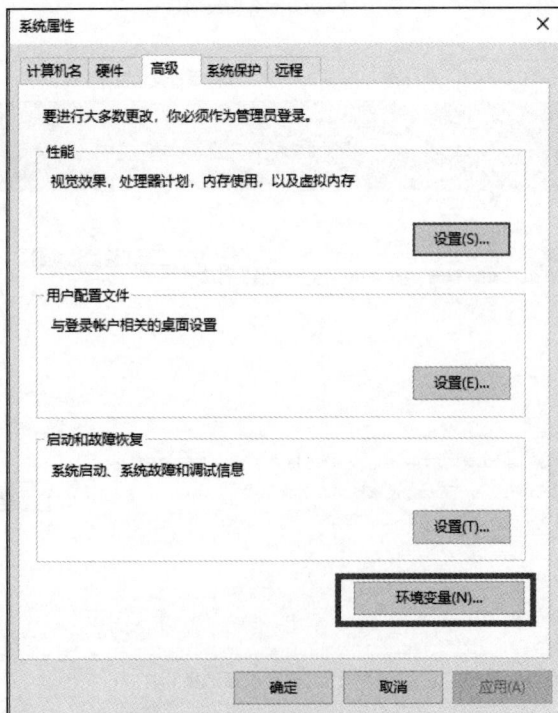

图 1-10　【系统属性】对话框

（4）图 1-11 所示为在【系统变量】下单击【新建】按钮。

（5）在弹出的【编辑系统变量】对话框中输入变量名 JAVA_HOME，变量值为 JDK 的安装路径，如图 1-12 所示。单击【确定】按钮，返回【环境变量】对话框。

图 1-11　新建 JDK 系统变量

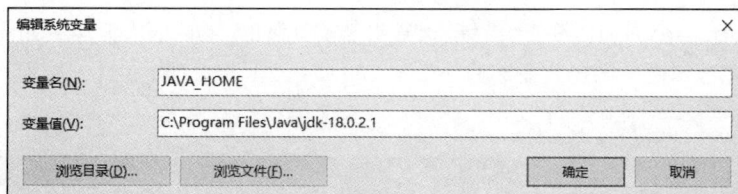

图 1-12　编辑 JDK 系统变量

（6）在【系统变量】中选择【Path】，如图 1-13 所示，单击【编辑】按钮。

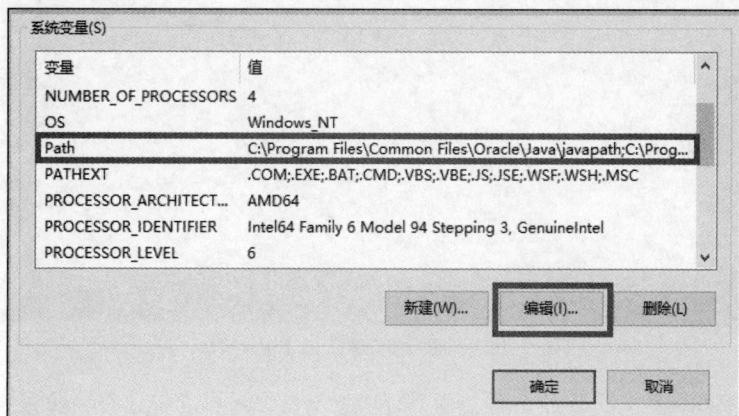

图 1-13　添加 JDK 到 Path

（7）在弹出的对话框中单击【新建】按钮，新建一行空记录，输入%JAVA_HOME%\bin，单击 3 次【确定】按钮完成配置。

（8）检验是否配置成功。

① 同时按 Win 键和 R 键，打开【运行】对话框，如图 1-14 所示，输入 cmd，单击【确定】按钮进入命令提示符窗口，如图 1-15 所示。

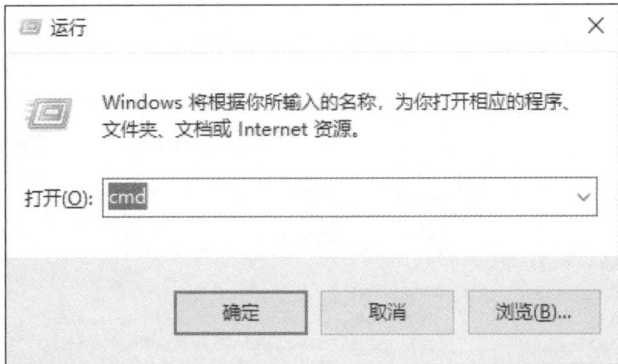

图 1-14 【运行】对话框

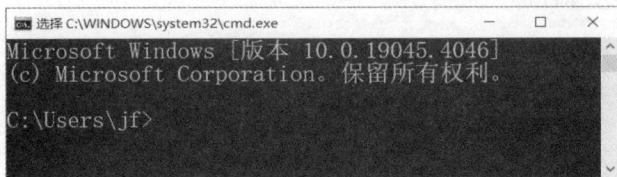

图 1-15 命令提示符窗口

② 输入 java –version，按 Enter 键，查看当前安装的 JDK 版本信息，如图 1-16 所示，出现安装的 JDK 版本信息则代表安装成功。

图 1-16 查看当前安装的 JDK 版本信息

③ 输入 javac.exe，按 Enter 键，查看环境变量是否配置成功，若出现图 1-17 所示的运行结果，则说明环境变量配置成功。

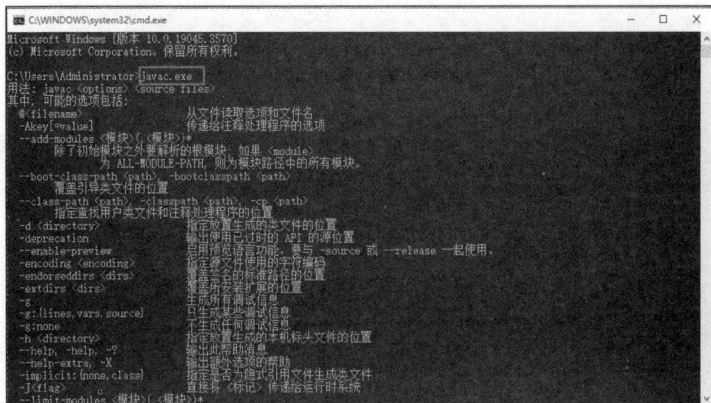

图 1-17　查看环境变量是否配置成功

1.2.4　编写第一个 Java 程序

1. 使用记事本开发 Java 程序

接下来使用记事本来体验一下 Java 程序的开发。

编写第一个 Java 程序

📖【例 1-1】编写第一个 Java 程序，使用输出语句输出一句话。

在某路径（如 E:\学习）下新建一个文本文档，其名称是 HelloWorld.txt。用记事本程序打开该文档，在里面编写下面这段代码。

```
1.   public class HelloWorld{
2.       public static void main(String[] args){    // 程序入口,main()方法
3.           System.out.println("I love Java! ");          // 输出语句
4.       }
5.   }
```

说明如下。

● 语句 public class HelloWorld 声明创建一个名为 HelloWorld 的类，class 关键字表示一个类声明的开始，类声明由 class 关键字和类名组成，类内容由一对大括号括起来。在本例中，类定义开始于第 1 行的大括号，结束于最后一行的大括号。

● 语句 public static void main（String[] args）是 main()方法的定义，main()方法是 Java 程序的入口，也叫主方法，代表程序从这里开始运行。

● System.out 是 Java 提供的标准输出对象，println()是该对象的一个方法，用于向屏幕输出信息。所以，第 3 行是一条输出语句，输出双引号中的内容。

在记事本中编写好以上代码后，保存文件。接着把扩展名修改为.java，即改成 HelloWorld.java，这就生成了一个 Java 源文件。注意，该源文件名必须与程序中第一行声明的类的名字完全一致。如果需要修改 Java 源文件，则右击并选择【编辑】即可修改代码。

🕹【知识小秘诀】

➢　Java代码缩进的规范是为了提高代码的可读性，一般使用4个空格作为一个缩进单位。一些开发人员或团队可能会选择使用制表符（Tab）进行缩进，但这种方法会导致不同编辑器之间的显示效果不一致。

> ➤ 块缩进：通常新的代码块应该相对于之前的代码块向右缩进一个缩进单位。
>
> ➤ 行长度：为了提高代码的可读性，建议每行代码不超过80个字符。如果一行代码过长，可以考虑将其拆分成多行。
>
> ➤ 避免不必要的缩进：不要因为空格或制表符而增加不必要的缩进。例如，一个代码块的结束大括号之后不需要添加额外的缩进。
>
> ➤ 注释："//"符号后面的语句是注释，不会执行。

2. 编译程序

使用 javac.exe 工具编译 Java 程序，步骤如下。

（1）在 HelloWorld.java 文件所在路径的地址栏输入 cmd，如图 1-18 所示，进入命令提示符窗口。使用此方法进入命令提示符窗口后会默认在源文件所在的路径下。

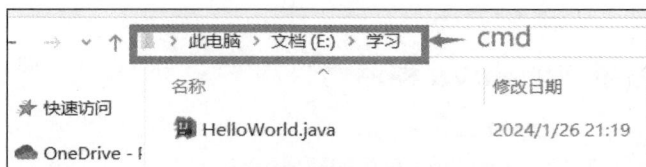

图 1-18　输入 cmd

（2）在 E:\学习>后输入 javac HelloWorld.java，按 Enter 键，如果没有报错，则对程序进行了编译，命令提示符窗口的显示如图 1-19 所示。

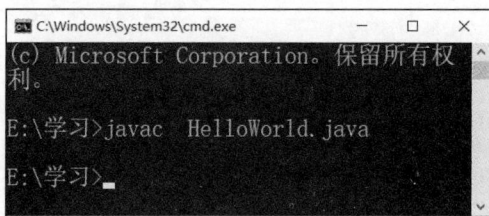

图 1-19　编译源文件

3. 运行程序

编译成功后会在当前路径下生成一个字节码文件 HelloWorld.class。在命令提示符窗口中输入 java HelloWorld，按 Enter 键，得到运行结果，如图 1-20 所示。

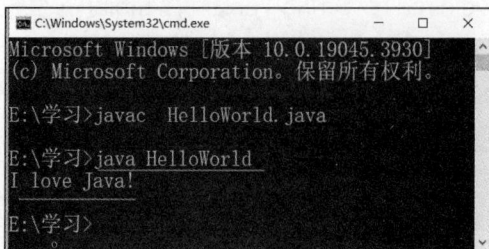

图 1-20　程序运行结果

1.2.5　常用开发工具

在实际项目开发过程中，使用记事本编写程序速度慢，且容易出错，所以开发人员很少用它来编写代码。为了提高程序的开发效率，大部分开发人员都会使用集成开发环境（IDE）来进行

Java 程序的开发。正所谓"工欲善其事，必先利其器"，接下来就为读者介绍两种常用的开发工具：Eclipse 和 IntelliJ IDEA。

1. Eclipse 的安装

Eclipse 的安装非常简单，读者可进入 Eclipse 官网免费下载。本书使用的 Eclipse 版本是绿色版，将下载好的安装包解压保存到某目录（如 D:\eclipse）下就可以使用了。

微课

Eclipse 开发工具

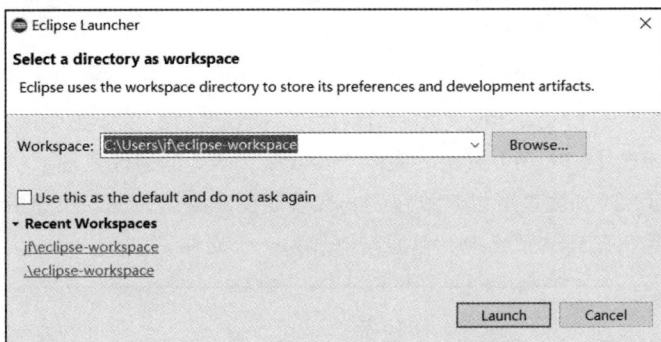

2. Eclipse 的使用

（1）第一次打开 Eclipse 会弹出【Eclipse Launcher】对话框，在界面中选择所要使用的工作空间（Workspace），即项目的存放地址，如图 1-21 所示。如果以前使用过其他工作空间，单击输入框右边的下拉按钮，可以选择其他工作空间。如果要新建工作空间，则单击【Browse】按钮，在打开的对话框中选择新的路径地址，最后单击【Launch】按钮。勾选【Use this as the default and do not ask again】复选框，之后打开 Eclipse 时就不会再出现此询问对话框。

图 1-21 【Eclipse Launcher】对话框

（2）选择【File】→【New】→【Other】，如图 1-22 所示。

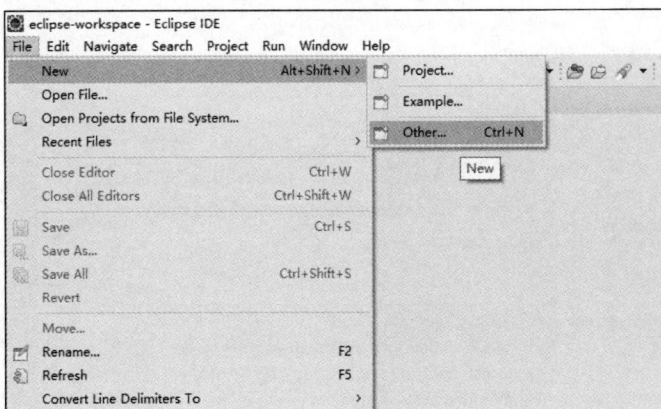

图 1-22 创建项目

（3）在打开的【Select a wizard】对话框中选择【Java Project】，如图 1-23 所示，单击【Next】按钮。

（4）在打开的【New Java Project】对话框中的【Project name】文本框中输入项目名，如 ch01，单击【Finish】按钮。至此，就可以看见新创建的项目了，如图 1-24 所示。

图 1-23 创建 Java 项目

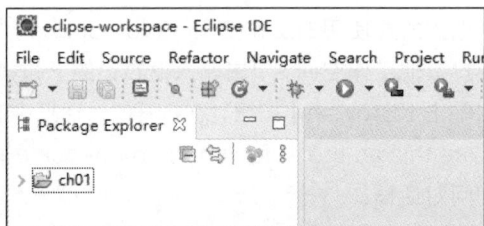

图 1-24 新项目

（5）创建 Java 类，这里举例创建一个名称为 HelloWorld 的类。右击项目名，选择【 new 】→【 other 】→【 Class 】，打开【 New Java Class 】对话框，在【 Name 】文本框中输入类名 HelloWorld，如图 1-25 所示，单击【 Finish 】按钮，完成 HelloWorld 类的创建。注意，此方法默认创建的包（ Package ）为 ch01，读者可以修改包名，或手动创建自己的包。包的主要作用是将相关的类或接口组织在一起，在文件系统中，包通常体现为一个文件夹。

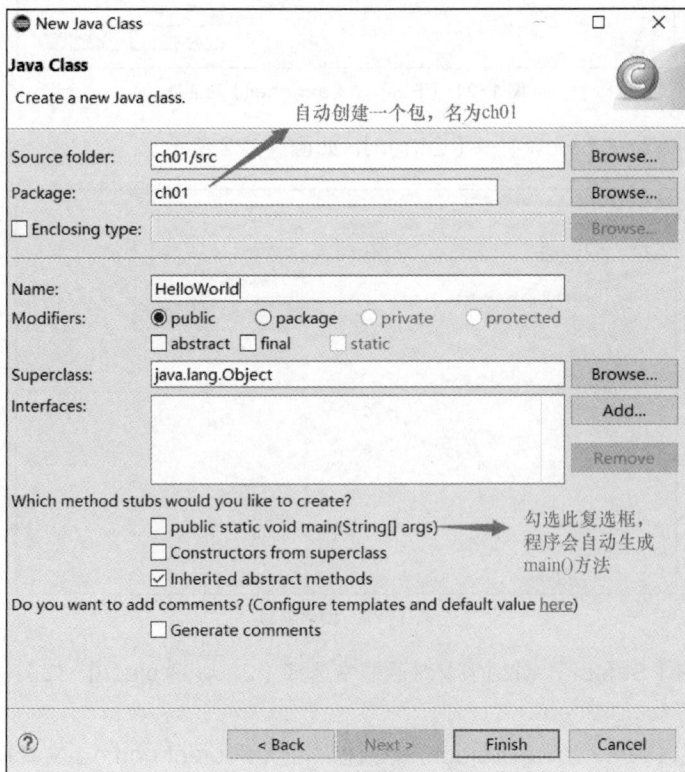

图 1-25 新建 Java 类

（6）在类中编写代码，例如，编写一条输出语句，输出内容是"Hello World!"。完成代码编写后，图 1-26 所示为选择【Run】→【Run As】→【1 Java Application】运行程序，也可以单击工具栏中的绿色按钮运行程序。

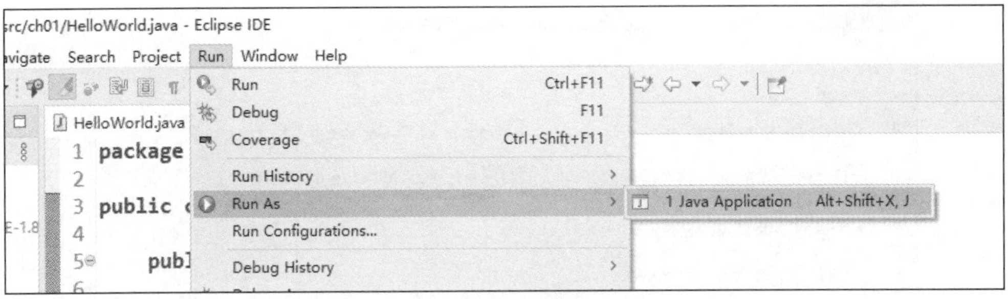

图 1-26 运行程序

（7）在 Console（控制台）查看程序的运行结果，如图 1-27 所示。

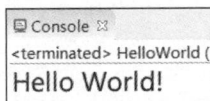

图 1-27 查看运行结果

3. IntelliJ IDEA 的安装

IntelliJ IDEA 简称 IDEA，IDEA 在智能代码助手、代码自动提示、重构、J2EE 支持、Ant、JUnit、CVS 整合、代码审查等方面的功能非常完善。用户可在 JetBrains 官网上下载 IDEA。官网提供了两个版本：社区（Community）版和旗舰（Ultimate）版。Community 版是免费的，适合个人和非商业用途；Ultimate 版则需要付费购买，具有更多高级功能。建议初学者下载Community 版，其下载与安装步骤如下。

（1）进入官网，单击页面右上角的【Download】按钮，进入下载页面，滑动页面找到Community 版，如图 1-28 所示，单击【Download】按钮进行下载。默认下载最新版本。

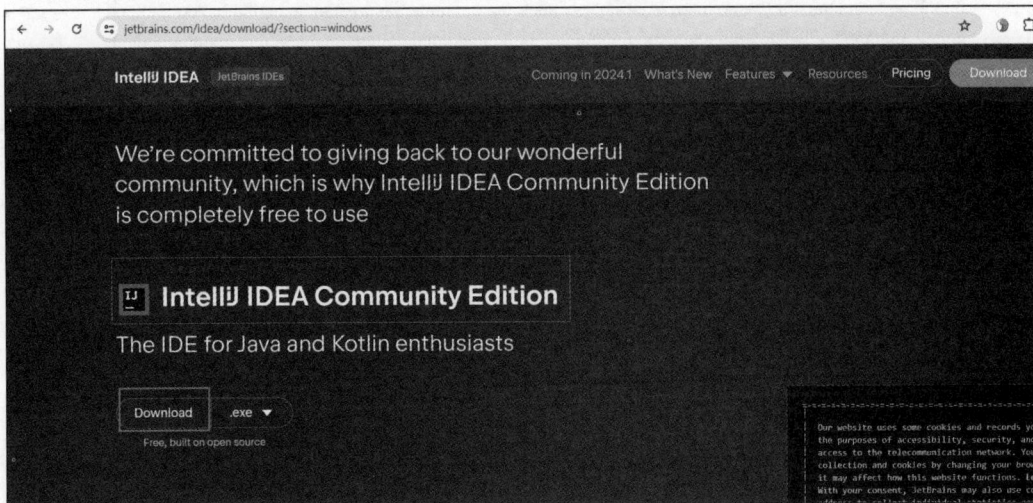

图 1-28 IDEA 的 Community 版下载页面

（2）双击安装包（.exe 文件），进入欢迎安装界面，单击【Next】按钮。

15

（3）进入 IDEA 初始化安装界面，如图 1-29 所示，单击【Next】按钮。

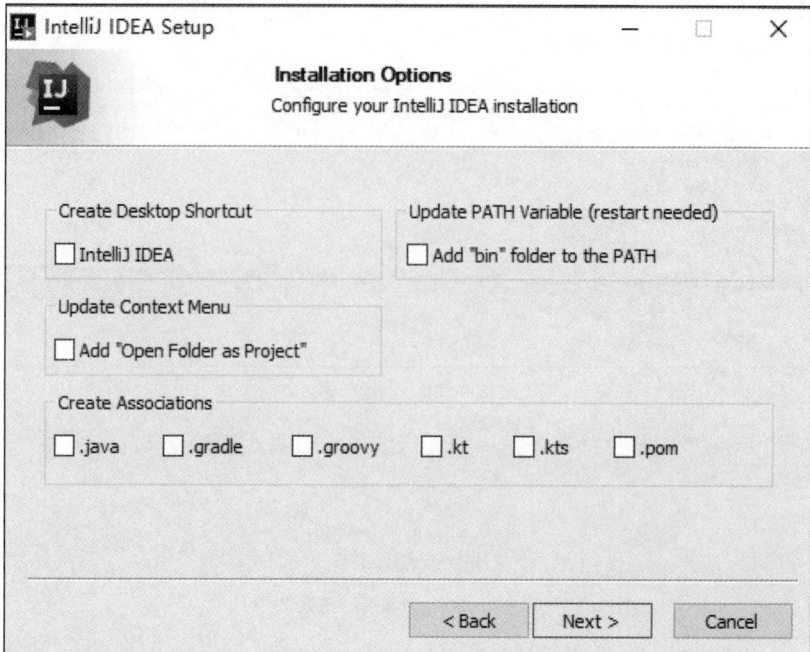

图 1-29　IDEA 初始化安装界面

（4）默认会创建 JetBrains 文件夹来管理 IDEA 的相关内容，如图 1-30 所示。单击【Install】按钮，完成安装。

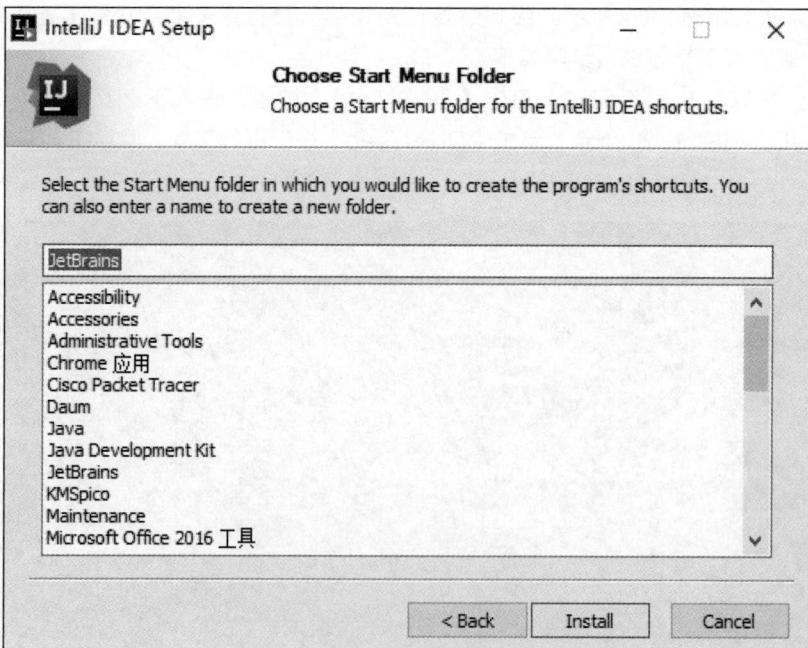

图 1-30　新建文件夹来管理 IDEA 的内容

4. IntelliJ IDEA 的使用

（1）打开 IDEA，单击【New Project】按钮新建项目，如图 1-31 所示。

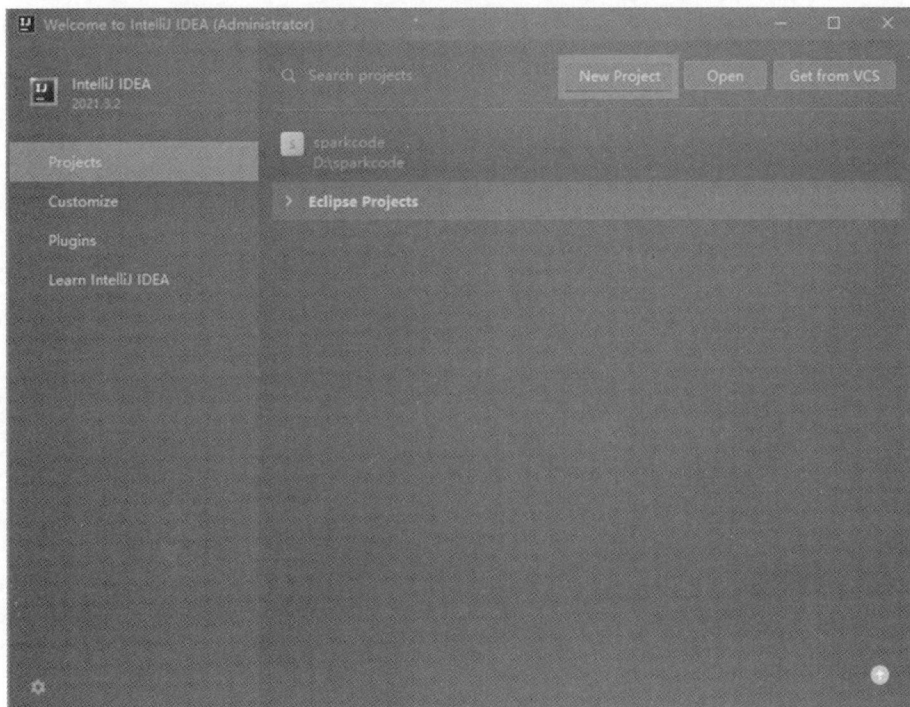

图 1-31　新建项目

（2）选择项目类型为 Java，选择 JDK 版本，如图 1-32 所示，单击【Next】按钮。

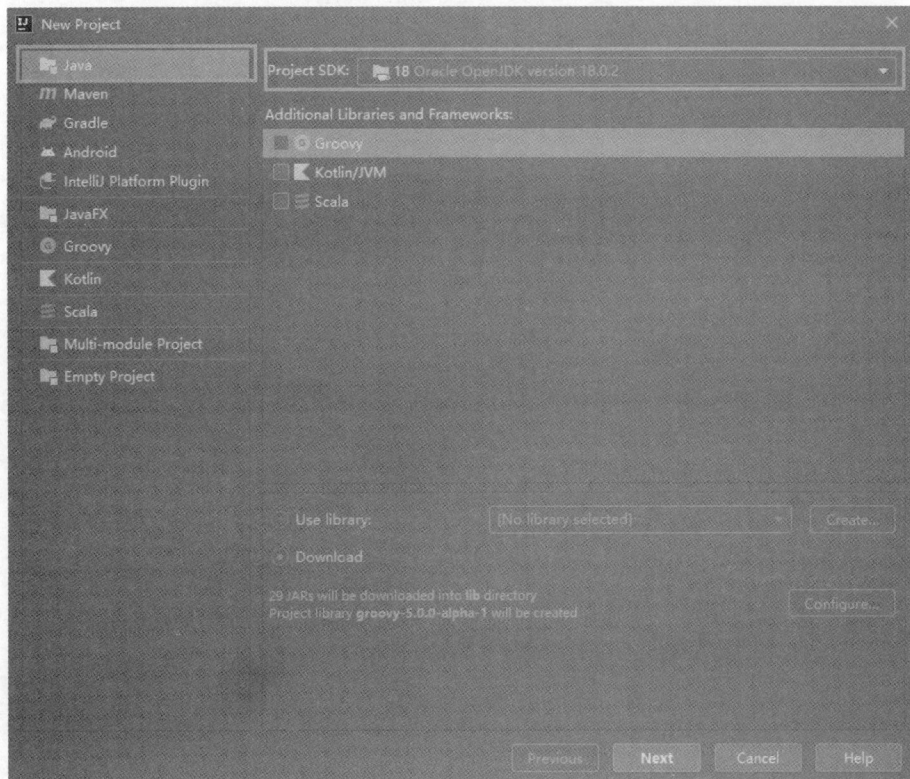

图 1-32　选择项目类型和 JDK 版本

（3）创建项目时，不要使用 IDEA 自带的模板，否则会影响创建项目的速度，如图 1-33 所示，单击【Next】按钮。

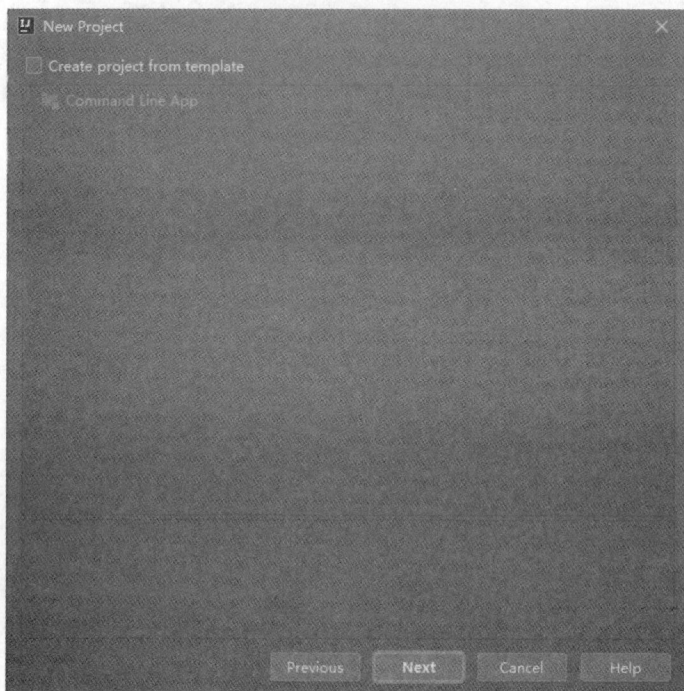

图 1-33　选择是否使用自带模板

（4）输入项目存放的路径及项目名称，单击【Finish】按钮，完成项目的创建。

（5）创建 Java 类。右击【src】，选择【New】→【Java Class】，如图 1-34 所示。输入类名 HelloWorld，如图 1-35 所示，按 Enter 键完成创建。

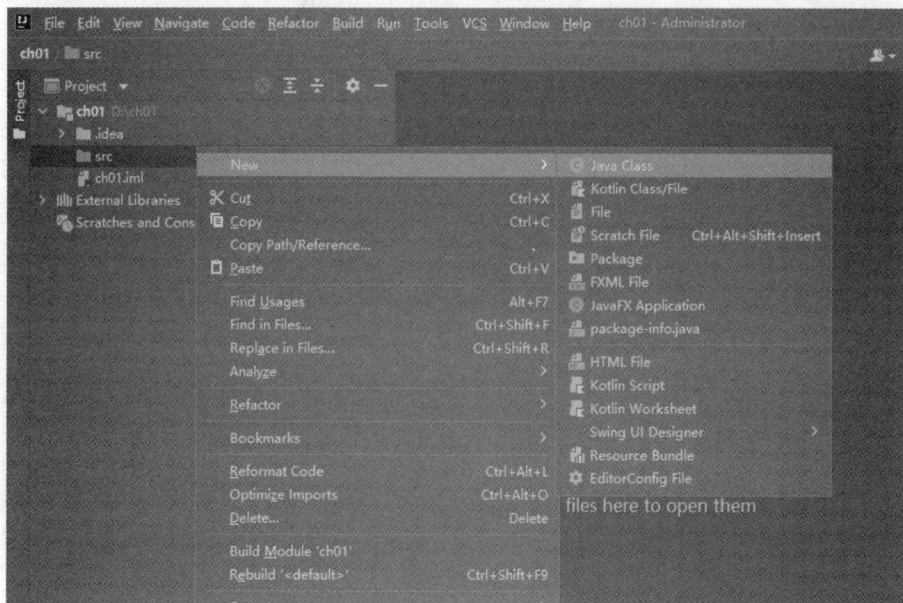

图 1-34　新建 Java 类

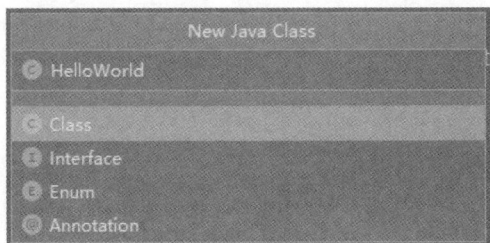

图 1-35 输入类名

现在，就可以在编辑区编写代码，并运行程序了。

1.3 任务实施

本阶段使用 Eclipse 创建乐客购物管理系统的欢迎界面和系统主菜单界面。

1.3.1 创建项目

本项目只使用 Java 基本知识，不涉及 GUI 和数据库操作。过程如下。

1. 实现思路

（1）新建一个 Java 项目 lekeSM。

（2）在项目下新建一个包 com.ch1。

2. 实现过程

（1）打开 Eclipse，选择一个工作空间，如 D:\eclipse-workspace，进入 Eclipse 的工作空间，选择【File】→【New】→【Java Project】，在【Project name】文本框中输入项目名 lekeSM。在包资源管理器中展开项目，可以看到 src 目录，src 是 source 的缩写，代表源代码文件夹。Java 的源文件以.java 作为扩展名。src 目录用于存放项目的所有源文件，相当于源文件的根目录。

（2）右击【src】，选择【New】→【Package】，进入【New Java Package】对话框，输入包名 com.ch1，如图 1-36 所示。包可以看作文件夹，方便对类文件进行分类管理，避免类名冲突。包名通常使用小写字母，可以由多个单词组成，单词间用"."隔开。

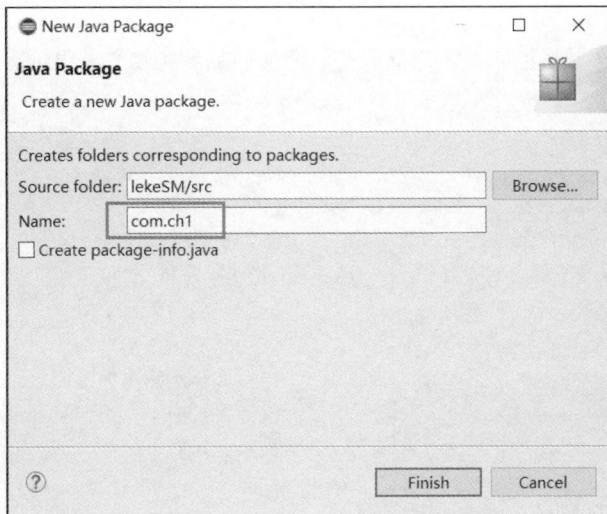

图 1-36 【New Java Package】对话框

（3）单击【Finish】按钮，完成包的创建。src 目录下可以创建多个包，相当于多个文件夹，不同功能的类文件建议放在不同的包下。

1.3.2 创建系统欢迎界面

创建系统欢迎界面，练习输出语句的使用。

1. 实现思路

（1）在 com.ch1 包下新建一个 LekeShopping 类。

（2）使用 System.out.println()方法换行输出系统欢迎语句。

2. 参考代码

```
1. public class LekeShopping {
2.     public static void main(String[] args) {
3.
4.         System.out.println("* * * * * * * * * * * * * * * *");
5.         System.out.println("   欢迎登录乐客购物管理系统   ");
6.         System.out.println("* * * * * * * * * * * * * * * *");
7.     }
8. }
```

LekeShopping 类的运行结果如图 1-37 所示。

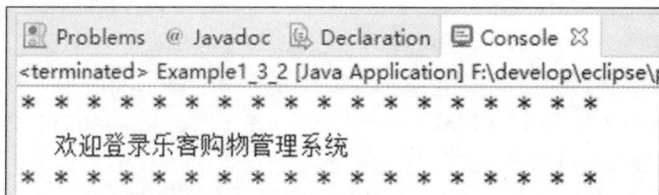

图 1-37　LekeShopping 类的运行结果

1.3.3 创建系统主菜单界面

创建系统主菜单界面，练习多行输出语句的使用。

1. 实现思路

（1）新建一个 Menu 类。

（2）输出系统主菜单界面：显示商品列表、添加商品到购物车、显示购物车商品列表、结算付款、退出系统。

2. 参考代码

```
1. public class Menu {
2.     public static void main(String[] args) {
3.         //每行代码的长度建议不超过 80 个字符，所以分多行写
4.         System.out.println("请选择操作：");
5.         System.out.println("   1. 显示商品列表");
6.         System.out.println("   2. 添加商品到购物车");
7.         System.out.println("   3. 显示购物车商品列表");
8.         System.out.println("   4. 结算付款");
9.         System.out.println("   0. 退出系统");
10.        System.out.println("请输入数字：");
11.    }
12.}
```

Menu 类的运行结果如图 1-38 所示。

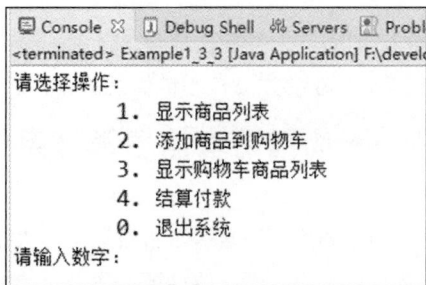

图 1-38　Menu 类的运行结果

1.4　任务小结

通过本任务的学习，读者可了解 Java 的特性、发展历程和 Java 程序的运行机制，掌握在 Windows 系统下搭建 Java 项目开发环境的方法，能够独立完成 JDK 的下载、安装和配置，并能通过命令提示符窗口编译和运行程序。同时，掌握 Java 的两个常用开发工具 Eclipse 和 IDEA 的操作方法。最后，在任务实施阶段，使用 Eclipse 创建乐客购物管理系统的欢迎界面和主菜单界面。

1.5　同步练习

一、选择题

1. 下列不属于 Java 特性的是（　　　）。

　　A．面向对象编程　　　B．平台独立性　　　　C．分布式　　　　　　D．多线程

2. Java（　　　）版本是一个重要的里程碑，引入了函数式编程的概念。

　　A．6　　　　　　　　　B．8　　　　　　　　C．10　　　　　　　　D．15

3. Java 源代码文件的扩展名为（　　　）。

　　A．.txt　　　　　　　　B．.class　　　　　　C．.java　　　　　　　D．.doc

4. JDK 是（　　　）。

　　A．一种全新的程序语言

　　B．一种程序开发辅助工具

　　C．一种由 Java 写成，并支持 Java Applet 的浏览器

　　D．一种游戏软件

5. 能在控制台正确输出消息的语句是（　　　）。

　　A．System.out.println("我是一个 Java 程序员了！");

　　B．System.Out.Println("我是一个 Java 程序员了！");

　　C．system.out.println("我是一个 Java 程序员了！");

　　D．System.out.printin("我是一个 Java 程序员了！");

6. 在 Eclipse 中，（　　　）用于显示输出结果。

　　A．包资源管理器　　　B．导航器　　　　　　C．控制台　　　　　　D．透视图

二、填空题

1. Java 的前身叫作＿＿＿＿＿＿＿。

2. 用 Java 编写的应用程序不用修改就可以在安装了 JVM 的不同软硬件平台上运行，这是它的＿＿＿＿＿＿特性。

3. Java 源程序编译之后会生成 _____文件。

三、程序练习题

1. 使用 Eclipse 创建一个 Car 项目，并在该项目下创建一个 com.hr 包。

2. 编写一个在控制台输出 24 字社会主义核心价值观的程序，并编译运行。

1.6 拓展项目实训——博物馆访客信息管理系统需求分析

一、任务描述

博物馆作为文化传承和教育的重要场所，吸引了大量访客。人工记录访客信息需要花费大量的时间和精力，为了提升服务质量和工作效率，博物馆决定开发一套访客信息管理系统，使工作人员能够进行更高效、更准确的访客信息管理。博物馆找到开拓软件开发公司，让该公司开发一个博物馆访客信息管理系统。

二、思路分析

1. 需求调研。软件开发人员赵工对博物馆进行调研，了解博物馆工作人员对访客信息管理系统的具体需求和期望，熟知系统应该具备添加访客信息、统计访客信息、分析访客信息等功能，且每天访客不能超过 1000 人次。

2. 系统设计。赵工基于需求分析的结果，进行系统设计。他分析访客信息需要统计的数据有姓名、身份证号、手机号。确定每个数据的数据类型及名称，分析访客信息需要分为按访客年龄分析和按年龄层次分析两个方面。

3. 主菜单界面设计。显示系统的功能菜单，供用户选择。

三、参考代码

使用输出语句完成，参考代码如下。

```
System.out.println("***欢迎使用博物馆访客信息管理系统***");
System.out.println("1.添加访客信息");
System.out.println("2.统计访客信息");
System.out.println("3.分析访客信息");
System.out.println("0.退出系统");
```

四、实践要求

1. 搭建 Java 开发环境，安装 Eclipse 软件。

2. 使用 Eclipse 新建 Java 项目、包和类。

3. 编写欢迎界面和主菜单界面的代码，在控制台查看运行结果。

任务2
存储单个购物数据
——编程基础

2.1 任务描述

小林已经熟悉了 Java 程序的运行机制，学会了使用 Eclipse 编写第一个 Java 程序，能够熟练使用输出语句。但是，输入语句又如何使用呢？是不是也是使用一条简单的语句就可以实现数据的输入呢？他非常期待掌握更多的 Java 语句。但打开教材，他发现输入语句并没有这么简单。如果想把商品名称、购物总金额、商品数量等数据存入程序，必须分成不同的数据类型，还要使用不同类型的变量来存储，而且变量命名也要遵守规则。所以，他决定认真学习 Java 的编程基础，打好基础才能更好地开发购物管理系统。

任务目标	· 存储购物数据 · 计算购物总金额 · 判断会员是不是幸运顾客
知识目标	· 熟悉 Java 的注释、标识符、关键字和转义字符 · 掌握 Java 的数据类型，以及数据类型的转换方法 · 掌握 Java 的常量、变量和运算符的使用 · 掌握输入数据的方法
素养目标	· 增强学生的规范意识，养成良好的编程习惯 · 培养学生严谨、精益求精的数字工匠精神 · 引导学生用运动、变化、发展的眼光看待问题

2.2 知识储备

2.2.1 注释

在编写程序时，为了方便阅读和理解程序，通常会在实现功能的同时为代码添加说明性的文字，即注释。注释不会被执行，不影响运行结果，它只在 Java 源文件中有效。编译程序时，编译器会忽略这些注释信息，不会将其编译到字节码文件中。注释是程序的重要组成部分，一个良好的程序必须要有清晰而具体的注释。

微课

注释、标识符与
关键字

在 Java 中，注释有 3 种格式：单行注释、多行注释和文档注释。具体如下。

1. 单行注释

单行注释通常用于对程序中的某行代码进行解释，以"//"符号开头，"//"后面为被注释的内容，示例如下。

```
int x=20;      // 定义一个整型变量 x
String course = "Java 程序设计";        // 定义一个字符串变量 course
```

2. 多行注释

多行注释用"/*"和"*/"将要注释的多行内容括起来，以"/*"符号开头，以"*/"符号结尾，示例如下。

```
/*
Int x =20;
float f=20.0f;
*/
```

> **注意**
>
> 以上代码无论对错，都不会被程序执行。

3. 文档注释

文档注释以"/**"符号开头，以"*/"符号结尾，主要用于解释类、数据和方法，还可以通过 JDK 的 Javadoc 标签将其转为 HTML 帮助文件。它也是一种特殊的多行注释，示例如下。

```
/**
 * 这是一个计算两个数之和的方法
 * @param a 第一个加数
 * @param b 第二个加数
 * @return 返回两个数之和
 */
public int sum(int a, int b){
        return a + b;
}
```

在上面的文档注释中，@param 标签用于描述方法的参数，@return 标签用于描述方法的返回值。还有许多其他的 Javadoc 标签，如@author、@version、@see 等，用于丰富文档内容。

文档注释对库的开发人员来说非常有用，它能够提供详细的说明信息，以便其他开发人员理解和使用库的代码。开发人员可以使用 Javadoc 标签来解析这些文档注释，并生成 HTML 格式的文档。

2.2.2 标识符、关键字和转义字符

1. 标识符

标识符用来给变量、方法、类等命名，用以标识它们的唯一性。标识符可以由开发人员自由指定，但需要遵循一定的语法规则，具体如下。

（1）标识符可以包含字母、数字、下划线（_）和美元符号（$）。

（2）标识符必须以字母、下划线或美元符号开头，不能以数字开头。

（3）标识符不能是 Java 的关键字或保留字，如 public、class 等。

（4）标识符对大小写敏感，即 myVar 和 myvar 被视为两个不同的标识符。

（5）标识符的长度没有限制，但应该避免使用过长的标识符，以免降低其可读性。建议不超过 20 个字符。

合法的标识符和不合法的标识符举例如下。

合法的标识符：Average、table2、$price、password、name_1、myName。

不合法的标识符：if、50、User name、1name。

另外，以下是一些约定俗成的规则，也需要遵守。

（1）包名的字母一律使用小写。如 com.shopping.test。

（2）类名和接口名的每个单词的首字母都使用大写，即使用大驼峰命名法。如 HelloWorld、Iterator1。

（3）常量名的所有字母使用大写，单词之间用下划线连接。如 DAY_OF_MONTH。

（4）变量名和方法名的第一个单词首字母小写，从第二个单词开始，每个单词的首字母都大写，即使用小驼峰命名法。如 getName、getUserName。

（5）使用"见名知义"标识符，例如，表示用户名写成 username，表示密码写成 password。

2. 关键字

关键字是编程语言里事先定义好并赋予特殊含义的单词。和其他编程语言一样，Java 中预留了许多关键字，如 class、public 等。根据代表的意义不同，关键字可以分为以下 5 种类型。

（1）数据类型：boolean、int、long、short、byte、float、double、char、class、interface。

（2）流程控制类型：if、else、do、while、for、switch、case、default、break、continue、try、return、catch、finally。

（3）修饰符类型：public、protected、private、final、void、static、strictfp、abstract、transient、synchronized、volatile、native。

（4）动作类型：package、import、throw、throws、extends、implements、this、super、instanceof、new。

（5）保留字类型：goto、const。

上面列举的关键字中，每个关键字都有特殊的作用，例如，package 关键字用于包的声明，import 关键字用于引入包，class 关键字用于类的声明。

3. 转义字符

在 Java 中，转义字符用于表示一些特殊的字符，它们通常由反斜杠（\）和后跟的一个或多个字符组成。以下是一些常用的转义字符及其含义。

\\：表示反斜杠本身。

\"：表示双引号。

\'：表示单引号。

\n：表示换行。

\t：表示制表符（Tab）。相当于 8 个空格，如果前面输出的内容位数是 8 的倍数，则输出 8 个空格；如果不足 8 位，则补足 8 位。

\r：表示回车。

\b：表示退格。

\f：表示换页。

📖【例 2-1】输出购物清单。

```
1. public class Demo2_1 {
2.     public static void main(String[] args) {
3.         // 输出购物清单
4.         System.out.println("\t\t 购物清单");
5.         System.out.println("序号\t\t 名称\t\t 数量\t\t 价格");
6.         System.out.println("1\t\t 哈密瓜\t2\t\t29.5");
```

```
7.          System.out.print("2\t\t 订书机\t2\t\t\t10");
8.          System.out.print("\n 总数量是：\n 总价格是：");
9.      }
10.}
```

在例 2-1 中，第 4 行到第 7 行代码使用 "\t" 表示制表符。第 7 行、第 8 行代码使用
输出语句 System.out.print()，注意，print() 不同于 println()，println() 表示输出内容后会
换行，print() 则表示输出内容后不换行。要实现该方法输出之后换行，可以使用转义字符
"\n"。所以，第 8 行代码中的两个 "\n" 代表两次换行。程序运行结果如图 2-1 所示。

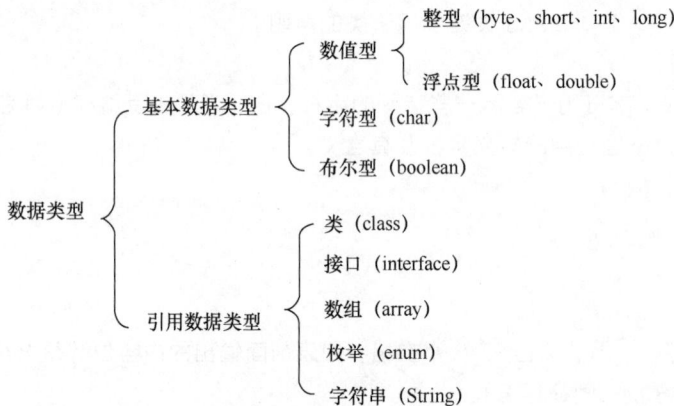

图 2-1　例 2-1 程序运行结果

2.2.3　数据类型

程序在内存中运行，所以数据需要存储到内存中才能使用。不同的数据
存储到内存中所占用的空间不同。数据需要分不同的类型存储到不同的内存
空间，这样才能充分利用内存。数据类型分为基本数据类型和引用数据类型
两大类，具体如图 2-2 所示。

微课

数据类型

图 2-2　数据类型的分类

1. 整型

整型用来存储整数，即没有小数部分的数。整型分为 4 种：字节型（byte）、短整型（short）、
整型（int）和长整型（long）。取值范围是指变量存储的值不能超出的范围，因此在定义变量时，
应该根据需要合理定义变量的类型。4 种整型类型所占存储空间的大小及取值范围见表 2-1。

表 2-1　整型

类型名	占用空间	取值范围
byte	8 位（1 个字节）	$-2^{7} \sim 2^{7}-1$
short	16 位（2 个字节）	$-2^{15} \sim 2^{15}-1$

26

类型名	占用空间	取值范围
int	32 位（4 个字节）	$-2^{31} \sim 2^{31}-1$
long	64 位（8 个字节）	$-2^{63} \sim 2^{63}-1$

（1）byte 类型：内存为其分配 1 个字节（byte）的存储空间，1 个字节由 8 个位（bit）组成，每个位都有两种状态，分别用 0 和 1 表示，计算机就是使用这种二进制数来存储信息的。设 x1=12，并且 x1 是 byte 类型，则 x1 在计算机中的存储状态为 00001100。其中，最高位是符号位，用于说明整数是正数还是负数：正数的最高位为 0，负数的最高位为 1；正数使用原码表示，负数使用补码表示。因此，byte 类型变量的取值范围为 $-2^7 \sim 2^7-1$，即 $-128 \sim 127$。

（2）short 类型：内存为其分配 2 个字节的存储空间，占 16 位。因此，short 类型变量的取值范围为 $-2^{15} \sim 2^{15}-1$，即 $-32768 \sim 32767$。

（3）int 类型：内存为其分配 4 个字节的存储空间，占 32 位。因此，int 类型变量的取值范围为 $-2^{31} \sim 2^{31}-1$，即 $-2147483648 \sim 2147483647$。

（4）long 类型：内存为其分配 8 个字节的存储空间，占 64。因此，long 类型变量的取值范围为 $-2^{63} \sim 2^{63}-1$。

为 long 类型的变量赋值时需要注意，其值后面要加上一个大写字母 L（或小写字母 l）。如果赋值未超出 int 类型变量的取值范围，则可以省略大写字母 L（或小写字母 l）。示例如下。

```
long a = 2300000000L;   // 赋值超出 int 类型变量的取值范围，后面必须加上大写字母 L（或小写字母 l）
long c= 100;            // 赋值未超出 int 类型变量的取值范围，100 后面可以省略大写字母 L（或小写字母 l），也可以不省略
```

2. 浮点型

浮点型用来存储小数数值，浮点数分为两种：单精度浮点数（float）和双精度浮点数（double）。double 类型所表示的浮点数比 float 类型更精确，两种浮点数所占存储空间的大小及取值范围见表 2-2。

表 2-2　浮点型

类型名	占用空间	取值范围
float	32 位（4 个字节）	$1.4 \times 10^{-45} \sim 3.4 \times 10^{38}$，$-3.4 \times 10^{38} \sim -1.4 \times 10^{-45}$
double	64 位（8 个字节）	$4.9 \times 10^{-324} \sim 1.7 \times 10^{308}$，$-1.7 \times 10^{308} \sim -4.9 \times 10^{-324}$

（1）float 类型：内存为其分配 4 个字节的存储空间，占 32 位。因此，float 类型变量的取值范围为 $1.4 \times 10^{-45} \sim 3.4 \times 10^{38}$ 和 $-3.4 \times 10^{38} \sim -1.4 \times 10^{-45}$。

（2）double 类型：内存为其分配 8 个字节的存储空间，占 64 位。因此，double 类型变量的取值范围为 $4.9 \times 10^{-324} \sim 1.7 \times 10^{308}$ 和 $-1.7 \times 10^{308} \sim -4.9 \times 10^{-324}$。

下面定义两个 float 类型变量 x1、y1 和两个 double 类型变量 x2、y2，分别赋初值，示例如下。

```
float x1=12.23f, y1=20.21F;
double x2=12.23d, y2=20.21D;
```

【知识小秘诀】

➢ 为一个float类型的变量赋值时要注意，所赋的值后面一定要加上大写字母F或小写字母f。

➢ 小数默认为double类型，可以在该值后面加上大写字母D或小写字母d，也可以省略。

3. 字符型

字符型用于表示一个字符，字符要用一对英文半角格式的单引号（' '）引起来，它可以是英文字母、数字、标点符号，以及用转义字符表示的特殊字符。对于 char 类型的变量，内存为其分配 2 个字节的存储空间，占 16 位。字符型数据是无符号整型数据，表示字符在 Unicode 字符集中的排序位置，取值范围是 0～65535。使用 char 关键字表示单个字符，并且字符带有英文单引号，如 'a'、'B'、'&'、'\n'。示例如下。

```
char x1 = 'a';
```

注意

变量x1在内存中存储的是字符a在Unicode字符集中的排序位置，即97，上述语句也可以写成：

```
char x1 = 97;    // 计算机会自动将这个整数转化为 Unicode 字符集中对应的字符
```

4. 布尔型

布尔型用来存储布尔值，用 boolean 关键字表示。它只有两个值，即 true 和 false。示例如下。

```
boolean flag = false;    // 声明一个 boolean 类型的变量，初始值为 false
flag = true;    // 修改变量 flag 的值为 true
```

5. 引用数据类型

引用数据类型是指通过引用（地址）来访问对象的数据类型。与基本数据类型不同，引用数据类型可以存储复杂的对象和数据结构。Java 中的引用数据类型有类（class）、接口（interface）、数组（array）、枚举（enum）、字符串（String）等。

在 Java 中，字符串看起来像是基本数据类型，但它实际上是一个类，是一种特殊的引用数据类型，需要使用英文半角格式的双引号("")来创建字符串对象。示例如下。

```
String name = "Java 项目开发";    // 声明一个字符串类型的变量
```

用双引号引用的文字就是变量 name 的值，是一个字符序列。String 类的其他操作将在 3.2.4 小节做详细介绍。

微课

2.2.4 变量与常量

1. 变量的使用

在程序运行期间，随时可能产生一些临时数据，程序会将这些数据保存在内存单元中，每个内存单元都用一个标识符来标识。这些内存单元被称为变量，定义的标识符就是变量名，内存单元中存储的数据就是变量的值。变量的使用通常有以下 3 个步骤。

变量与常量

第 1 步：声明变量。在存储数据前，需要声明一个变量，并指定其名称和数据类型。声明变量的语法格式如下。

数据类型　变量列表；

例如：int num;　　// 声明一个整型变量

第 2 步：赋初始值。声明变量之后，可以将一个值赋给已声明的变量，即存储数据，也叫赋初始值。赋值操作通常使用赋值符号（＝）进行，表示将"＝"符号右侧的值分配给左侧的变量。程序会将初始值存储到内存空间中，示例如下。

num = 10 ;　　// 变量 num 的初始值是 10

> **注意**
>
> 　声明变量和赋初始值这两步骤通常合二为一，如 int num = 10。

第 3 步：使用变量。变量被声明、赋初始值之后，就可以在程序中使用它。使用变量涉及对其值进行修改、运算、与其他变量进行比较，或者传递其值给方法等操作，示例如下。

```
int a = 1, b;
b = a + 1;   // 使用变量 a
```

说明如下。

● 第 1 行代码是定义两个变量 a 和 b，相当于分配两个内存单元，在定义变量的同时为变量 a 赋初始值 1，而变量 b 没有赋初始值。变量 a 和 b 在内存中的状态如图 2-3 所示。

● 第 2 行代码是为变量 b 赋值。程序首先取出变量 a 的值，与 1 相加后，将结果赋值给变量 b，此时变量 a 和 b 在内存中的状态发生了变化，如图 2-4 所示。

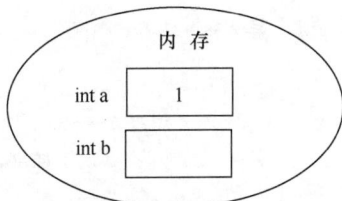

图 2-3　变量 a、b 在内存中的状态 1　　　　图 2-4　变量 a、b 在内存中的状态 2

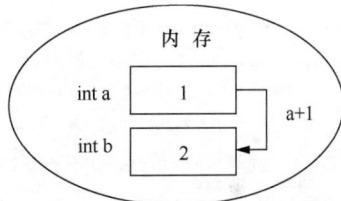

总之，Java 是一种强类型语言，这些数据类型是 Java 安全性的重要保障之一。首先，Java 要求每个变量、每个表达式都要有类型，而且每种类型都严格定义；其次，所有的数值传递，不管是直接传递还是通过参数传递，都要先进行类型相容性的检查。任何类型的不匹配都是错误的，在编译器完成编译之前，开发人员必须改正这些错误。

2．常量的使用

变量的值可以改变，常量则一旦初始化，就不可以被修改。在程序执行期间，常量存储的值保持不变。如果在程序执行期间改变常量的值，那么编译器会报错。与变量一样，常量也有一个唯一的名称，用于标识和引用它。常量通常使用大写字母命名，以便与变量区分开来。定义常量的语法格式如下。

final <数据类型> <常量名称> = <常量值>；

例如：final double PI = 3.14159;

　　　final String MALE = "雄性";

常量的优势有两点：第一，使程序维护更加方便，如果程序中多处使用同一个常量，那么需要修改时，只在定义处修改此常量即可；第二，安全性高，常量的不可更改性可避免误操作或者数据误写等导致的错误。

29

3. 输入数据的方法

Java 使用 Scanner 类获取输入的数据。使用过程通常分为 3 个步骤。

第 1 步：导入 java.util.Scanner 类库，该类库提供了读取用户输入数据的方法。写法如下。

```
import java.util.Scanner;
```

第 2 步：创建 Scanner 对象，将其与键盘关联。写法如下。

```
Scanner sc = new Scanner(System.in);
```

> **注意**
>
> sc是用户自定义的对象名，因为要遵循"见名知义"的原则，所以通常使用sc 或input。

第 3 步：调用相应数据类型的方法来存储用户输入的数据。如果输入整数，写法如下。

```
int num = sc.nextInt();        // 声明一个整型变量 num 来存储输入的整数
```

在实际使用中，需要根据不同类型的输入数据使用不同的方法，常见的方法如下。

- nextInt()：输入一个整数。
- nextLine()：输入一行字符串。
- nextDouble()：输入一个双精度小数。
- next().charAt(0)：输入一个字符。

📖【例 2-2】输入几种不同类型的数据。

```
1.  import java.util.Scanner;              //第 1 步：导入 Scanner 类库
2.  public class Demo2_2 {
3.      public static void main(String[] args) {
4.          Scanner sc = new Scanner(System.in); //第 2 步：创建 Scanner 对象
5.          System.out.print("请输入姓名: ");         // 在第 3 步之前，通常有一个提
示信息，用于提示用户输入
6.          String name = sc.nextLine();              //第 3 步：声明变量，调用相应的
方法，存储输入的字符串
7.          System.out.print("请输入年龄: ") ;
8.          int age = sc.nextInt();                   // 输入一个整数
9.          System.out.print("请输入性别: ") ;
10.         char sex= sc.next().charAt(0);         // 输入一个字符
11.         System.out.println("顾客的姓名是"+name+", 年龄" +age+", 性别"+sex);
12.         sc.close();
13.     }
14. }
```

在例 2-2 中，第 4 行代码创建输入对象 sc；第 5 行、第 7 行、第 9 行代码是输出语句，用来提示用户要输入什么类型的数据；第 6 行、第 8 行、第 10 行代码是输入语句，声明不同类型的变量来存储输入的不同类型数据；第 12 行代码关闭 sc 对象以释放资源。例 2-2 程序运行结果如图 2-5 所示。

```
Console ⋈
<terminated> Demo2_2 [Java Application] C:\Program Files
请输入姓名:小林
请输入年龄: 18
请输入性别:男
顾客的姓名是小林, 年龄18, 性别男
```

图 2-5 例 2-2 程序运行结果

2.2.5 运算符

微课

算术运算符与关系运算符

程序中经常出现一些特殊符号，如+、-、*、=、>等，这些特殊符号称作运算符。运算符用于对数据进行算术运算、赋值运算和比较运算等操作。在 Java 中，运算符分为普通运算符，如算术运算符、关系运算符、逻辑运算符、赋值运算符等，以及特殊运算符，如字符串连接运算符（+）、自增与自减运算符等。

1. 算术运算符

在 Java 中，算术运算符是用于执行数学运算的一组符号。这些运算符包括基本的算术操作，如加法、减法、乘法、除法和取模运算符等。下面通过表 2-3 展示算术运算符及其用法。

表 2-3 算术运算符及其用法

运算符	含义	范例	结果
+	正号	+3	3
-	负号	b=4; -b;	-4
+	加	5+5	10
-	减	6-4	2
*	乘	3*4	12
/	除	5/5	1
%	取模（即数学中的求余数）	7%5	2

📖 【例 2-3】两个数的四则运算。

```
1. public class Demo2_3 {
2.     public static void main(String[] args) {
3.         int a = 8;    // 定义变量a
4.         int b = 5;    // 定义变量b
5.         System.out.println(a + b);
6.         System.out.println(a - b);
7.         System.out.println(a * b);
8.         System.out.println(a / b);    // 两个整数相除，得到的商也会是整数
9.         System.out.println(a % b);    // 取模得到的是余数
10.         System.out.println(8.0 / 5);
11.     }
12.}
```

例 2-3 程序的运行结果如图 2-6 所示。

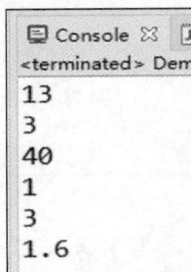

```
Console ⊠
<terminated> Dem
13
3
40
1
3
1.6
```

图 2-6 例 2-3 程序运行结果

31

【知识小秘诀】

➤ 在进行除法运算时，当除数和被除数都为整数时，得到的结果也是整数。如果除法运算中有小数参与，得到的结果才会是小数。例如，8/5属于整数之间相除，会忽略小数部分，得到的结果是1，而8.0/5的结果为1.6。

➤ 在进行取模运算时，运算结果的正负取决于被模数（%左边的数）的符号，与模数（%右边的数）的符号无关。例如，(-5)%3=-2，而5%(-3)=2。

2. 关系运算符

关系运算符也叫比较运算符，用于对两个数值或变量进行比较，其结果是一个布尔值 true 或 false。下面用表 2-4 来展示关系运算符及其用法。

表 2-4　关系运算符及其用法

运算符	含义	范例	结果
==	等于	4==3	false
!=	不等于	4!=3	true
<	小于	4<3	false
>	大于	4>3	true
<=	小于等于	4<=3	false
>=	大于等于	4>=3	true

【例 2-4】 比较两个数 a 和 b 的大小。

```
1. public class Demo2_4 {
2.    public static void main(String[] args) {
3.        int a = 10;
4.        int b = 20;
5.        System.out.println(a<b); // 因为 a 小于 b 成立，所以结果为 true
6.        System.out.println(a>b); // 因为 a 大于 b 不成立，所以结果为 false
7.        System.out.println(a==b);// 因为 a 等于 b 不成立，所以结果为 false
8.    }
9.}
```

例 2-4 程序运行结果如图 2-7 所示。

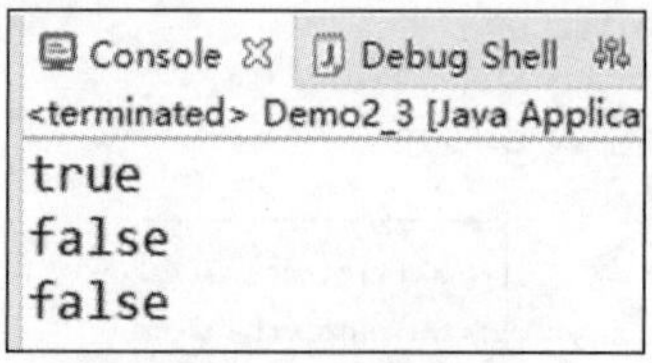

图 2-7　例 2-4 程序运行结果

注意

在使用关系运算符时不能将 "==" 符号误写成赋值运算符 "="。

3. 逻辑运算符

逻辑运算符也叫布尔运算符，用于对布尔型的数据进行操作，其结果仍是一个布尔型数据。下面通过表 2-5 来展示逻辑运算符及其用法。

表 2-5 逻辑运算符及其用法

运算符	含义	范例	结果
&&	逻辑与，也叫短路与，当且仅当两个操作数都为真时，结果才为真	假设布尔变量 A 为真，变量 B 为假	A && B 为假
||	逻辑或，也叫短路或，两个操作数中任何一个操作数为真，结果就为真		A || B 为真
!	逻辑非，用来反转操作数的逻辑状态。! true 结果为假，! false 结果为真		! A 为假 ! B 为真
^	按位异或，两个操作数都为真或都为假时，结果才为假		A^B 为真
&	按位与，当且仅当两个操作数都为真时，结果才为真		A & B 为假
|	按位或，当且仅当两个操作数都为假时，结果才为假		A | B 为真

说明如下。

- 运算符 "&" 和 "&&" 都表示逻辑与操作，当且仅当运算符两边的操作数都为 true 时，结果才为 true。两者的区别在于，使用 "&" 进行逻辑与运算时，不论左边为 true 或者 false，右边的表达式都会进行运算。而 "&&" 又叫短路与，当左边为 false 时，右边的表达式不会再进行运算，结果直接为 false。同理，"|" 和 "||" 的区别也类似。

- "&""|""^" 具有重载的特性，在不同的上下文中可以被解释为不同类型的运算符。如果操作数是整型数据，它们将被解释为位运算符，用于对操作数的二进制位进行操作，返回的结果也是整型数据。例如，5 & 6 的结果是 4。因为位运算符在本书中不使用，所以不做详细介绍。

- "&&" 和 "||" 的优先级比 "&" 和 "|" 高，因此在同一逻辑表达式中，"&&" 和 "||" 的计算顺序会先于 "&" 和 "|"。而 "!" 的优先级又比 "&&" 和 "||" 高。

- 运算符 "^" 表示异或操作，当运算符两边的布尔值相同（都为 true 或都为 false）时，其结果为 false。当两边布尔值不相同时，其结果为 true。

📖 **【例 2-5】** 逻辑运算符的使用。

```
1. public class Demo2_5 {
2.   public static void main(String[] args) {
3.     int a = 5;        // 定义变量a，初始值为5
4.     int b = 10;       // 定义变量b，初始值为10
5.     System.out.println(a<0 & (b=2)>0);  // a<0 为 false，(b=2)>0 先赋值
再比较，结果为 true
6.     System.out.println(a<0 && (b=3)>0); // a<0 为 false，(b=3)>0 不会执行
7.     System.out.println("b="+b);
8.     boolean result1 = a>6 || b>0;       // false||true 结果为 true
9.     System.out.println("结果1: " + result1);
10.    boolean result2 = !(a>0);           // 非 true 结果为 false
11.    System.out.println("结果2: " + result2);
12.  }
13.}
```

在例 2-5 中，第 5 行代码先执行"&"运算符左边的表达式，a<0 结果为 false；再执行右边的表达式，先把 2 赋值给 b，b 再与 0 比较，结果为 true；最后执行 false & true，结果为 false。第 6 行代码使用"&&"进行运算，当左边为 false 时，右边的表达式不会进行运算，即不会执行 b=3 的赋值操作，b 还是上一步得到的 2。程序运行结果如图 2-8 所示。

```
□ Console ⊠
<terminated> Demo2_5 [Java A
false
false
b=2
结果1: true
结果2: false
```

图 2-8　例 2-5 程序运行结果

4. 赋值运算符

赋值运算符的作用是将运算符右边的常量、变量或表达式的值赋给左边的变量或表达式。下面通过表 2-6 来展示赋值运算符及其用法。

表 2-6　赋值运算符及其用法

运算符	含义	范例	结果
=	赋值	a=3;b=2;	a=3;b=2;
+=	加等于	a=3;b=2;a+=b;	a=5;b=2;
-=	减等于	a=3;b=2;a-=b;	a=1;b=2;
*=	乘等于	a=3;b=2;a*=b;	a=6;b=2;
/=	除等于	a=3;b=2;a/=b;	a=1;b=2;
%=	模等于	a=3;b=2;a%=b;	a=1;b=2;

赋值运算符的执行顺序是从右往左，即将右边表达式的运算结果赋值给左边的变量。在使用过程中，需要注意以下问题。

（1）可以通过一条赋值语句对多个变量进行赋值，示例如下。

```
int a, b, c;
a = b = c = 1;    // 为 3 个变量同时赋值
```

在上述代码中，a、b、c 这 3 个变量同时被赋值为 1。但是，不能把多个变量的声明和赋值同时写在一起，例如以下写法是错误的。

```
int a = b = c = 1;    // 这样写是错误的
```

（2）在表 2-6 中，除了"="，其他的都是复合赋值运算符。以"+="为例，a+=3 相当于 a=a+3，因为算术运算符的优先级高于赋值运算符，所以先执行 a+3，再将结果赋值给变量 a。-=、*=、/=、%=赋值运算符都可以此类推。

微课

字符串连接和自增
自减运算符

5. 字符串连接运算符

字符串连接运算符（+）用于将两个字符串连接在一起。

📖 【例 2-6】字符串连接示例。

```
1. public class Demo2_6 {
2.     public static void main(String[] args) {
```

```
3.        String str1 = "我爱";    //定义第1个字符串变量
4.        String str2 = "中国";    //定义第2个字符串变量
5.        String str3 = str1 + "♥" + str2;  //定义第3个字符串变量，并用"+"运
算符连接字符串
6.        System.out.println(str3);
7.    }
8. }
```

例 2-6 程序运行结果如图 2-9 所示。

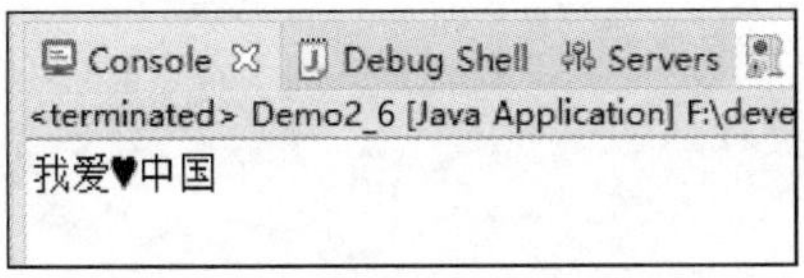

```
☐ Console ☒  Ⓙ Debug Shell  ⅏ Servers  👤
<terminated> Demo2_6 [Java Application] F:\deve
我爱♥中国
```

图 2-9　例 2-6 程序运行结果

当 "+" 操作中出现字符串时，这个 "+" 是字符串连接运算符，而不是算术运算符。

6. 自增与自减运算符

当对一个变量做加 1 或减 1 处理时，可以使用自增运算符（++）或自减运算符（--）。"++"
或 "--" 是单目运算符，放在操作数的前面或后面都是允许的。"++"或"--"的作用是使变量
的值加 1 或减 1。操作数必须是整型或浮点型。自增、自减运算符的含义及其用法如表 2-7 所示。

表 2-7　自增、自减运算符的含义及其用法

运算符	含义	范例	结果
i++	将 i 的值先使用，再自增 1	int i=1; int j=i++;	i=2 j=1
++i	将 i 的值先自增 1，再使用	int i=1; int j=++i;	i=2 j=2
i--	将 i 的值先使用，再自减 1	int i=1; int j=i--;	i=0 j=1
--i	将 i 的值先自减 1，再使用	int i=1; int j=--i;	i=0 j=0

说明如下。

- 无论是 i++还是++i，单独作一个语句使用时，两者的功能没有区别，都会使变量 i 的值
加 1；而作为其他表达式的一部分时，其含义就会有所变化，见表 2-7 中的"含义"。
- 自增或自减运算可以用于整型 byte、short、int、long，浮点型 float、double，以及字
符型 char，不允许对常量、表达式或其他类型的变量进行操作。常见的错误是试图将自增或自
减运算符用于非简单变量表达式。
- 自增或自减运算结果的类型与被运算的变量类型相同。

📖【例 2-7】自增、自减运算示例。

```
1. public class Demo2_7 {
2.    public static void main(String[] args) {
3.        int a = 10;      //声明变量a，初始值是10
4.        int b = 10;      //声明变量b，初始值是10
```

```
5.        System.out.println("a:" + a);
6.        System.out.println("b:" + b);
7.        //单独使用，a 和 b 的值都会加 1
8.        a++;
9.        ++b;
10.       System.out.println("a:" + a);
11.       System.out.println("b:" + b);
12.       //用于表达式，其表达式的值会有所变化
13.       int a1 = a++;
14.       int b1 = ++b;
15.       System.out.println("a1:" + a1);   //a 的值先赋给 a1，自身再加 1
16.       System.out.println("b1:" + b1);   //b 自身先加 1，再赋值给 b1
17.    }
18.}
```

在例 2-7 中，第 13 行代码先把 a 的值赋给 a1，然后 a 再自增 1。第 14 行代码则是 b 先自增 1，再把自增后的 b 的值赋给 b1。例 2-7 程序运行结果如图 2-10 所示。

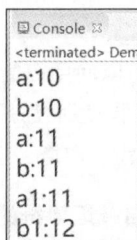

```
Console 23
<terminated> Dem
a:10
b:10
a:11
b:11
a1:11
b1:12
```

图 2-10　例 2-7 程序运行结果

7. 运算符的优先级

在对一些比较复杂的表达式进行运算时，要明确表达式中所有运算符参与运算的先后顺序，通常把这种顺序称作运算符的优先级。接下来通过表 2-8 展示 Java 中运算符的优先级，数字越小优先级越高。

表 2-8　运算符优先级

优先级	运算符
1	.、[]、()
2	++、--、~、!
3	*、/、%
4	+、-
5	<<、>>、>>>
6	<、>、<=、>=
7	==、!=
8	&
9	^
10	|
11	&&
12	||
13	?:
14	=、*=、/=、%=、+=、-=、<<=、>>=、>>>=、&=、^=、|=

在表 2-8 中，"."是点运算符，"[]"是数组索引运算符，"?:"是三目运算符，这 3 个运算符将在后续章节详细介绍；"<<"">>"和">>>"分别是左移运算符、右移运算符和无符号右移运算符，这 3 个运算符用于对二进制位进行移位操作，本任务不使用，不详细介绍；"( )"叫圆括号，也叫小括号，用来将表达式中的某个部分括起来，确保这部分内容优先计算。具体看以下示例及分析。

```
int a = 2;
int b = a + 3*a;
System.out.println(b);
```

运行结果为 8。由于运算符"*"的优先级高于运算符"+"，赋值运算符"="的优先级最低，因此先运算 3*a，得到 6，再将 6 与 a 相加得到 8，最后把 8 赋值给变量 b。

```
int a = 2;
int b = (a+3)* a;
System.out.println(b);
```

运行结果为 10。由于运算符"( )"的优先级最高，因此先运算括号内的 a+3，得到结果 5，再将 5 与 a 相乘得到 10，最后把 10 赋值给变量 b。注意，没有必要去刻意记忆运算符的优先级，编写程序时，尽量使用括号"( )"来实现想要的运算顺序，以免产生歧义。

2.2.6 数据类型转换

微课

在程序中，当把一种数据类型的变量的值赋给另一种数据类型的变量时，需要进行数据类型转换。根据转换方式的不同，数据类型转换可分为两种：自动类型转换和强制类型转换。

数据类型的转换

1. 自动类型转换

自动类型转换也叫隐式类型转换，是指两种数据类型在转换的过程中不需要显式地进行声明。要实现自动类型转换，必须同时满足两个条件：一是两种数据类型彼此兼容，二是目标类型的取值范围大于源类型的取值范围，示例如下。

```
byte b = 3;
int x = b;     // 程序把 byte 类型的变量 b 转换成 int 类型，无须显式地声明
```

在上面的语句中，将 byte 类型的变量 b 的值赋给 int 类型的变量 x，由于 int 类型的取值范围大于 byte 类型的取值范围，赋值过程中不会造成数据丢失，所以编译器能够自动完成这种转换，在编译时不报任何错误。

除了上述示例中演示的情况，还有很多数据类型之间可以进行自动类型转换。不同数据类型之间的自动类型转换如图 2-11 所示。

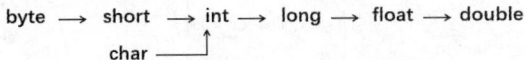

$$byte \longrightarrow short \longrightarrow int \longrightarrow long \longrightarrow float \longrightarrow double$$
$$char \longrightarrow$$

图 2-11　不同数据类型之间的自动类型转换

在图 2-11 中，左边为取值范围较小的数据类型，右边为取值范围较大的数据类型。通过自动类型转换，取值范围较小的数据类型的值可以存储在取值范围较大的数据类型的变量里，不会造成数据丢失。但是，如果将取值范围较大的数据类型的值存储到取值范围较小的数据类型的变量里，则会发生数据溢出，需要使用强制类型转换来处理。

2. 强制类型转换

强制类型转换也称显式类型转换，是指两种数据类型之间的转换需要进行显式的声明。当目标类型的取值范围小于源类型，即自动类型转换无法进行时，就可以使用强制类型转换。先来看例 2-8。

📖 【例 2-8】强制类型转换示例。

```
1. public class Demo2_8 {
2.    public static void main(String[] args) {
3.        int num = 4;        //定义整型变量
4.        byte b = num;    //将整型变量赋值给字节型变量
5.        System.out.println(b);
6.    }
7. }
```

编译程序报错，结果如图 2-12 所示。

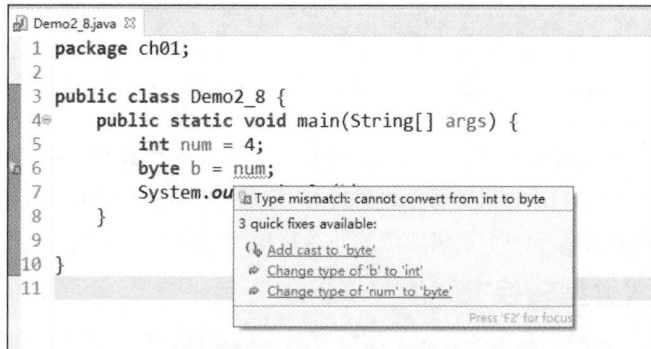

图 2-12　修改例 2-8 后编译程序报错

Eclipse 在源文件被保存时会自动对源代码进行编译，如果保存后出现红色波浪线，说明此处代码出现编译错误，将鼠标指针移到错误上，会出现一个悬浮框，提示编译错误的原因及可能的快速解决方案。

图 2-12 出现编译错误，提示数据类型不匹配，不能将 int 类型转换成 byte 类型。出现这种错误的原因是 int 类型的取值范围大于 byte 类型的取值范围，这样赋值会导致数据溢出，也就是说一个字节的变量无法存储 4 个字节的整数。在这种情况下，就需要进行强制类型转换，其语法格式如下。

目标类型 变量名 = （目标类型） 值；

将例 2-8 中的第 4 行代码修改为下面的代码。

byte b = (byte)num;

修改后保存源文件，编译不会报错，程序运行结果如图 2-13 所示。

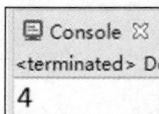

图 2-13　修改例 2-8 后程序运行结果

需要注意的是，在对变量进行强制类型转换时，会发生取值范围较大的数据类型向取值范围较小的数据类型转换的情况，如将一个 int 类型的数据转换为 byte 类型的数据，这样做很容易造成数据精度的丢失。接下来通过一个示例来演示数据精度丢失的情况。

📖 【例 2-9】数据精度丢失示例。

```
1. public class Demo2_9 {
2.    public static void main(String[] args) {
```

```
3.        byte a;        //定义 byte 类型的变量 a
4.        int b = 298;    //定义 int 类型的变量 b
5.        a = (byte)b;    //强制类型转换
6.        System.out.println("b="+b);
7.        System.out.println("a="+a);
8.    }
9. }
```

运行结果如图 2-14 所示。

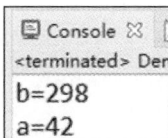

图 2-14　例 2-9 程序运行结果

在例 2-9 中，第 5 行代码发生强制类型转换，将一个 int 类型的变量 b 强制转换成 byte 类型的变量，b 原来的值是 298，赋值给 a 后变成 42，这就是数据精度丢失。变量 b 为 int 类型，在内存中占 4 个字节，而 byte 类型的数据在内存中只占 1 个字节，将变量 b 的类型强制转换为 byte 类型后，前面 3 个高位字节的数据丢失，所以数值发生改变，造成数据精度丢失。

2.3　任务实施

本阶段要实现的是存储购物数据、计算购物总金额和判断会员是不是幸运顾客。

2.3.1　存储购物数据

存储某位会员的购物数据，包括会员号、购物次数、购物总金额。

1. 实现思路

（1）定义一个字符串类型的变量存储会员号。

（2）定义一个整型变量存储购物次数。

（3）定义一个浮点型变量存储购物总金额。

（4）在控制台输出这 3 个变量的值。

2. 参考代码

```
1. public class Example2_3_1 {
2.  public static void main(String[] args) {
3.     String memId = "1001";     //会员号
4.     int shoppingTimes = 5;      //购物次数
5.     double amount = 3456.78;    //购物总金额
6.
7.     System.out.println("会员号: " + memId);
8.     System.out.println("购物次数: " + shoppingTimes);
9.     System.out.println("购物总金额: " + amount);
10. }
11.}
```

Example2_3_1 程序运行结果如图 2-15 所示。

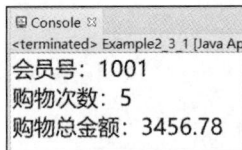

图 2-15　Example2_3_1 程序运行结果

2.3.2　计算购物总金额

某会员购买 3 件商品，需要实现购物结算功能，在控制台输出购物总金额。

1．实现思路

（1）定义会员号和购物金额变量。

（2）创建接收数据的对象。

（3）接收从控制台输入的数据。

（4）使用运算符计算购物总金额。

（5）在控制台输出购物总金额。

2．参考代码

```java
1. import java.util.Scanner;
2. public class Example2_3_2 {
3.     public static void main(String[] args) {
4.         Scanner sc = new Scanner(System.in);
5.         // 定义会员号和购物金额变量
6.         int memId;
7.         double num1, num2, num3, discount,total;
8.         // 输入购物数据
9.         System.out.print("请输入会员号: ");
10.        memId = sc.nextInt();
11.        System.out.print("请输入第 1 笔购物金额: ");
12.        num1= sc.nextDouble();
13.        System.out.print("请输入第 2 笔购物金额: ");
14.        num2 = sc.nextDouble();
15.        System.out.print("请输入第 3 笔购物金额: ");
16.        num3 = sc.nextDouble();
17.        System.out.print("请输入折扣: ");
18.        discount = sc.nextDouble();
19.        //计算购物总金额
20.        total = (num1+num2+num3)*discount;
21.        System.out.print(memId+"号会员的购物总金额: "+total);
22.    }
23.}
```

Example2_3_2 程序运行结果如图 2-16 所示。

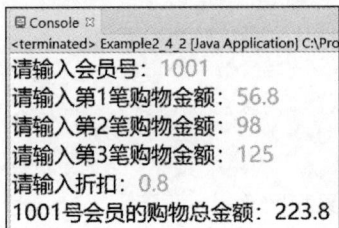

图 2-16　Example2_3_2 程序运行结果

2.3.3 判断会员是不是幸运顾客

输入 4 位数的会员卡号，如果卡号中各位数字相加的和大于 20，则为幸运顾客。

1. 实现思路

（1）定义会员卡号变量。

（2）接收用户输入的 4 位会员卡号。

（3）获得卡号的每位数字。

（4）计算数字之和是否大于 20，大于 20 则输出这位会员是幸运顾客。

2. 参考代码

```
1. import java.util.Scanner;
2. public class Example2_3_3 {
3.     public static void main(String[] args) {
4.         int custNo;       // 定义会员卡号变量
5.         Scanner sc = new Scanner(System.in);
6.         System.out.println("请输入 4 位数的会员卡号: ");
7.         custNo = sc.nextInt();
8.         // 获得每位数字
9.         int gewei = custNo % 10; // 获得个位数
10.        int shiwei = custNo / 10 % 10; // 获得十位数
11.        int baiwei = custNo / 100 % 10; // 获得百位数
12.        int qianwei = custNo / 1000; // 获得千位数
13.        // 计算数字之和
14.        int sum = gewei + shiwei + baiwei + qianwei;
15.        System.out.println("会员卡号" + custNo + "各位之和: " + sum);
16.        boolean isLuck = sum>20;
17.        System.out.println("是幸运顾客吗? " +isLuck);
18.     }
19.}
```

Example2_3_3 程序运行结果如图 2-17 所示。

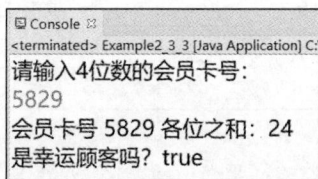

图 2-17 Example2_3_3 程序运行结果

2.4 任务小结

本任务主要介绍了 Java 编程的基础知识。首先介绍了注释、标识符、关键字、转义字符、数据类型，以及变量和常量的定义和使用，接着介绍了算术运算符、关系运算符、逻辑运算符等常见的运算符及其用法，以及数据类型的两种转换方式，最后通过 3 个子任务的实施，实现了购物管理系统存储购物数据、计算购物总金额和判断会员是不是幸运顾客的功能。通过学习，读者能够掌握 Java 程序的基本语法，能够存储购物数据和对购物数据进行简单计算。

2.5　同步练习

一、选择题

1. 按照 Java 的标识符命名规则，下列表示一个类的标识符中最规范的是（　　）。

　　A. 6Helloworld　　　　　　　　　　B. HelloWorld

　　C. hello#world　　　　　　　　　　D. hello World

2. 下列属于合法的 Java 标识符的是（　　）。

　　A. _cat　　　　　B. 5books　　　　　C. +static　　　　D. -3.14159

3. （　　）属于基本数据类型。

　　A. Int　　　　　　　　　　　　　　B. StringBuffer

　　C. double　　　　　　　　　　　　D. String

4. 下列叙述中，正确的是（　　）。

　　A. Java 的标识符是区分字母大小写的

　　B. Java 文件编译后的文件扩展名是.java

　　C. 源文件扩展名为.jar

　　D. 源文件中 public 类的数目不限

5. 对于 Java 运算符，下面说法正确的是（　　）。

　　A. 不具有优先级的区别

　　B. 相同优先级的运算符，计算顺序是从右到左

　　C. 小括号具有最高优先级

　　D. "+" 的优先级高于 "%"

6. 表达式(11+3×8)/4%3 的值是（　　）。

　　A. 32　　　　　　B. 1　　　　　　　C. 2　　　　　　　D. 3

7. 在 Java 中，整型常量占用的存储空间字节数是（　　）。

　　A. 1　　　　　　B. 2　　　　　　　C. 4　　　　　　　D. 8

二、填空题

1. Java 规定标识符可以由字母、＿＿＿＿＿＿＿＿、美元符号和数字组成。

2. Java 共有 3 种代码注释格式，分别是＿＿＿＿＿＿＿、＿＿＿＿＿＿＿、＿＿＿＿＿＿＿。

3. 下面程序段的输出结果是＿＿＿＿＿＿、＿＿＿＿＿＿、＿＿＿＿＿＿。

```
int a = 5;
System.out.print(a++);
System.out.print(a);
System.out.print(++a);
```

三、程序练习题

1. 编写一个 Java 程序，已知圆的半径（变量名为 radius）为 1.5，求其周长和面积，最后输出结果。

2. 编程实现一个加法计算器，要求：从控制台输入任意两个整数，计算两数相加的结果，输出结果。

3. 编程实现一个数字加密器，要求：从控制台输入任意一个整数，按 "(输入的整数 × 10+5)/2+3.1415926" 规则加密该整数，加密结束后，把加密结果转换成整数并输出。

4. 编写一个 Java 程序，要求：从控制台输入 3 门课程的成绩，输出总分和平均分。

2.6 拓展项目实训——输出博物馆访客信息

一、任务描述

赵工到博物馆找管理人员了解博物馆访客信息管理系统的需求之后，确定需要录入的访客信息有姓名、身份证号、电话号码。存储这些数据需要确定它们的数据类型及变量名称，并测试赋值后输出的信息。

二、功能实现效果

输入访客信息后，输出存储的访客信息，效果如图 2-18 所示。

```
请输入访客信息
姓名：张班
身份证号：4501012002201010011
电话号码：18500000000

**********访客信息**********
姓名        身份证号              电话号码
张班        4501012002201010011 18500000000
```

图 2-18 功能实现效果

图 2-18 功能实现效果

三、思路分析

1. 创建 Scanner 对象，调用方法实现输入数据。

2. 定义变量存储输入的数据。

3. 用字符串连接运算符"+"和转义字符将数据输出到控制台，部分代码参考如下。

```
System.out.println(name+"\t"+idNumber+"\t"+tel);
```

四、编程要求

1. 根据任务描述和功能实现效果编写程序，思路分析提供的代码仅供参考。

2. 要求遵守标识符命名规则，程序有适当的注释。

任务3
实现系统界面
——选择结构与常见类

3.1 任务描述

小林已经学会存储购物数据、计算购物总金额，以及判断会员是不是幸运顾客。他打算先实现购物管理系统的登录界面和菜单选择界面，使系统具有雏形，再深入开发。收银员或其他系统用户登录购物管理系统时，都需要进行用户名和密码的验证，所以，要学习条件判断语句，判断用户名和密码是否正确。如果用户登录成功，会显示一个菜单选择界面，系统要能够根据用户输入的不同选项，进入对应的子菜单，这就需要学习多分支选择结构。

任务目标	• 实现购物管理系统的登录验证功能 • 实现菜单的选择功能 • 实现显示客户信息和幸运抽奖功能
知识目标	• 学会使用 if 和 if...else 语句执行选择操作 • 理解三目运算符，允许在单行代码中根据条件选择不同的值 • 学会使用 if 多分支选择语句和 switch 多分支选择语句 • 掌握常见类 Math、Date、LocalDataTime、String、StringBuffer 和包装类的操作
素养目标	• 引导学生养成良好的作息习惯，培养健康的自律意识 • 引导学生讲文明、守纪律，遵守社会秩序 • 培养学生的爱国情怀，具备科技报国的理想

3.2 知识储备

3.2.1 选择结构

在 Java 中，程序是从 main()方法内部开始执行的，通常按照从上到下的顺序执行，除非遇到流程控制语句（如选择结构语句、循环结构语句）。

1. 程序的 3 种基本结构

任何简单或复杂的 Java 程序都可以由顺序结构、选择结构和循环结构这 3 种结构组合而成。所以，这 3 种结构被称为程序的 3 种基本结构。

（1）顺序结构

顺序结构是最基础的程序结构，从程序的入口开始，依次执行每条语句，不会跳过或重复执行任何语句。这种结构适用于需要按特定次序执行的任务。示例如下。

```
int num1 = 10;
int num2 = 20;
int sum = num1 + num2;
```

（2）选择结构

选择结构允许程序在不同条件下执行不同的代码块，也被称为条件语句结构。它通常通过条件语句（如 if 语句和 switch 语句）来实现。根据条件的真假，程序再决定执行哪些代码块。选择结构用于实现条件性的决策和分支。示例如下。

```
int age = 18;
if (age >= 18) {
    System.out.println("你已成年。");
} else {
    System.out.println("你还未成年。");
}
```

（3）循环结构

循环结构允许程序重复执行一组语句，直到满足特定的条件。Java 提供了多种循环结构，包括 for 循环、while 循环和 do...while 循环。这种结构用于处理需要重复执行的任务，如遍历数组、处理列表元素等。示例如下。

```
for (int i = 1; i <= 5; i++) {
    System.out.println("这是第 " + i + " 次循环。");
}
```

这 3 种基本结构是 Java 程序的主要组成部分，开发人员可以使用它们来编写更复杂的程序，实现逻辑判断、条件判断和循环控制。

2．if 语句

if 语句是 Java 中最简单的选择结构，它根据条件的真假来决定是否执行一个代码块。其语法格式如下。

微课

```
if (条件) {
    // 条件满足时执行
}
```

选择结构

💡说明

　　if语句的条件是布尔表达式，即结果为true（真）或false（假）的表达式。如果条件为true，将执行大括号内的代码块；如果条件为假，大括号内的代码块将被跳过，程序继续执行后续代码。if语句的执行流程如图3-1所示。

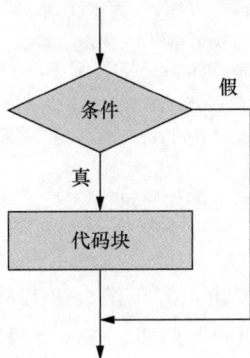

图3-1　if 语句的执行流程

45

📖【例 3-1】输入王新的 Java 考试成绩，如果大于 95 分，他就获得一部手机作为奖励。

```
1. import java.util.Scanner;
2. public class Demo3_1 {
3.     public static void main(String[] args) {
4.         // 创建一个 Scanner 对象 sc，用于获取用户输入
5.         Scanner sc = new Scanner(System.in);
6.         // 提示用户输入王新的 Java 考试成绩
7.         System.out.print("请输入王新的 Java 考试成绩：");
8.         int javaScore = sc.nextInt();
9.         // 判断考试成绩是否大于 95 分
10.        if (javaScore > 95) {
11.            System.out.println("恭喜王新获得一部手机作为奖励！");
12.        }
13.        System.out.println("程序执行结束。");
14.    }
15.}
```

在例 3-1 中，第 8 行代码使用 Scanner 类的 nextInt()方法获取用户输入的成绩；第 10 行代码使用 if 语句判断成绩是否大于 95 分。只有成绩大于 95 分，程序才会输出恭喜获得手机奖励的消息。程序运行结果如图 3-2 所示。

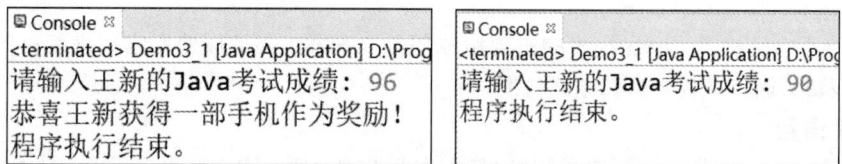

```
🖳 Console ⊠
<terminated> Demo3_1 [Java Application] D:\Prog
请输入王新的Java考试成绩：96
恭喜王新获得一部手机作为奖励！
程序执行结束。
```

```
🖳 Console ⊠
<terminated> Demo3_1 [Java Application] D:\Prog
请输入王新的Java考试成绩：90
程序执行结束。
```

图 3-2 例 3-1 程序运行结果

当然，if 语句的表达式可以是复杂的条件表达式，对于复杂的条件表达式，可以多使用小括号把条件罗列出来。示例如下。

📖【例 3-2】输入一个年份，使用 if 语句判断该年份是不是闰年，并输出判断结果。闰年又分为世纪闰年和普通闰年，普通闰年能被 4 整除但不能被 100 整除，世纪闰年能被 400 整除。

```
1. import java.util.Scanner;
2. public class Demo3_2 {
3.     public static void main(String[] args) {
4.         Scanner sc = new Scanner(System.in);
5.         System.out.print("请输入一个年份：");        // 提示用户输入年份
6.         int year = sc.nextInt();
7.         // 使用 if 语句判断该年份是不是闰年
8.         if ((year % 4 == 0 && year % 100 != 0) || (year % 400 == 0)) {
9.             System.out.println(year + "年是闰年");
10.        }
11.        System.out.println("程序执行结束。");
12.    }
13.}
```

在例 3-2 中，第 6 行代码接收输入的年份；第 8 行代码使用 if 语句判断该年份是不是闰年，把两种条件并列写成"() || ()"形式，在小括号里填充闰年条件。程序运行结果如图 3-3 所示。

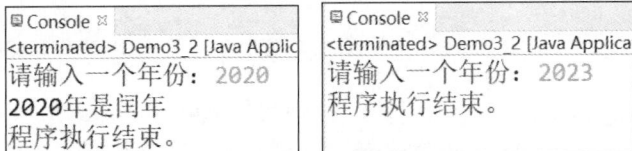

图 3-3 例 3-2 程序运行结果

📖【知识小秘诀】

➢ 大括号 "{}" 用来定义代码块, 当大括号内的语句只有一条时, 大括号可以省略, 但对于初学者不建议省略。

➢ 如果条件不满足, if单分支语句内的代码块将被完全跳过。

➢ if后紧跟条件表达式, 即if(), "()"里的值只能是true或false, 不能是其他类型的值。

3. if...else 语句

在 Java 中, if...else 语句用于根据条件的真假来选择执行不同的代码块。其语法格式如下。

```
if (条件) {
    // 如果条件为真, 执行此代码块
} else {
    // 如果条件为假, 执行此代码块
}
```

执行流程: 程序首先会判断 if 后面的条件。如果条件为真 (表达式的值为 true), 则执行 if 部分的代码块; 如果条件为假, 将执行 else 部分的代码块。if...else 语句的执行流程如图 3-4 所示。

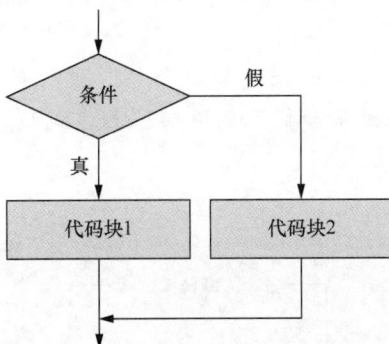

图 3-4 if...else 语句的执行流程

📖【例 3-3】修改例 3-1, 输入王新的 Java 考试成绩, 如果成绩大于 95 分, 他就能获得一部手机作为奖励, 否则惩罚王新编写更多的程序。

```
1. import java.util.Scanner;
2. public class Demo3_3 {
3.     public static void main(String[] args) {
4.         Scanner sc = new Scanner(System.in);
5.         System.out.print("请输入王新的 Java 考试成绩: ");
6.         int javaScore = sc.nextInt();
7.         // 判断考试成绩是否大于 95 分
```

```
8.          if (javaScore > 95) {
9.              System.out.println("恭喜王新获得一部手机作为奖励！");
10.         } else {
11.             System.out.println("惩罚王新编写更多的程序！");
12.         }
13.     }
14. }
```

在例 3-3 中，第 8 行代码使用 if() 来判断成绩是否大于 95 分。如果成绩大于 95 分，将执行第 9 行代码，输出获得奖励的消息；如果成绩小于等于 95 分，将执行第 11 行代码，输出获得惩罚的消息。if...else 语句的实现思路为"非此即彼"。运行结果如图 3-5 所示。

Console ⊠ Problems Debug Shell
\<terminated\> Demo3_3 [Java Application] D:\Pro
请输入王新的Java考试成绩：90
惩罚王新编写更多的程序！

Console ⊠ Problems Debug Shell
\<terminated\> Demo3_3 [Java Application] D:\Prog
请输入王新的Java考试成绩：96
恭喜王新获得一部手机作为奖励！

图 3-5　例 3-3 程序运行结果

同理，读者可以修改例 3-2，输入一个年份，使用 if...else 语句判断该年份是闰年还是平年，并将判断结果输出。

4. 三目运算符的使用

三目运算符也被称为条件运算符，是一种根据条件的真假选择不同表达式的特殊类型的运算符。它是一种紧凑的条件表达方式，常用于 Java 程序中。以下是三目运算符的语法格式。

```
条件 ？ 表达式1 ： 表达式2
```

💡 说明

　　"条件"是一个布尔表达式，首先对"条件"进行求值，如果结果为真，则返回"表达式1"的值；如果结果为假，则返回"表达式2"的值。三目运算符的执行流程如图3-6所示。

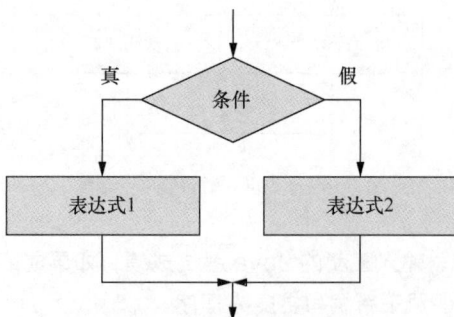

图 3-6　三目运算符的执行流程

以下是一个三目运算符的示例。

```
int x = 10;
String message = (x > 5) ? "x 大于 5" : "x 不大于 5";
System.out.println(message);
```

在这个示例中，由于条件 x>5 的判断结果为 true，因此返回"x 大于 5"，所以变量 message

的值是字符串"x 大于 5"。

需要注意的是，虽然三目运算符在某些情况下可以简化 if...else 语句，但不应该过度使用，以免导致程序难以理解。在复杂的条件逻辑下，使用传统的 if...else 语句程序可能更具可读性。示例如下。

```java
int year = 2020;
String result = (year%4==0 && year%100!=0) || (year%400==0) ? "闰年":"平年";
System.out.println(year + "年是" + result);
```

以上代码使用三目运算符判断 2020 年是闰年还是平年，运行结果为"2020 年是闰年"。虽然上述代码可以达到 if...else 语句的运行效果，但是从可读性的角度看，使用 if...else 语句逻辑更加清晰。

3.2.2 多分支选择结构

在编程中，经常会遇到需要根据不同条件执行不同操作的情景。Java 提供了多分支选择结构，使得程序能够根据条件的不同而选择不同的执行路径。这些结构主要包括 if 多分支选择语句和 switch 多分支选择语句，它们为开发人员提供了灵活而强大的工具来处理复杂的分支逻辑。

微课

if 多分支选择结构

49

1. if 多分支选择语句

if 多分支选择语句是 Java 中用于实现多分支条件判断的结构。它允许根据多个互斥的条件，执行不同的代码块。其语法格式如下。

```java
if (条件 1) {
    // 如果条件 1 为 true，执行这里的代码块
} else if (条件 2) {
    // 如果条件 1 为 false 而条件 2 为 true，执行这里的代码块
} else if (条件 3) {
    // 如果条件 1 和条件 2 都为 false 而条件 3 为 true，执行这里的代码块
} else {
    // 如果以上条件都为 false，执行这里的代码块
}
```

程序按自上而下的顺序检查条件，如果条件为 true，则执行相应代码块，并且跳过检查剩余的条件。其执行过程如下。

（1）检查第 1 个条件。首先检查第 1 个条件，如果为 true，则执行与之关联的代码块，然后跳过整个结构。

```java
if (条件 1) {
    // 执行代码块
}
```

（2）检查后续条件。如果第 1 个条件为 false，程序继续检查下一个 else if 语句，如果找到一个条件为 true 的分支，则执行与之关联的代码块，然后跳过整个结构。

```java
else if (条件 2) {
    // 执行代码块
}
```

（3）默认分支。如果所有条件都为 false，则执行 else 语句中的代码块。

```java
else {
    // 执行代码块
}
```

if 多分支选择语句的执行流程如图 3-7 所示，结合此图，能更直观地理解其基本语法结构。

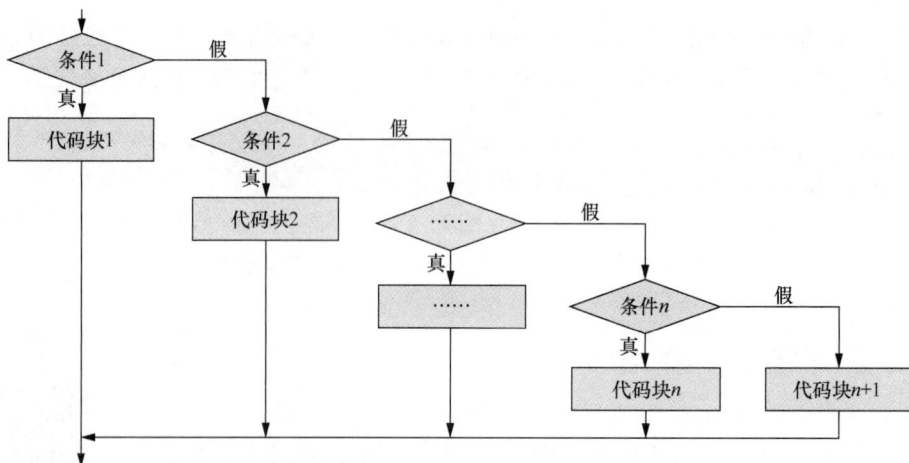

图 3-7 if 多分支选择语句的执行流程

📖【例 3-4】根据 BMI（身体质量指数：BMI=体重÷身高的平方）标准，可以使用 if 多分支选择结构来判断人们身体的健康情况。常用的 BMI 标准如下。

当 BMI 小于 18.5 时，体重过轻，健康状况较差。

当 BMI 在 18.5（包含）到 24 之间时，体重正常，健康状况良好。

当 BMI 在 24（包含）到 28 之间时，体重过重，健康状况一般。

当 BMI 在 28（包含）到 32 之间时，体重肥胖，健康状况较差。

当 BMI 大于 32（包含）时，体重严重肥胖，健康状况很差。

```java
1. public class Demo3_4 {
2.     public static void main(String[] args) {
3.         // 假设体重的单位为 kg，身高的单位为 m
4.         float weight = 70;      // 体重为 70kg
5.         float height = 1.75f;   // 身高为 1.75m
6.         // 计算 BMI
7.         float bmi = weight / (height * height);
8.         System.out.println("您的 BMI 是: "+bmi);
9.         // 根据 BMI 进行判断
10.        if (bmi < 18.5) {
11.            System.out.println("体重过轻，健康状况较差");
12.        }else if (bmi < 24) {
13.            System.out.println("体重正常，健康状况良好");
14.        }else if (bmi < 28) {
15.            System.out.println("体重过重，健康状况一般");
16.        }else if (bmi < 32) {
17.            System.out.println("体重肥胖，健康状况较差");
18.        }else {
19.            System.out.println("体重严重肥胖，健康状况很差");
20.        }
21.    }
22.}
```

在例 3-4 中，第 7 行代码根据体重和身高计算出 BMI。第 10 行代码判断 BMI 是否小于 18.5，如果 BMI 不小于 18.5，则执行第 12 行的 else if 语句。注意，第 12 行的表达式可以写为 bmi>=18.5 && bmi<24，因为第 12 行中 else 的作用相当于 bmi>=18.5，即与前一个条件 bmi<18.5 相反。同理，第 14 行的表达式也可以写为 bmi>=24 && bmi<28，以此类推。程序运行结果如图 3-8 所示。

图 3-8　例 3-4 程序运行结果

【知识小秘诀】

➢ 条件表达式按照从上到下的顺序进行判断，如果第一个满足条件的代码块被执行，后续的 else if 语句和最后的 else 语句会被跳过。

➢ 可以有任意多个 else if 语句，且最后的 else 语句是可选的。

➢ 如果所有条件都不成立，则执行最后的 else 语句中的代码块。

➢ 每个条件表达式的取值范围都应该清晰明了，不重叠，从小到大写或从大到小写。

2. switch 多分支选择语句

switch 多分支选择语句是 Java 中一种用于多分支选择的结构。它能够根据表达式的值，从一系列的选项中选择一个对应的代码块来执行。以下是 switch 多分支选择语句的语法格式。

微课

switch 多分支选择
结构

```
switch (表达式) {
    case 值 1:
        // 当表达式的值等于值 1 时执行此代码块
        break;
    case 值 2:
        // 当表达式的值等于值 2 时执行此代码块
        break;
    case 值 3:
        // 当表达式的值等于值 3 时执行此代码块
        break;
    // 可以有任意多个 case
    default:
        // 当表达式的值不匹配任何 case 时执行此代码块
        break;
}
```

说明如下。

• 表达式：要匹配的值。在 Java 8 中，switch 多分支选择语句表达式的取值类型为 byte、short、int、char、String 和枚举。

• 匹配 case 值：将表达式的值与每个 case 值进行比较。如果找到匹配的 case 值，则程序跳转到该 case 值处执行相应的代码块。如果没有匹配的 case 值，则执行 default 标签中的代码块；如果没有 default 标签，则不执行任何操作。

• 执行匹配的代码块：一旦找到匹配的 case 值，程序就会执行该 case 值处的代码块。执行完代码块后，程序会跳出 switch 多分支选择语句。

- break 关键字：如果没有在某个 case 值中遇到 break 关键字，程序会继续执行下一个 case 值中的代码块，直到遇到 break 关键字或 switch 多分支选择语句结束。break 关键字用于跳出 switch 多分支选择语句，防止程序继续执行下一个 case 值中的代码块。

📖【例 3-5】使用 switch 多分支选择语句实现简易计算器。用户输入两个操作数和一个运算符，程序根据运算符执行相应的操作并输出结果。

```java
1. import java.util.Scanner;
2. public class Demo3_5 {
3.     public static void main(String[] args) {
4.         Scanner sc = new Scanner(System.in);
5.         // 输入第一个操作数
6.         System.out.print("输入第一个数: ");
7.         double num1 = sc.nextDouble();
8.         // 输入运算符
9.         System.out.print("请输入运算符(+, -, *, /): ");
10.        char operator = sc.next().charAt(0);
11.        // 输入第二个操作数
12.        System.out.print("输入第二个数: ");
13.        double num2 = sc.nextDouble();
14.        // 根据运算符执行相应的操作
15.        double result = 0.0;
16.        switch (operator) {
17.        case '+':
18.            result = num1 + num2;
19.            break;
20.        case '-':
21.            result = num1 - num2;
22.            break;
23.        case '*':
24.            result = num1 * num2;
25.            break;
26.        case '/':
27.            result = num1 / num2;
28.            break;
29.        default:
30.            System.out.println("错误: 运算符输入不正确");
31.            break;    // 结束程序
32.        }
33.        System.out.println("计算结果: " + result);
34.    }
35. }
```

在例 3-5 中，第 5 行到第 13 行代码提示用户在控制台输入两个操作数和一个运算符。第 16 行是对输入的运算符进行判断，如果输入的运算符与某个 case 值相匹配，则执行对应的代码块，遇到 break 关键字会跳出 switch 多分支选择语句。如果与所有的 case 值都不匹配，则执行第 29 行到第 31 行的代码。第 33 行代码输出计算结果。程序运行结果如图 3-9 所示。

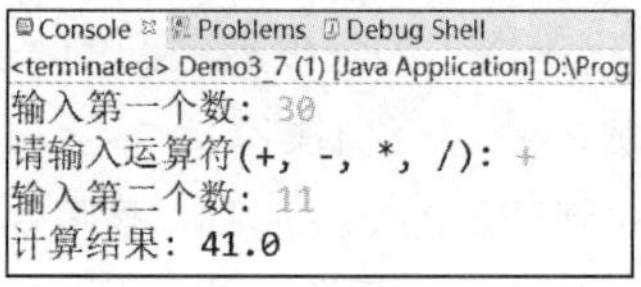

图 3-9　例 3-5 程序运行结果

注意

Java 12引入了switch多分支选择语句的一种新写法，这种写法使用箭头（->）为每个case值简化操作，例如，case '*':result=num1*num2;break;可以写成case '*'->result=num1*num2；另外，它还可以使switch多分支选择语句作为表达式并返回一个值。示例如下。

```
double result = switch (operator) {
        case '+' -> num1 + num2;   // 加法操作，省略 break 关键字
        case '-' -> num1 - num2;   // 减法操作
};
```

通常，switch多分支选择语句适用于基于单个表达式且其值是一个可枚举的常量集的多个条件判断，特别是在需要执行多个不同的操作时。而if多分支选择语句更适合有取值范围的多个条件判断，特别是当条件之间存在逻辑关联或需要进行更复杂的判断时。

3.2.3 嵌套选择结构

微课

嵌套选择结构是指 if 语句内部包含一个或多个 if 语句。这种结构允许根据多个条件的不同组合的结果来执行不同的代码块。

1. if 嵌套语句

在 Java 中，if 语句是一种常见的条件语句，用于根据条件的真假来执行不同的代码块。当一个 if 语句嵌套在另一个 if 语句内部时，称之为 if 嵌套语句。这种结构允许在一个条件被满足的情况下进一步检查其他条件。其语法格式如下。

嵌套选择结构

```
if(条件 1) {
    if(条件 2) {
            代码块 1
    } else {
            代码块 2
    }
} else {
    代码块 3
}
```

说明

对于外层if...else语句，如果条件1为true，则执行内层嵌套的if...else语句，否则执行代码块3；执行内层嵌套的if...else语句时，如果条件2为true，则执行代码块1，否则执行代码块2。

【例 3-6】根据顾客是不是会员和消费金额来计算最终的支付金额：会员消费 1000 元以上可以打 8 折，否则打 9 折；非会员消费 500 元以上打 9.5 折，否则不打折，如表 3-1 所示。使用 if 嵌套语句实现此功能。

表 3-1　消费金额与打折情况

是不是会员	消费金额	享受折扣
是	大于 1000 元	8 折
	不大于 1000 元	9 折
否	大于 500 元	9.5 折
	不大于 500 元	不打折

代码实现如下。

```
1. import java.util.Scanner;
2. public class Demo3_6 {
3.     public static void main(String[] args) {
4.         Scanner sc = new Scanner(System.in);
5.         double finalAmount;      //最终支付金额
6.         double discount=0;       //折扣
7.         System.out.print("请输入是不是会员（y/n): ");
8.         char isVip = sc.next().charAt(0);      //输入是不是会员
9.         System.out.print("请输入消费金额（元）: ");
10.        double totalAmount=sc.nextDouble();
11.        if (isVip=='y') {       //判断是不是会员
12.            if (totalAmount > 1000) {
13.                discount = 0.8;
14.            } else {
15.                discount = 0.9;
16.            }
17.        } else {
18.            if (totalAmount > 500) {
19.                discount = 0.95;
20.            } else {
21.                discount = 1.0;
22.            }
23.        }
24.        finalAmount = totalAmount * discount;      //计算最终支付金额
25.        System.out.println("最终支付金额: "+finalAmount);
26.    }
27.}
```

在例 3-6 中，第 11 行代码用于判断该顾客是不是会员，如果是会员，则执行第 12 行
到第 16 行的代码；如果不是会员，则执行第 18 行到第 22 行的代码。第 13 行代码仅在顾
客为会员且消费金额大于 1000 元的情况下才会执行；第 15 行代码在该顾客是会员且消费金
额不大于 1000 元的情况下执行。第 18 行到第 22 行代码只有在不是会员的情况下才会执行。
程序运行结果如图 3-10 所示。

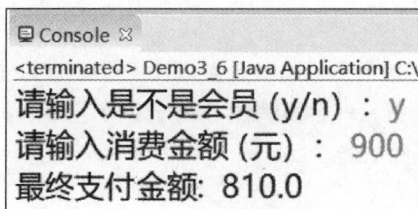

```
Console ⊠
<terminated> Demo3_6 [Java Application] C:\
请输入是不是会员 (y/n)：y
请输入消费金额 (元)：900
最终支付金额: 810.0
```

图 3-10　例 3-6 程序运行结果

2. if 嵌套语句的转换

在编程中，if 嵌套语句可以通过使用逻辑运算符和条件表达式来进行转换，以提高代码的可读性和可维护性。通常可以通过使用逻辑与（&&）和逻辑或（||）等逻辑运算符来简化 if 嵌套语句的结构。以下是一个简单的示例，说明如何转换具有 if 嵌套语句的代码。

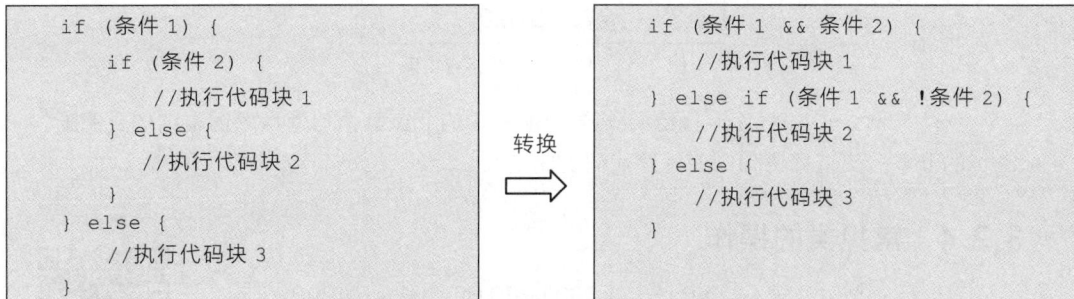

```
if (条件 1) {
    if (条件 2) {
        //执行代码块 1
    } else {
        //执行代码块 2
    }
} else {
    //执行代码块 3
}
```

转换 ⇨

```
if (条件 1 && 条件 2) {
    //执行代码块 1
} else if (条件 1 && !条件 2) {
    //执行代码块 2
} else {
    //执行代码块 3
}
```

在这个示例中，使用逻辑与运算符（&&）和 else if 语句将原始的 if 嵌套语句转换成了 if 多分支选择语句，这有助于读者更好地理解 if 嵌套语句。注意，具体的转换方式取决于代码的逻辑和结构，上述示例仅演示一般原则，下面看另一个示例。

📖【例 3-7】把例 3-6 的 if 嵌套语句转换成 if 多分支选择语句。

```
1. import java.util.Scanner;
2. public class Demo3_7 {
3.    public static void main(String[] args) {
4.        Scanner sc = new Scanner(System.in);
5.        double finalAmount;      //最终支付金额
6.        double discount=0;       //折扣
7.        System.out.print("请输入是不是会员（y/n）: ");
8.        char isVip = sc.next().charAt(0);    //输入是不是会员
9.        System.out.print("请输入消费金额（元）: ");
10.       double totalAmount=sc.nextDouble();
11.       //分成多种情况进行判断
12.       if (isVip=='y' && totalAmount > 1000) {
13.           discount = 0.8;
14.       } else if (isVip=='y' && totalAmount <= 1000) {
15.           discount = 0.9;
16.       } else if (isVip!='y' && totalAmount > 500) {
17.           discount = 0.95;
18.       } else {
19.           discount = 1.0;
20.       }
21.
22.       finalAmount = totalAmount * discount;    //计算最终支付金额
23.       System.out.println("最终支付金额: "+finalAmount);
24.    }
25.}
```

在例 3-7 中，第 12 行到第 13 行的代码仅是会员且消费金额大于 1000 元的情况才会执行；第 14 行到第 15 行的代码仅是会员且消费金额小于等于 1000 元的情况才会执行；第 16 行到第 17 行的代码仅是非会员且消费金额大于 500 元的情况才会执行；第 18 行到第 19 行代码是对其他情况的判定。程序运行结果如图 3-11 所示。

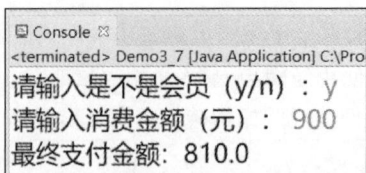

图 3-11　例 3-7 程序运行结果

例 3-7 与例 3-6 的程序运行结果一样。例 3-6 的 if 嵌套语句使程序逻辑结构更清晰，例 3-7 的 if 多分支选择语句则使程序代码更简洁。

3.2.4　常见类的操作

微课

在 Java 中，Math 类、Date 类、LocalDateTime 类、String 类和 StringBuffer 类是经常使用的核心类。它们提供了丰富的功能和方法，帮助处理数字、日期、字符串等常见的数据。

Math 类和日期时间
类的操作

1. Math 类的操作

Math 类是 Java 中的一个内置类，位于 java.lang 包中，是一个包含数学运算方法的工具类。它提供了许多用于执行数学运算的静态方法，表 3-2 列出了 Math 类的一些常用方法。

表 3-2　Math 类的常用方法

方法	描述	示例
abs(x)	返回参数 x 的绝对值	Math.abs(-5.8)，返回 5.8
ceil(x)	返回大于等于 x 的最小整数	Math.ceil(4.2)，返回 5.0
floor(x)	返回小于等于 x 的最大整数	Math.floor(4.9)，返回 4.0
round(x)	返回最接近 x 的整数	Math.round(3.7)，返回 4
max(x,y)	返回 x 和 y 中较大的值	Math.max(10,20)，返回 20
min(x,y)	返回 x 和 y 中较小的值	Math.min(10,20)，返回 10
pow(x,y)	返回 x 的 y 次幂	Math.pow(2,3)，返回 8.0
sqrt(x)	返回 x 的平方根	Math.sqrt(25)，返回 5.0
random()	返回一个 0 到 1（不包括 1）之间的随机浮点数	Math.random()，返回 0.67432893487174

除了上述方法，Math 类还提供了许多其他有用的数学函数，如三角函数、指数函数、对数函数等，读者可以根据具体需求查阅 Java 帮助文档以了解更多详细信息。

📖【例 3-8】Math 类常用方法的调用。

```
1. public class Demo3_8 {
2.    public static void main(String[] args) {
3.        double x = -10.5;
4.        double y = 2.3;
5.        System.out.println("绝对值: " + Math.abs(x));
6.        System.out.println("平方根: " + Math.sqrt(y));
7.        System.out.println("向上取整: " + Math.ceil(x));
8.        System.out.println("向下取整: " + Math.floor(x));
9.        System.out.println("四舍五入: " + Math.round(y));
```

```
10.      System.out.println("幂运算: " + Math.pow(x, Math.round(y)));
11.      System.out.println("最大值: " + Math.max(x, y));
12.      System.out.println("最小值: " + Math.min(x, y));
13.      System.out.println("随机数: " + Math.random());
14.    }
15.}
```

在例 3-8 中，Math 类提供的都是静态方法，可以直接使用，而无须创建 Math 类的实例。运行结果如图 3-12 所示。

```
🖳 Console ⊠
<terminated> Demo3_11 [Java Application] D:
绝对值: 10.5
平方根: 1.51657508881031
向上取整: -10.0
向下取整: -11.0
四舍五入: 2
幂运算: 110.25
最大值: 2.3
最小值: -10.5
随机数: 0.6478146657676556
```

图 3-12　例 3-8 程序运行结果

注意，Math.random()方法每次运行都会生成一个 0 到 1 之间的不同随机数，这个随机数是一个伪随机数，会均匀分布。这在许多领域都非常有用，如模拟游戏开发、密码学等。如果需要生成特定范围内的随机数，可以通过一些简单的数学运算来实现。例如，生成 1 到 100 之间的随机整数的代码如下。

```
int randomInt = (int) (Math.random() * 100) + 1;
System.out.println("随机整数: " + randomInt);
```

上述代码将生成一个 1 到 100 之间的随机整数，并将其存储至变量 randomInt 中，最后输出。

2. Date 类与 LocalDateTime 类的操作

使用日期和时间类可以获取当前系统的日期和时间、格式化日期和时间、计算日期和时间之间的差值、比较两个日期和时间的先后顺序等。Java 提供了多种日期和时间类，其中比较常用的包括 Date 类、Calendar 类、SimpleDateFormat 类、LocalDate 类和 LocalDateTime 类等。这些类各有特点和用法，开发人员可以根据自己的需求选择合适的类来进行日期和时间的处理。接下来将介绍 Date 类和 LocalDateTime 类的操作。

（1）Date 类的操作

Date 类是 Java 中用于表示日期和时间的类，位于 java.util 包中。它用于表示一个特定的日期和时间，或者用于进行日期和时间之间的计算。Date 类有以下两个构造方法。

① Date()：创建一个表示当前日期和时间的 Date 对象。例如，Date now = new Date();。

② Date(long date)：创建一个表示从 1970 年 1 月 1 日 00:00:00 GMT 开始的毫秒数的 Date 对象。例如，Date date = new Date(1635062400000L);。

其中，第二个构造方法需要传入一个 long 类型的参数 date，表示从 1970 年 1 月 1 日 00:00:00 GMT 开始的毫秒数。这个参数可以通过 System.currentTimeMillis()方法获取，也可以通过其他方式计算得到。

在 Java 的早期版本中，Date 类还有 getYear()、getMonth()、getDate()、getDay()、getHours()、getMinutes()、getSeconds()等方法。在 Java 8 及以后的版本中，除 getTime() 方法以外，Date 类中获取日期和时间的方法已经被标记为过期。对于新的开发工作，应该优先考虑使用 java.time 包下的类。java.time 包提供了更加现代、灵活和易用的日期和时间处理功能。

Date 类常用于格式化输出日期和时间，示例如下。

📖【例 3-9】使用 Date 类获取当前时间并将其格式化输出。

```
1.  import java.text.SimpleDateFormat;
2.  import java.util.Date;
3.  public class Demo3_9 {
4.    public static void main(String[] args) {
5.      Date now = new Date();
6.      SimpleDateFormat formatter = new SimpleDateFormat("yyyy-MM-dd HH:mm:ss");
7.      String formattedDate = formatter.format(now);
8.      System.out.println("当前时间: " + formattedDate);
9.    }
10. }
```

在例 3-9 中，第 5 行代码创建一个 Date 对象 now，用于保存当前时间；第 6 行代码创建一个 SimpleDateFormat 对象 formatter，用于将日期和时间格式化为指定的字符串格式（"yyyy-MM-dd HH:mm:ss"）；第 7 行代码使用 formatter.format()方法将 Date 对象格式化为字符串，最后输出到控制台。运行结果如图 3-13 所示。

图 3-13　例 3-9 程序运行结果

（2）LocalDateTime 类的操作

LocalDateTime 类是 Java 8 引入的日期和时间 API 中的一个类，位于 java.time 包中，包含不带时区信息的日期（年、月、日）和时间（小时、分钟、秒），提供了许多处理日期和时间的方法，如创建日期和时间对象、获取日期和时间信息、格式化日期和时间等。以下是一些常见的 LocalDateTime 类的使用示例。

① 创建对象。

```
// 创建一个获取当前系统的日期和时间的对象
LocalDateTime now = LocalDateTime.now();
// 根据指定的年、月、日、时、分、秒创建一个 LocalDateTime 类对象
LocalDateTime specificDateTime = LocalDateTime.of(2023, 10, 24, 23, 30, 0);
```

② 获取日期和时间信息。

```
int year = now.getYear();          // 获取年份
int month = now.getMonthValue();       // 获取月份（0~11）
int dayOfMonth = now.getDayOfMonth();   // 获取日期（1~31）
int hour = now.getHour();          // 获取小时数（0~23）
int minute = now.getMinute();      // 获取分钟数（0~59）
int second = now.getSecond();      // 获取秒数（0~59）
```

③ 设置日期和时间信息。

```
// 设置年份、月份、日期
LocalDateTime modifiedDateTime = now.withYear(2022).withMonth(9).
withDayOfMonth(15);
```

④ 格式化日期和时间。

```
DateTimeFormatter formatter = DateTimeFormatter.ofPattern("yyyy-MM-dd HH:mm:ss");
String formattedDateTime = now.format(formatter);
```

⑤ 比较日期和时间。

```
// 判断两个日期和时间是否相等
boolean isEqual = now.equals(specificDateTime);
// 比较两个日期和时间的顺序
boolean isBefore = now.isBefore(specificDateTime);
boolean isAfter = now.isAfter(specificDateTime);
```

以上是 LocalDateTime 类的一些常见用法，读者可以根据自己的需求进行更多的日期和时间操作。

📖【例 3-10】输入任意一个日期，输出距离中华人民共和国成立日已经过去多少年。

```
1. import java.time.LocalDateTime;
2. import java.time.format.DateTimeFormatter;
3. import java.util.Scanner;
4. public class Demo3_10 {
5.     public static void main(String[] args) {
6.         Scanner sc = new Scanner(System.in);
7.         DateTimeFormatter formatter = DateTimeFormatter.ofPattern
("yyyy-MM-dd HH:mm:ss");
8.         System.out.print("请输入一个日期（格式: yyyy-MM-dd）: ");
9.         String input = sc.nextLine();
10.         // 将输入的日期字符串转换为 LocalDateTime 类对象
11.         LocalDateTime inputDate = LocalDateTime.parse(input +
" 00:00:00", formatter);
12.         // 创建中华人民共和国成立日期的对象
13.         LocalDateTime specificDate = LocalDateTime.of(1949, 10, 1,
0, 0, 0);
14.         // 判断输入的日期是否在中华人民共和国成立日之后
15.         if (inputDate.isAfter(specificDate)) {
16.             System.out.println("您输入的日期在中华人民共和国成立之后! ");
17.             // 计算两个日期的间隔年份
18.             long years = inputDate.getYear() - specificDate.getYear();
19.             System.out.println("距离中华人民共和国成立已有 " + years + " 年。");
20.         } else {
21.             System.out.println("您输入的日期在中华人民共和国成立之前! ");
22.         }
23.         sc.close();
24.     }
25.}
```

第 7 行代码预定义一个日期和时间格式的对象；第 9 行代码声明一个字符串变量 input，该变量用于存储从键盘输入的日期；第 11 行代码将输入的字符串按预定义的格式解析成为一个日期和时间的对象，即 LocalDateTime 类对象；第 13 行代码将 1949 年 10 月 1 日 00:00:00 也转换成为一个 LocalDateTime 类对象；第 15 行代码判断输入的日期是否在中华人民共和国成立日之后。如果输入的日期在中华人民共和国成立日之后才计算两个日期的间隔时间，否则不计算，只输出提示信息；第 18 行代码是计算两个日期对象的年份差。程序运行结果如图 3-14 所示。

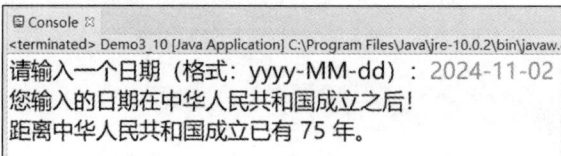

图 3-14　例 3-10 程序运行结果

java.time 包下的常用类有 LocalDateTime、LocalDate 和 LocalTime。其中，LocalDateTime 类用于同时需要日期和时间的场景；LocalDate 类仅包含日期部分，如 2024-10-18，常用于表示生日、纪念日等；LocalTime 类仅包含时间部分，如 14:30:45，常用于表示某个事件发生的时间，所以，例 3-10 也可以使用 LocalDate 类完成。总之，这 3 个类都提供了丰富的 API，支持日期的加减、比较、格式化等操作，都是不可变类和线程安全的。

3. String 类的操作

字符串是一种常见的数据类型，用于表示文本或字符序列。在编写 Java 程序时，经常会涉及字符串的处理。String 类是 Java 标准库中的一个类，提供了丰富的方法来操作和处理字符串，如获取字符串长度、比较字符串、查找子串、提取子串、连接字符串、替换字符串、分割字符串、转换字符串等。以下是 String 类常见的操作。

微课

String 类和 StringBuffer 的操作

（1）创建字符串

```
String str1 = "Hello";    // 直接赋值，创建字符串
String str2 = new String("World");  // 使用构造方法创建字符串
```

（2）获取字符串长度

```
int length = str1.length();    // 获取字符串长度
```

（3）连接字符串

```
String str3 = str1 + " " + str2;   // 使用"+"进行字符串连接
String str4 = str1.concat(" ").concat(str2);  // 使用 concat() 方法进行字符串连接
```

（4）提取子串

```
String substring = str3.substring(6);    // 提取从索引 6 开始的子串
String substring2 = str3.substring(0,5); // 提取索引 0 到 5（不包含 5）之间的子串
```

（5）查找字符串

```
int index = str3.indexOf("World");    // 查找子串"World"的起始索引
int lastIndex = str3.lastIndexOf("o");  // 查找字符"o"最后一次出现的索引
boolean contains = str3.contains("Hello");  // 判断字符串是否包含指定的子串"Hello"
```

（6）替换字符串

```
String replaced = str3.replace("old","new"); // 将字符串中的子串"old"替换为"new"
```

（7）分割字符串

```
String[] parts = str3.split(" "); // 使用指定的分隔符（如空格）将字符串分割成多个子串
```

（8）转换字符串

```
char[] charArray = str3.toCharArray();  // 将字符串转换为字符数组
byte[] byteArray = str3.getBytes();     // 将字符串转换为字节数组
```

（9）比较字符串

```
boolean isEqual = str1.equals(str2);   // 判断两个字符串是否相等
boolean isEqualIgnoreCase = str1.equalsIgnoreCase(str2); // 判断两个字符串是否
相等（忽略字母大小写）
int compareResult = str1.compareTo(str2);   // 比较两个字符串的大小关系（返回负数、
0 或正数）
```

（10）格式化字符串

```
String formattedString = String.format("Hello, %s!", "John");  // 格式化字符串
```

注意，String 类是不可变类，即一旦创建了 String 对象，就无法修改它的值。如果对其进行修改，实际上是创建了一个新的 String 对象。

📖【例 3-11】对"青山隐隐水迢迢，秋尽江南草未凋。"字符串做查找、替换、提取子串和连接操作。

```
1. public class Demo3_11 {
2.   public static void main(String[] args) {
3.       String poem = "青山隐隐水迢迢，秋尽江南草未凋。";
4.       // 查找字符串
5.       boolean isContain = poem.contains("秋");
6.       System.out.println("是否包含\"秋\"字？  " + isContain);
7.       // 替换字符串
8.       String replacedPoem = poem.replace("青山", "祖国山河");
9.       System.out.println("替换后的诗：" + replacedPoem);
10.      // 提取子串
11.      int haoIndex = replacedPoem.indexOf("，");   //获取"，"的索引
12.      String fLine = replacedPoem.substring(0, haoIndex);
//截取"，"前的子串
13.      System.out.println("截取前子串：" + fLine);
14.      String bLine = replacedPoem.substring(haoIndex + 1);
//截取"，"后的子串
15.      System.out.println("截取后子串：" + bLine);
16.       // 连接字符串
17.      String newpPoem = fLine.concat(" …… ").concat(bLine);
18.      System.out.println("组合后的新诗：" + newpPoem);
19.   }
20.}
```

在例 3-11 中，第 5 行代码查找字符串中是否包含"秋"这个字；第 6 行代码在输出语句中输出双引号时用了转义字符；第 8 行代码替换诗句中的"青山"为"祖国山河"；第 11 行代码获取逗号的索引；第 12 行代码获取逗号前的字符串；第 14 行代码获取逗号后的字符串；第 17 行代码将拆分的字符串重新连接。程序运行结果如图 3-15 所示。

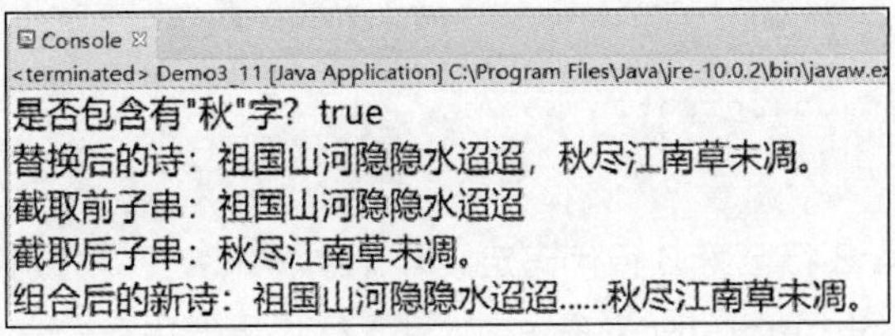

图 3-15 例 3-11 程序运行结果

61

【知识小秘诀】

➤ 比较字符串应使用equals()方法。使用"=="比较两个字符串时，实际上比较的是它们在内存中的地址，而不是它们所包含的内容。因此，应该使用equals()方法来比较两个字符串是否相等。

➤ 使用valueOf()方法可以将其他类型的数据转换为字符串类型。示例如下。

```
int number = 10;
String strNumber = String.valueOf(number);  //将数字 10 转换为字符串
```

4. StringBuffer 类的操作

由于 String 类是不可变类，因此每次对字符串进行连接操作都会创建一个新的 String 对象，这样会导致性能下降。为了避免这个问题，可以使用 StringBuffer 或 StringBuilder 类来进行字符串连接操作。StringBuffer 类是 Java 中可变的字符串类，它与 String 类相似，但提供了更多的操作和功能。以下是 StringBuffer 类的特性和常见操作。

（1）可变性

与 String 对象不同，StringBuffer 对象的内容可以被修改。可以通过调用 append()方法来追加字符串，或者使用 insert()方法在指定位置插入字符串。示例如下。

```
StringBuffer stb = new StringBuffer("Hello");
stb.append(" World");   // 追加字符串，结果为 Hello World
stb.insert(5, ",");    // 在指定位置插入字符串，结果为 Hello, World
```

（2）常见操作

除了追加和插入字符串的方法，StringBuffer 类还提供了许多其他常见的操作（如删除字符、替换字符串、反转字符串等）方法。示例如下。

```
stb.deleteCharAt(5);      // 删除索引位置 5 的字符，结果为 Hello World
stb.replace(6, 11, "There"); // 替换索引位置 6 到 11（不包含 11）之间的字符串，结果为 Hello There
stb.reverse();        // 反转字符串，结果为 erehT olleH
```

可以使用 toString()方法将 StringBuffer 对象转换为 String 对象。示例如下。

```
String str = stb.toString();
```

【例 3-12】StringBuffer 类的方法的使用。

```
1. public class Demo3_12 {
2.    public static void main(String[] args) {
3.        String str1 = "白日依山尽，";
4.        String str2 = "黄河入海流。";
5.        String str3 = "欲穷千里目，";
6.        String str4 = "更上一层楼。";
7.        StringBuffer stb = new StringBuffer();
8.        stb.append(str1).append(str2).append(str3).append(str4);
9.        String poem = stb.toString();
10.       System.out.println(poem);
11.   }
12.}
```

在例 3-12 中，第 3 行至第 6 行代码定义 4 个字符串变量，分别存储古诗的不同句子；第 7 行代码创建一个 StringBuffer 对象 stb；第 8 行代码使用多个 append()方法将这些字符串连接在一起；第 9 行代码使用 toString()方法将 StringBuffer 对象转换为 String 对象。程序运行结果如图 3-16 所示。

图 3-16　例 3-12 程序运行结果

　　总之，StringBuffer 类是 Java 中可变的字符串类，提供了丰富的字符串操作方法。它与 String 类相比，具有可变性、线程安全性和缓冲区等特性。在需要频繁修改字符串内容或在多线程环境下进行字符串操作时，建议使用 StringBuffer 类。

5. 包装类

　　包装类是 Java 中用于将基本数据类型（如 int、char 和 boolean 等）转换为对象的类。例如，int 基本数据类型对应的包装类是 Integer。每个基本数据类型都有一个对应的包装类，如表 3-3 所示。

微课

包装类

63

表 3-3　基本数据类型对应的包装类

基本数据类型	包装类
boolean	Boolean
byte	Byte
short	Short
int	Integer
long	Long
float	Float
double	Double
char	Character

　　在 Java 中，使用包装类有几个主要的原因。

　　（1）转换为对象。包装类可以将基本数据类型转换为对象。在某些情况下，需要将基本数据类型作为对象进行处理，例如，在集合类中存储基本数据类型、方法的参数或返回值等。包装类提供了一种方便的方式用于实现这种转换。

　　（2）提供额外的功能。包装类提供了许多有用的功能，这些功能可以在处理基本数据类型时使用。例如，Integer 类提供了将字符串转换为整数、比较两个整数等功能。这些功能可以简化代码，并提供更多的灵活性。

　　（3）支持泛型。泛型是 Java 强大的特性之一，它在编译时将类型参数化。然而，泛型只能使用引用类型，而不能使用基本数据类型。使用包装类可以将基本数据类型转换为对象，从而在泛型中使用。

　　（4）提供与基本数据类型相关的常量和方法。每个包装类都提供了与其对应的基本数据类型相关的常量和方法。例如，Integer 类提供了 MAX_VALUE 和 MIN_VALUE 常量，以及执行整数运算（如加法、减法等）的方法。

　　总之，使用包装类可以扩展基本数据类型的功能，并提供更多灵活性。它们还允许在需要对象而不是基本数据类型的情况下使用基本数据类型。

如何将基本数据类型和对应的包装类进行转换？首先，需要了解自动装箱和自动拆箱这两个概念。自动装箱指的是将基本数据类型自动转换为对应的包装类对象，而自动拆箱则是将包装类对象自动转换为对应的基本数据类型。

自动装箱的示例如下。

```
Integer i = 10;     // 自动装箱，相当于 Integer i = Integer.valueOf(10);
```

自动拆箱的示例如下。

```
int i = new Integer(10);    // 自动拆箱，相当于 int i = Integer.intValue(10);
```

自动装箱和自动拆箱可以让程序代码更加简洁和易读，但由于自动装箱和自动拆箱涉及对象的创建和销毁，会产生一些性能上的开销。每次进行装箱时，都会创建一个新的包装类对象；而每次进行拆箱时，都会销毁一个包装类对象。这可能会导致频繁的存储空间分配和垃圾回收，从而影响程序的性能。在一些特定的场景下，手动操作基本数据类型可能会更加高效。例如，知道某个变量只会在基本数据类型的范围内进行操作，并且对性能要求较高，那么直接使用基本数据类型会更好。这样可以避免不必要的创建和销毁对象操作，减少性能开销。

包装类提供了许多有用的方法，可以在处理基本数据类型时使用。表 3-4 所示为 Integer 类的常用方法。

表 3-4　Integer 类的常用方法

方法名	描述	示例
valueOf()	将基本数据类型转换为包装类对象	int num1 = 10; Integer num2 = Integer.valueOf(num1);
intValue()	将包装类对象转换为对应的基本数据类型	Integer num2 = Integer.valueOf(10); int num1 = num2.intValue();
toString()	将包装类对象转换为字符串	Integer num1 = Integer.valueOf(10); String str = num1.toString();

compareTo()	比较两个包装类对象的大小。如果当前包装类对象小于另一个包装类对象，则返回一个负整数；如果等于，则返回 0；如果大于，则返回一个正整数	Integer num1 = 10, num2 = 20;
		int result = num1.compareTo(num2);
		// 返回一个负整数，因为 10 < 20

compare()	比较两个包装类对象的大小。它接收两个参数 x 和 y。如果 x 小于 y，则返回一个负整数；如果 x 等于 y，则返回 0；如果 x 大于 y，则返回一个正整数	int res1 = Integer.compare(10,5);
		// 返回一个正整数，因为 10 > 5
		int res2 = Integer.compare(7,7);
		// 返回 0，因为 7 等于 7
		int res3 = Integer.compare(-3,10);
		// 返回一个负整数，因为 -3 < 10

equals()	判断两个包装类对象是否相等	Integer num1 = 10, num2 = 10; boolean isEqual = num1.equals(num2);
intValue()	将包装类对象转换为 int 类型	Integer num = 10; int intValue = num.intValue();
parseInt()	将字符串解析为 int 类型	String str = "123"; int num = Integer.parseInt(str);

注意，表格中的方法和描述适用于 Integer 类，其他包装类的方法和描述与之类似，只是适用于不同的数据类型。另外，Integer.MAX_VALUE 和 Integer.MIN_VALUE 是两个常量，它们分别表示 int 类型数据的最大取值和最小取值，即 2147483647（$2^{31}-1$）和-2147483648（-2^{31}）。这两个常量可以用于对 int 类型数据输入进行限制，确保在不超过此限制的前提下使用整数。

📖【例 3-13】Integer 类常用方法的应用例子。

```
1. public class Demo3_13 {
2.     public static void main(String[] args) {
3.         int number = 12345;
4.         // 从 int 类型转换为 String 类型
5.         String strNumber = Integer.toString(number);
6.         System.out.println("从 int 类型转换为 String 类型:" + strNumber);
7.         System.out.println("String 类型加 1: " + (strNumber+1));
8.
9.         // 从 String 类型解析为 int 类型
10.        int parNumber = Integer.parseInt(strNumber);
11.        System.out.println("从 String 类型转换为 int 类型: " + parNumber);
12.        System.out.println("int 类型加 1: " + (parNumber+1));
13.
14.        // 获取字符串的长度
15.        int strLength = Integer.toString(parNumber).length();
16.        System.out.println("字符串的长度: " + strLength);
17.
18.        // 比较两个整数对象的大小
19.        int a = 42,b = 56;
20.        System.out.println("a 与 b 的比较结果: "+ Integer.compare(a, b));
21.        System.out.println("b 与 a 的比较结果: "+ Integer.compare(b, a));
22.    }
23.}
```

在例 3-13 中，第 5 行代码把整数 12345 转换为字符串；第 7 行代码将字符串加 1，并输出结果；第 10 行代码将字符串解析为整数；第 12 行代码将整数加 1，并输出结果；第 15 行到第 16 行代码先将整数转换为字符串，再获取字符串的长度；第 19 行到第 21 行代码输出两个 Integer 对象比较的结果。程序运行结果如图 3-17 所示。

```
Console ✕
<terminated> Demo3_13 [Java Application] C:\Program Files\Jav
从int类型转换为String类型：12345
String类型加1：123451
从String类型转换为int类型：12345
int类型加1：12346
字符串的长度：5
a与b的比较结果：-1
b与a的比较结果：1
```

图 3-17　例 3-13 程序运行结果

3.3　任务实施

本阶段要实现乐客购物管理系统的登录验证功能、菜单的选择功能，并编写一个简单的客户管理菜单，实现显示客户信息和幸运抽奖功能。

65

3.3.1 实现系统登录验证功能

实现一个简单的系统登录验证功能，并根据验证结果进行相应的处理。

1. 实现思路

（1）用户输入用户名和密码。使用 Scanner 类来获取用户输入的用户名和密码，并将输入的内容分别存储在变量 username 和 password 中。

（2）判断用户名和密码是否正确。使用 if...else 语句来判断用户名和密码是否与预设值匹配。

（3）处理登录成功或失败。如果用户名和密码输入正确，则输出"欢迎进入乐客购物管理系统！"，否则输出"用户名或密码错误，无法进入乐客购物管理系统！"。

2. 参考代码

```
1. import java.util.Scanner;
2. public class Example3_3_1 {
3.     public static void main(String[] args) {
4.         Scanner sc = new Scanner(System.in);
5.         // 输入用户名和密码
6.         System.out.print("请输入用户名: ");
7.         String username = sc.nextLine();
8.         System.out.print("请输入密码: ");
9.         String password = sc.nextLine();
10.
11.         // 判断用户名和密码是否正确
12.         if ("lisa".equals(username) && "123".equals(password)) {
13.             // 显示购物系统欢迎界面
14.             System.out.println("欢迎进入乐客购物管理系统！");
15.             // 下一步可以进入系统主菜单
16.         } else {
17.             System.out.println("用户名或密码错误，无法进入乐客购物管理系统！");
18.         }
19.     }
20.}
```

Example3_3_1 运行结果如图 3-18 所示。

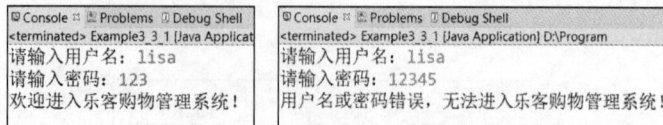

图 3-18　Example3_3_1 运行结果

3.3.2 实现系统菜单的选择功能

实现乐客购物管理系统菜单的选择功能。先显示主菜单，再根据用户的选择进入相应的子菜单。

1. 实现思路

（1）显示系统主菜单。通过调用 System.out.println()方法显示系统主菜单。

（2）获取用户的输入。使用 Scanner 类获取用户输入的菜单选项字符，并将输入的字符存储在变量 choice 中。

（3）根据用户的输入执行相应的操作。使用 switch 多分支选择语句，根据用户输入的字符进入相应的子菜单或退出系统。输入字符 a 进入商品管理菜单，输入字符 b 进入客户管理菜单，输入字符 q 则退出系统。

66

（4）操作商品管理菜单。使用 if 多分支选择语句实现商品管理菜单的子菜单选择操作。输入 1 进入显示商品列表界面，在控制台输出"进入显示商品列表界面！"；输入 2 进入添加商品到购物车界面；输入 3 进入显示购物车商品列表界面；输入 4 进入结算付款界面；输入其他数字则输出"输入错误！"。

（5）操作客户管理菜单。输入 1 进入显示客户信息界面，输入 2 则进入幸运抽奖界面。具体实现见任务 3.3.3。

2. 参考代码

```
1.  import java.util.Scanner;
2.  public class Example3_3_2 {
3.      public static void main(String[] args) {
4.          Scanner sc = new Scanner(System.in);
5.          System.out.println("* * * * * * * * * * * * * * * * * * *");
6.          System.out.println("   欢迎进入乐客购物管理系统    ");
7.          System.out.println("* * * * * * * * * * * * * * * * * * *");
8.          /* 显示系统主菜单 */
9.          System.out.println("\ta: 商品管理菜单");
10.         System.out.println("\tb: 客户管理菜单");
11.         System.out.println("\tq: 退出系统 \n");
12.         System.out.print("请输入字符(a、b、q)选择操作: ");
13.         char choice = sc.next().charAt(0);
14.
15.         switch (choice){
16.         case 'a':
17.            System.out.println("\t 欢迎进入商品管理菜单!");
18.            System.out.println("\t1. 显示商品列表");
19.            System.out.println("\t2. 添加商品到购物车");
20.            System.out.println("\t3. 显示购物车商品列表");
21.            System.out.println("\t4. 结算付款\n");
22.            System.out.print("请输入数字: ");
23.            int num = sc.nextInt();
24.            if(num==1) {
25.               System.out.println("进入显示商品列表界面! ");
26.            }else if(num==2){
27.               System.out.println("进入添加商品到购物车界面! ");
28.            }else if(num==3){
29.               System.out.println("进入显示购物车商品列表界面! ");
30.            }else if(num==4){
31.               System.out.println("进入结算付款界面! ");
32.            }else {
33.               System.out.println("输入错误! ");
34.            }
35.            break;
36.         case 'b':
37.            System.out.println("欢迎进入客户管理菜单!");
38.            System.out.println("\t1. 显示客户信息");
39.            System.out.println("\t2. 幸运抽奖");
40.            break;
41.         case 'q':
42.            System.out.println("退出购物系统! ");
```

```
43.        break;
44.    default:
45.        System.out.print("输入错误，请重新输入！");
46.        break;
47.    }
48.  }
49.}
```

Example3_3_2 程序运行结果如图 3-19 所示。

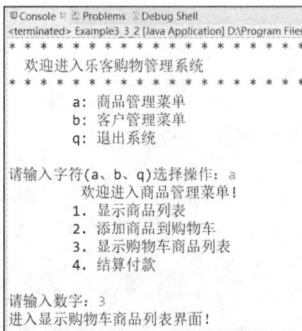

图 3-19　Example3_3_2 程序运行结果

3.3.3　实现显示客户信息和幸运抽奖功能

实现一个简单的客户管理菜单，具有显示客户信息和幸运抽奖的功能。

1．实现思路

（1）输出欢迎信息和子菜单选项。输出"欢迎进入客户管理菜单！"的提示信息，显示客户信息和幸运抽奖的子菜单。

（2）获取用户的输入。创建一个 Scanner 对象 sc，该对象用于读取用户的输入，使用 nextInt() 方法获取用户输入的数字。

（3）判断用户的输入并执行相应操作。输入 1，则进入显示客户信息界面，在控制台输出"进入显示客户信息界面！"的提示信息；输入 2，则进入幸运抽奖界面。

（4）实现幸运抽奖功能。进入幸运抽奖界面，程序首先生成一个 0 至 99 的随机整数；再使用 nextInt() 方法获取用户输入的抽奖号码，如果抽奖号码和随机数相等，则中一等奖；如果抽奖号码的最后一位数字和随机数的最后一位数字相等，则中二等奖；否则不中奖，并给出提示信息。

2．参考代码

```
1. public class Example3_3_3 {
2.   public static void main(String[] args) {
3.     Scanner sc = new Scanner(System.in);
4.     System.out.println("欢迎进入客户管理菜单！");
5.     System.out.println("\t1. 显示客户信息");
6.     System.out.println("\t2. 幸运抽奖");
7.     System.out.print("请输入数字：");
8.     int userChoice = sc.nextInt();
9.     // 根据输入数字进入相应界面
10.    switch(userChoice) {
11.    case 1:
12.        System.out.println("进入显示客户信息界面！");
13.        break;
```

```
14.    case 2:
15.        int luckyNum = (int)(Math.random() * 100);    //生成 0~99 的随机数
16.        System.out.print("请输入你的抽奖号码（0~99之间）: ");
17.        int userInput = sc.nextInt();
18.        // 判断用户的中奖情况
19.        if (userInput == luckyNum) {
20.            System.out.println("恭喜您，中一等奖! 幸运号码: " + luckyNum);
21.        } else if (luckyNum%10 == userInput%10) {
22.            System.out.println("恭喜您，中二等奖! 您的号码和幸运号码的最后一位数
字相同。");
23.        } else {
24.            System.out.println("很遗憾，您没有中奖。幸运号码: " + luckyNum);
25.        }
26.        break;
27.    default:
28.        System.out.println("您输入有误");
29.        break;
30.    }
31.    sc.close();
32.  }
33.}
```

Example3_3_3 程序运行结果如图 3-20 所示。

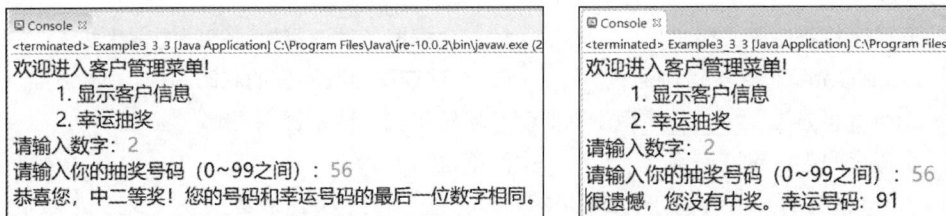

图 3-20　Example3_3_3 程序运行结果

3.4　任务小结

本任务首先介绍了 if 语句、if...else 语句、if 多分支选择语句、switch 多分支选择语句以及三目运算符的语法和使用，结合示例实现判断是不是闰年、简易计算器、消费结算等。接着，详细分析常用类 Math、Date、LocalDateTime、String、StringBuffer 及包装类的操作。最后，在任务实施阶段，通过 3 个子任务，进一步加深读者对相关知识的理解，以便应用。

3.5　同步练习

一、选择题

1. 若 a=3，b=4，则下列语句的输出结果是（　　　）。

```
if(!(a>b)) System.out.println("今天! ");
else System.out.println("明天! ");
```

    A. 输出"今天!"   B. 什么都没有输出

    C. 输出"明天!"   D. 先输出"今天!"再输出"明天!"

2. 下列关于 if...else 语句的说法中错误的是（　　　）。

    A. 可以像 switch 多分支选择语句一样实现多分支选择结构

    B. 可以实现多层嵌套

C．if 后面可以紧跟判断条件

D．else 后面可以紧跟判断条件

3．如果 a=3，b=4，c=5，d=6，e=7，max=(a>b)?b:(c>d)?d:e+1，max 的值是（　　　）。

A．5　　　　　　　　B．6　　　　　　　　C．7　　　　　　　　D．8

4．对于 switch(表达式)，不能作为表达式值的数据类型是（　　　）。

A．int 类型　　　　　B．float 类型　　　　C．short 类型　　　　D．char 类型

5．如下程序运行后，z 的值变成多少？（　　　）

```
int x = 8, y = 10;
float z;
switch (x % y) {
    case 0: z = x * y; break;
    case 8: z = x / y; break;
    case 1: z = x - y; break;
    default: z = 0; break;
}
```

A．80　　　　　　　　B．0.8　　　　　　　C．-2　　　　　　　　D．0.0

6．在下面有关 Math 类的方法的应用中，正确的是（　　　）。

A．Math.abs(-5)，返回的结果是-5　　　　B．Math.pow(2, 3)，返回的结果是 6

C．Math.sqrt(9)，返回的结果是 3.0　　　　D．Math.ceil(3.1)，返回的结果是 3

二、填空题

1．三目运算符的语法格式是＿＿＿＿＿＿，它会根据条件选择执行不同的表达式。

2．LocalDateTime 类可以通过＿＿＿＿＿＿方法获取当前的日期和时间。

3．String 类方法＿＿＿＿＿＿用于判断两个字符串的内容是否相同。

4．字符串的连接应该使用＿＿＿＿＿＿类而不是 String 类。

5．Integer 类的 parseInt()方法可以将＿＿＿＿＿＿转换为 int 类型。

三、程序练习题

1．使用 switch 多分支选择语句编写一个程序，根据用户输入的月份数字（1～12），输出对应的季节。

2．使用 if 多分支选择语句实现运算。接收用户输入的两个整数和一个操作符（＋、－、*、/），分别执行加、减、乘、除操作，并输出运算结果。

3．使用 if...else 语句编写一个程序，根据用户输入的成绩（0～100）判断其等级（优秀、良好、及格、不及格）。

4．使用 if 多分支选择语句判断一个数字是正数、负数还是 0。

5．使用 LocalDate 类实现一个日期计算程序，用户输入一个日期，输出该日期前一天的日期。

3.6　拓展项目实训——博物馆访客年龄的计算和年龄段判断

一、任务描述

在博物馆访客信息管理系统中，需要录入访客的姓名、身份证号和电话号码，并根据访客的身份证号计算出访客当前的年龄，再输出姓名、年龄和年龄段信息。年龄段的划分：儿童（1～14 岁）、青年（15～30 岁）、中年（31～45 岁）、中老年（46～66 岁）、老年（66 岁以上）。

二、功能实现效果

选择菜单项 1 后可以录入访客信息，录入结束后输出访客信息，功能实现效果如图 3-21 所示。

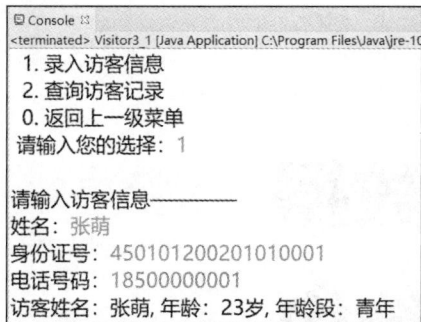

图 3-21　功能实现效果

三、思路分析

1. 实现菜单项选择。使用 switch 多分支选择语句来实现菜单项选择。

2. 计算年龄。由于身份证号的第 7 位到第 14 位是出生年月日，格式为 yyyyMMdd，因此，可以通过字符串截取方法，提取身份证号中的年、月、日部分。接着，使用 LocalDate 对象提取当前日期的年、月、日。最后，通过 Period.between()方法来计算年龄。

```java
int year = Integer.parseInt(id.substring(6, 10));
int month = Integer.parseInt(id.substring(10, 12));
int day = Integer.parseInt(id.substring(12, 14));
LocalDate birthDate = LocalDate.of(year, month, day);
int age=Period.between(birthDate, LocalDate.now()).getYears();
```

3. 年龄段判断。使用 if 多分支选择语句实现不同年龄段的判断和信息输出。

四、编程要求

1. 根据任务描述和功能实现效果编写程序。

2. 要求标识符命名规范、代码缩进规范。思路分析提供的代码仅供参考。

任务4
统计购物数据
——循环结构

4.1　任务描述

目前，小林开发的乐客购物管理系统已经实现了菜单的选择功能，可以从主菜单进入相应的子菜单。但是，他发现这种操作只能执行一次，如果要重新选择，就得重新运行程序，非常麻烦。那怎么办呢？他想起在程序的 3 种基本结构中，有一种结构叫循环结构，它允许程序重复执行一组语句，直到满足特定的条件。所以，他决定使用循环结构改进购物管理系统，实现循环登录验证、循环录入商品信息，以及循环添加商品至购物车并结算等功能。

任务目标	• 使用循环结构实现循环登录验证
	• 使用循环结构实现商品信息的循环录入
	• 使用循环结构循环添加商品至购物车并结算
知识目标	• 理解循环结构的三要素，学会使用 while 循环
	• 熟练掌握 do...while 循环和 for 循环的使用
	• 掌握循环的中断和程序跟踪调试的方法
	• 学会使用二重循环，完成复杂逻辑的循环操作
素养目标	• 培养学生持之以恒、坚持不懈的学习态度
	• 增强学生的民族自信和民族自豪感
	• 培养学生一丝不苟、精益求精的数字工匠精神

4.2　知识储备

巴金小说《秋》的第四十章中有这样一句话："花谢花开，月圆月缺，都是循环无尽，这是很自然的事。"这句话表达了花朵凋零和绽放、月亮圆缺等现象都经历着不可避免的周期性变化和循环。编程也是如此，总会有些任务需要反复地执行，所以需要使用循环结构。

循环结构能够根据给定的条件进行判断，在条件满足时反复执行同一段代码，如迭代计算、数据结构遍历等。因此，在程序中，循环结构发挥着非常重要的作用，它能够简化重复性的工作，提高代码执行的效率，减少出错的可能性。

Java 中有 3 种主要的循环结构，分别是 while 循环、do...while 循环和 for 循环。此外，还有 break 和 continue 中断语句用于控制循环的流程。

4.2.1　while 循环

while 循环是一种控制流结构，它允许程序在指定的条件为 true 时重复执行一段代码。

1. while 循环概述

while 循环是一种入口条件循环，进入循环时首先检查循环条件，只有在条件满足的情况下才会执行循环体中的代码。其语法格式如下。

```
while (循环条件) {
     循环体
}
```

> **说明**
>
> 在while关键字后面的小括号中，要写入一个条件表达式。只有该条件表达式的结果为真时，循环体中的代码才会被重复执行。当条件表达式的结果为假时，循环停止，并继续执行循环之后的代码。通过图4-1所示的执行流程，可以更直观地认识while循环的执行过程。

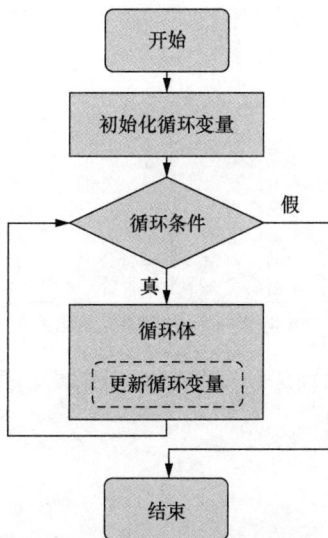

图 4-1　while 循环的执行流程

图4-1展示了循环结构的3个关键要素：初始化循环变量、循环条件和循环体。

（1）初始化循环变量：在循环开始之前，初始化循环的变量，如设置变量i的初始值为1。

（2）循环条件：根据条件的真假判断该循环是否应该执行。如果条件为真，则进入循环体；如果条件为假，则跳出循环，循环结束。

（3）循环体：循环体是需要重复执行的代码块。在每次循环迭代时，循环体内的代码都会被执行，并对循环变量进行操作，如递增、递减。这个操作会影响下一次循环条件的判断。

> **注意**
>
> 循环体中必须有一种方式能够改变循环条件的值，否则循环将会无限执行。

📖【例 4-1】刘丽是班上的宣传委员，她决定抄写 50 遍社会主义核心价值观分发给班上的同学。

```
1. public class Demo4_1 {
2.   public static void main(String[] args) {
3.     int i = 1;
4.     while (i <= 50) {
5.         System.out.println("第" + i + "遍: 富强、民主、文明、和谐，"
6.             + "自由、平等、公正、法治，爱国、敬业、诚信、友善! ");
7.         i++;
8.     }
9.   }
10.}
```

在例 4-1 中，第 3 行代码初始化变量 i 的值为 1；第 4 行代码使用 while 循环，判断是否满足循环条件 i<=50，只有满足才能执行循环体内的代码；第 5 行到第 7 行是循环执行的代码，其中，第 7 行代码对变量 i 进行递增操作。循环体代码被重复执行，直到 i>50，不满足循环条件，循环结束。程序运行结果如图 4-2 所示。

图 4-2　例 4-1 程序运行结果

使用 while 循环时需要注意循环条件的变化，正确更新循环变量，确保循环可以正常结束，避免陷入死循环。

2．while 循环的跟踪调试

（1）为什么要跟踪调试程序

在包含循环结构的程序中，当循环逻辑比较复杂时，容易出现循环无法正常终止、循环条件判断错误、变量值错误等问题，这些问题往往难以查找和定位，因此，学会跟踪调试程序显得尤为重要。它可以帮助开发人员查看循环条件的变化、变量的取值，快速找到代码中的错误，轻松地定位问题，让开发人员更好地观察程序是否按照预期的方式执行，理解和掌握程序的运行过程，及时发现和修复潜在的问题，保证程序的正确性和稳定性。

（2）如何在 Eclipse 中跟踪调试程序

Eclipse 提供了许多工具来进行程序的跟踪调试。它允许开发人员在程序执行的任何阶段暂停，检查当前的程序状态，快速定位错误源头。图 4-3 所示为跟踪调试程序的步骤。

图 4-3　跟踪调试程序的步骤

下面以一个使用 while 循环求和的程序为例，详细介绍如何在 Eclipse 中进行程序的跟踪调试。

📖【例 4-2】计算 $1+2+3+...+n$，并将结果输出。例如，$n=5$ 时，输出 sum。

```
1.  public class Demo4_2 {
2.    public static void main(String[] args) {
3.        int n = 5;
4.        int sum = 0;
5.        int i = 1;      // 初始化循环变量 i
6.        while (i < n) {    //条件判断
7.          sum += i;      // 对 i 累计求和
8.          i++;           // 修改循环变量
9.        }
10.
11.       System.out.println("sum=" + sum); //结果输出
12.   }
13.}
```

例 4-2 的程序运行结果为"sum=10"，如图 4-4 所示，与预期结果"sum=15"不一样。

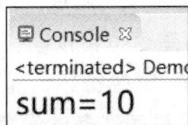

图 4-4　例 4-2 程序运行结果

下面，利用 Eclipse 的调试工具调试程序，查找问题。调试程序的步骤如下。

第 1 步：设置断点。

双击或右击第 7 行的行号区域，选择【Toggle Breakpoint】，该行号前面会出现一个蓝色小圆点，表示设置了断点，如图 4-5 所示。

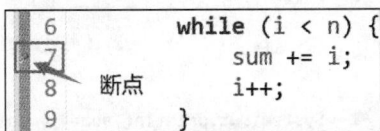

图 4-5　设置的断点

第 2 步：启动调试模式。

单击工具栏中的【Debug】按钮，或者按 F11 键启动调试模式。另外，在程序编辑区域右击，选择【Debug As】→【Java Application】也能启动调试模式。当程序执行到设置的断点位置时，会自动暂停并进入调试模式，如图 4-6 所示。

第 3 步：单步执行。

在调试模式下，可以单击工具栏上的各种调试按钮来控制程序的执行，如继续执行（Resume）、单步执行（Step Over、Step Into）等，如图 4-7 所示。

其中，【Step Over】按钮用于执行当前行代码而不进入方法内部，执行完后，直接跳到下一行代码。【Step Into】按钮用于进入方法内部逐行调试。本例单击【Step Over】按钮。单步执行期间，执行到哪行代码，行号区域的箭头就指向哪行。

75

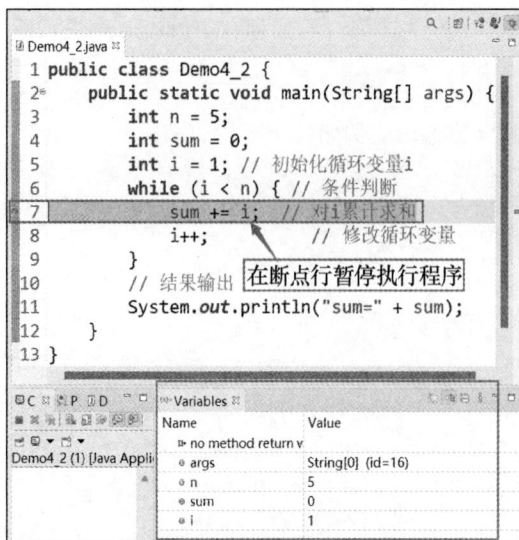

图 4-6　调试模式

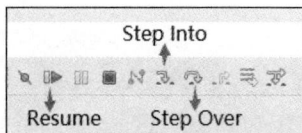

图 4-7　工具栏上的调试按钮

第 4 步：观察变量。

在调试过程中，【Variables】界面会显示代码块中所使用变量的当前状态。通过单步执行代码，仔细观察 i 和 sum 值的变化，判断是否符合预期。当程序单步执行完第 4 轮循环后，再继续单步执行时，程序并没有按预期进入第 5 轮循环，而是结束循环，执行输出语句，如图 4-8 所示。至此，程序出错的原因就找到了，是循环条件设置错误，导致缺少最后一次循环累加，循环条件应改为"i<=n"。

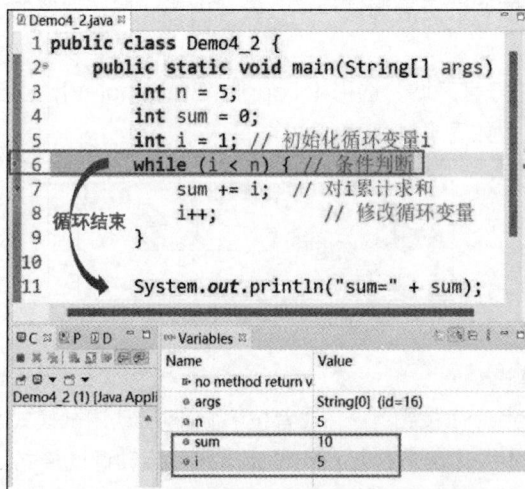

图 4-8　执行第 4 轮循环的状态

第 5 步：结束调试。

结束调试有两种方式。

方式一：无须查看输出结果，直接停止调试。可以单击【Terminate】按钮 ▣ 或按 Ctrl+F2 快捷键，停止运行程序。

方式二：查看输出结果，继续执行余下代码。双击蓝色断点，取消断点设置。然后单击【Resume】按钮或按 F8 键，执行完余下代码。例 4-2 的程序修改后执行的结果如图 4-9 所示。

```
🖳 Demo4_2.java ⬚
 1 public class Demo4_2 {
 2◉    public static void main(String[] args)
 3        int n = 5;
 4        int sum = 0;
 5        int i = 1; // 初始化循环变量i
 6        while (i <= n) {  // 条件判断
 7            sum += i;  // 对i累计求和
 8            i++;          // 修改循环变量
 9        }
10        // 结果输出
11        System.out.println("sum=" + sum);
12    }
```

图 4-9　例 4-2 正确执行结果

通过跟踪调试程序，能帮助开发人员快速定位程序的出错点，及时修复程序问题。此外，还可以在程序的适当位置插入 System.out.println()语句，输出所关注变量的值，确认程序执行到哪个地方，方便排查错误。

4.2.2　do...while 循环

1. do...while 循环概述

微课

do...while 循环是 Java 循环结构中的另一种循环结构。与 while 循环不同，do...while 循环至少会执行一次循环体内的代码，然后再检查循环条件。其语法格式如下。

do...while 循环结构

```
do {
    循环体
} while (循环条件);
```

💡 说明

循环体内的代码先被执行，然后才会对条件表达式进行判断。如果条件表达式的结果为true，循环将继续执行；如果条件表达式的结果为false，程序会跳出循环继续执行后续的代码。通过图4-10所示的执行流程可以更直观地认识do...while循环的执行过程。

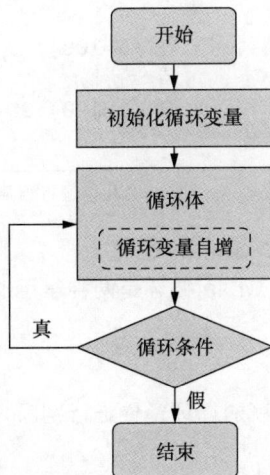

图 4-10　do...while 循环的执行流程

下面通过一个猜数字游戏的例子，演示 do...while 循环的用法。

📖【例 4-3】计算机随机生成一个 1 到 100 之间的整数，用户猜测数字，程序给出提示，直到猜中为止。

```java
1.  import java.util.Random;
2.  import java.util.Scanner;
3.  public class Demo4_3 {
4.     public static void main(String[] args) {
5.        Scanner sc = new Scanner(System.in);
6.        int numToGuess = (new Random()).nextInt(100) + 1;
7.        int guess;
8.        do {
9.           System.out.print("请猜猜这个数 (1~100):");
10.          guess = sc.nextInt();
11.          if (guess < numToGuess) {
12.             System.out.println("太小了，再猜一猜!");
13.          } else if (guess > numToGuess) {
14.             System.out.println("太大了，再猜一猜!");
15.          }
16.       } while (guess != numToGuess);
17.       System.out.println("恭喜你！猜对了: " + numToGuess);
18.    }
19.}
```

在例 4-3 中，第 6 行代码使用随机数生成类 Random 生成一个随机数。其中，使用 nextInt(int n)方法可以得到一个 0 到 $n-1$ 之间的随机整数。在第 8 行到第 16 行代码的 do…while 循环中，先执行第 9 行到第 15 行的循环体内代码，再执行第 16 行代码，判断循环条件。如果两数不相等，即循环条件为真，则继续执行第 9 行到第 15 行的循环体内代码。程序运行结果如图 4-11 所示。

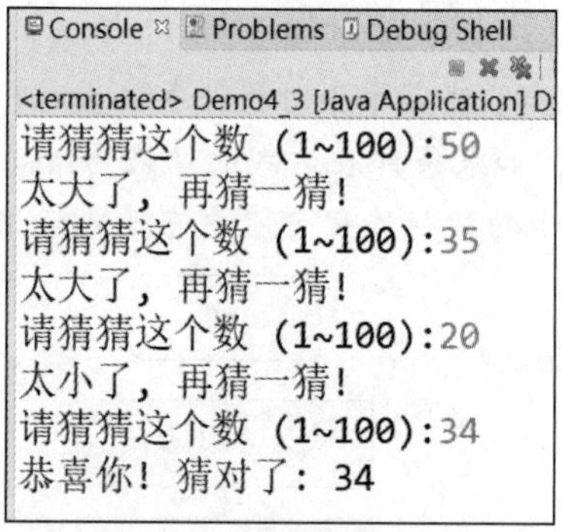

图 4-11　例 4-3 程序运行结果

2. do…while 循环与 while 循环的区别

在 Java 中，do…while 循环和 while 循环是两种常用的循环结构，它们在执行顺序和使用场景上有一些明显的区别。

（1）执行顺序不同

while 循环：在进入循环体之前就对循环条件进行判断，如果条件为假，循环体代码一次也不会执行。

do…while 循环：先执行一次循环体代码，然后再对循环条件进行判断，如果条件为真，则继续执行循环，否则退出循环。

（2）使用场景不同

while 循环：适合于循环执行次数事先不确定的情况，因为它可能一次都不会执行循环体内的代码。

do...while 循环：适合于至少要执行一次循环体内代码的情况，即使在循环开始前无法确定条件是否成立。

下面以一个简单的示例来说明两者的区别。

📖 【例 4-4】while 循环和 do...while 循环的区别。

```
1. public class Demo4_4 {
2.   public static void main(String[] args) {
3.     int i = 0;
4.     // 使用 while 循环
5.     while (i > 0) {
6.       System.out.println("无法输出，因为 i 不比 0 大。");
7.     }
8.     // 使用 do...while 循环
9.     do {
10.       System.out.println("能够输出，即使 i 不大于 0。");
11.     } while (i > 0);
12.   }
13.}
```

在例 4-4 中，由于 i 的初始值为 0，因此 while 循环的条件不成立，循环体内的代码一次也不会执行。而在 do...while 循环中，循环体内的代码会被执行一次，即使条件不成立。程序运行结果如图 4-12 所示。

图 4-12　例 4-4 程序运行结果

4.2.3　for 循环

1. for 循环概述

for 循环是一种循环控制结构，用于重复执行已知循环次数的代码。其语法格式如下。

```
for ( 初始化循环变量；循环条件；更新循环变量 ) {
    循环体
}
```

微课

for 循环结构

for 循环的执行顺序如下。

① 初始化循环变量。

在循环开始时，执行初始化循环变量语句，通常包括声明循环变量和为其赋初值，如 int i=0。这一步仅在第一次循环时执行。

② 循环条件。

在每次循环开始之前，都要进行条件判断，如 i<5。如果条件为真，则执行循环体内的代码；如果条件为假，则跳出循环，结束循环执行。

79

③ 循环体。

如果条件为真，则执行循环体内的代码。

④ 更新循环变量。

每次循环结束时，执行更新循环变量语句，如 i++，对循环变量进行更新。通常是对循环变量进行自增、自减等操作。

接着，返回到步骤②，再次进行条件判断。如果条件为真，则重复执行步骤③和步骤④；如果条件为假，就跳出循环，结束循环执行。这些步骤会反复执行，直到条件为假，此时循环终止，程序跳出循环，执行循环体外的代码。for 循环的执行流程如图 4-13 所示。

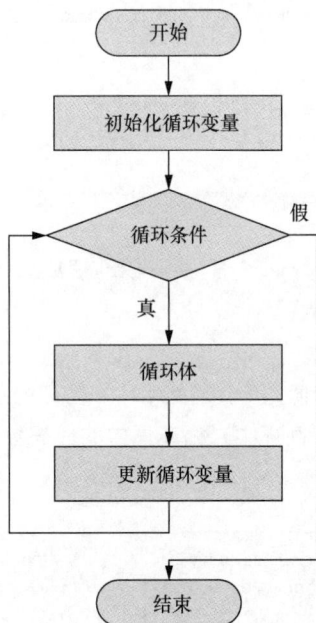

图 4-13 for 循环的执行流程

以下是两个典型的 for 循环示例。

```
// 示例1: 输出 0 到 4 的整数
for (int i = 0; i < 5; i++) {
    System.out.println(i);
}
// 示例2: 输出 5 到 1 的整数
for (int j = 5; j > 0; j--) {
    System.out.println(j);
}
```

在示例 1 中，for 循环从变量 i=0 开始，逐次递增，直到 i=5，输出 0 到 4 的整数。在示例 2 中，for 循环从变量 j=5 开始，逐次递减，直到 j=0，输出 5 到 1 的整数。在这两个示例中，循环变量 i、j 只在循环内部可用，如果需要在循环外部使用循环变量，可以在循环外部定义这个变量，再在循环内部给它赋值。示例如下。

```
int i ;
for (i = 0; i < 5; i++ ) {
    System.out.println("循环内输出: "+i);
}
```

这时，循环变量 i 在 for 循环外面也可以使用。下面再看一个具体示例。

📖 【例 4-5】使用 for 循环实现录入"王浩"5 门课程的成绩并计算平均成绩。

```java
1.  import java.util.Scanner;
2.  public class Demo4_5 {
3.    public static void main(String[] args) {
4.        Scanner sc = new Scanner(System.in);
5.        String studentName = "王浩";
6.        int totalScore = 0;
7.        int numCourses = 5;
8.        // 使用 for 循环实现输入王浩 5 门课的成绩并累加求和
9.        for (int i = 1; i <= numCourses; i++) {
10.           System.out.print("请输入" + studentName + "第" + i + "门课程的
成绩: ");
11.           int score = sc.nextInt();
12.           totalScore += score;
13.       }
14.       // 计算平均成绩
15.       double avgScore = (double) totalScore / numCourses;
16.        System.out.println(studentName + "的平均成绩: " + avgScore);
17.    }
18.}
```

在例 4-5 中，第 6 行代码定义变量 totalScore，该变量用于保存 5 门课程的总成绩，初始值为 0。第 7 行代码定义变量 numCourses，该变量用于保存课程的数量 5。第 9 行到第 13 行代码是一个 for 循环，其中，变量 i 有 2 个作用，第 1 个作用是代表循环次数，第 2 个作用是用来显示第几门课程；循环条件是 i<=numCourses，不直接写成 i<=5 是为了提高代码的可读性，如果课程门数改变，则只需要修改第 7 行代码；第 11 行代码使用 sc.nextInt()方法读取用户输入的整数，并将其赋值给变量 score；第 12 行代码将 score 的值累加存储到 totalScore 中，用于计算总成绩。第 15 行代码求平均成绩，使用(double)totalScore 把总成绩强制转换为 double 类型，使计算结果更精确。程序运行结果如图 4-14 所示。

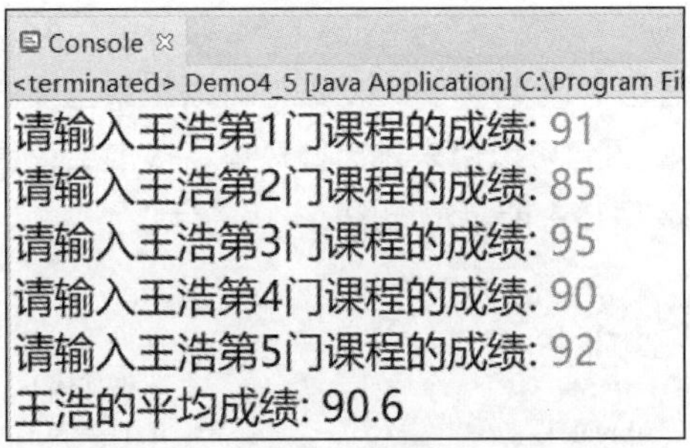

图 4-14 例 4-5 程序运行结果

2. for 循环与 while 循环的区别

for 循环和 while 循环都是 Java 中常用的循环结构，它们的区别如下。

（1）语法结构不同

for 循环需要在循环条件中初始化和迭代循环变量，而 while 循环则需要先初始化循环变量，并在循环体内自行迭代循环变量。

（2）使用场景不同

for 循环通常用于循环次数或者范围已知的情况，如遍历字符串；而 while 循环则通常用于循环次数或者范围未知的情况，例如，从键盘读取用户的输入直到满足某个条件为止。示例如下。

```java
Scanner sc = new Scanner(System.in);
int num = 0;
while (num != 5) {
    System.out.println("请输入数字（1~10）: ");
    num = sc.nextInt();
}
System.out.println("输入正确! ");
```

示例中，使用 while 循环读取用户输入的数字，直到输入的数字是 5 时循环才结束。由于其循环次数和范围不确定，因此适合使用 while 循环。

（3）for 循环可以定义多个循环变量

for 循环可以定义多个循环变量，可以使用逗号同时对多个变量进行初始化、判断和迭代。示例如下。

```java
for (int i = 0, j = 10; i < 5 && j > 5; i++, j--) {
    System.out.println("当前循环变量 i: " + i);
    System.out.println("当前循环变量 j: " + j);
}
```

示例中，for 循环同时定义了两个循环变量 i 和 j，并使用逗号分隔循环变量的初始化和迭代，然后在循环体内部分别输出当前 i 和 j 的值。而 while 循环要实现相同的功能，需要编写更多行数的代码。

总之，for 循环和 while 循环各有优缺点，具体使用哪种循环结构要根据实际情况进行选择。

4.2.4　循环的中断

Java 中的循环中断语句包括 break 和 continue，它们用于在循环中改变正常的执行流程，提前终止循环或条件语句的执行。适当地使用循环中断语句可以节省计算资源、控制程序流程、提高程序代码的可读性和可维护性，使代码更加简洁、高效。

微课

1. break 语句

在 switch 多分支选择语句中，使用 break 语句可以结束当前分支的执行。而在循环结构中，break 语句可以用来跳出循环体，提前结束循环，去执行循环后面的语句。break 循环中断示意如图 4-15 所示。

break 循环中断

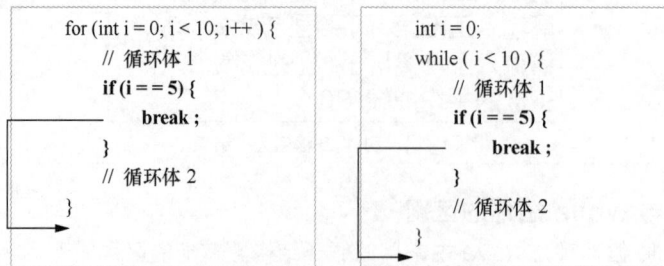

图 4-15　break 循环中断示意

这两段代码使用循环来迭代变量 i，从 0 开始，每次增加 1，直到 i 不小于 10 为止。在循环体中，条件判断语句 if(i == 5) 用于检查当前的 i 是否等于 5:

① 如果相等，就会执行 break 语句，这时程序会中断循环，跳出当前整个循环体，终止循环，不再进行后续的迭代。

② 如果 i 不等于 5，程序将执行循环体 2 中的代码。然后继续进行下一次循环，增加 i 的值，再次进行条件判断，重复执行循环体 1 和循环体 2，直到 i 不小于 10 或者遇到 break 语句为止。

📖 【例 4-6】循环录入王浩 5 门课程成绩并计算平均成绩，如果某次录入的成绩为负数，则停止录入并提示录入错误。

```
1. import java.util.Scanner;
2. public class Demo4_6 {
3.     public static void main(String[] args) {
4.         Scanner sc = new Scanner(System.in);
5.         int sum = 0; // 记录总成绩
6.         int count = 0; // 记录已录入的成绩数量
7.         while (count < 5) {
8.             System.out.print("请输入第" + (count + 1) + "门课程的成绩: ");
9.             int score = sc.nextInt();
10.            if (score < 0) { // 如果成绩为负数，则停止录入
11.                System.out.println("录入错误，成绩不能为负数! ");
12.                break;
13.            }
14.            sum += score;  // 成绩累加
15.            count++;       // 成绩数量加 1
16.        }
17.        if (count == 5) { // 如果全部成绩都录入完毕，则计算平均成绩
18.            double avgScore = (double) sum / count;
19.            System.out.println("王浩 5 门课程的平均成绩: " + avgScore);
20.        }
21.    }
22.}
```

在例 4-6 中，第 7 行到第 16 行代码循环输入 5 门课程的成绩，并累加。其中，第 10 行到第 13 行代码使用 if 语句判断输入的成绩是否为负数，如果是负数，则输出错误信息并使用 break 语句结束整个循环。最后执行循环体外，即第 16 行之后的代码。程序运行结果如图 4-16 所示。

图 4-16　例 4-6 程序运行结果

2. continue 语句

在 Java 中，continue 也是一种用于中断循环的语句，它可以用来中断当前循环，然后跳过循环体内剩余的代码，继续执行下一次循环。continue 语句通常用于在循环中遇到某些条件时，需要忽略当前循环并直接进入下一次循环的情况。continue 循环中断示意如图 4-17 所示。

微课

continue 循环中断

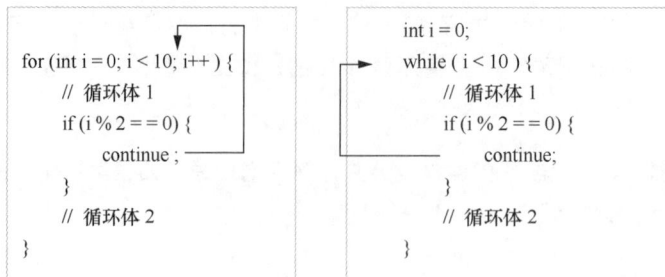

图 4-17　continue 循环中断示意

这两段代码使用循环来迭代变量 i，从 0 开始，每次增加 1，直到 i 不小于 10 为止。在循环体 1 中，条件判断语句 if (i % 2 == 0)用于检查当前的 i 是不是偶数。

① 如果 i 是偶数，就会执行 continue 语句，中断当前循环，跳过循环体中剩余的代码，直接进行下一次循环。因此，当 i 是偶数时，会跳过循环体 2 中的代码，直接进入下一次循环。

② 如果 i 不是偶数，那么程序将执行循环体 2 中的代码，继续进行下一次循环，增加 i 的值，再次进行条件判断，重复执行循环体 1 和循环体 2，直到 i 不小于 10，循环结束。

【例 4-7】循环录入班上 5 名学生的课程成绩，用 continue 语句统计 80 分以上的学生比例。

```
1.  import java.util.Scanner;
2.  public class Demo4_7 {
3.    public static void main(String[] args) {
4.      Scanner sc = new Scanner(System.in);
5.      int num = 5;      //录入人数
6.      int above80Count = 0;   //大于 80 分的人数
7.
8.      for (int i = 1; i <= num; i++) {
9.        // 录入学生课程成绩
10.       System.out.print("请输入第" + i + "名学生的课程成绩: ");
11.       int score = sc.nextInt();
12.
13.       // 如果成绩小于等于 80 分，则不执行累加
14.       if (score <= 80) {
15.         continue;
16.       }
17.       above80Count++;
18.     }
19.     // 计算成绩超过 80 分的学生比例
20.     double above80Percent = (double) above80Count / num * 100;
21.     // 输出统计结果
22.     System.out.println("超过 80 分的学生人数: " + above80Count + "人");
23.     System.out.println("超过 80 分的学生比例: " + above80Percent + "%");
24.   }
25. }
```

在例 4-7 中，第 8 行到第 11 行代码使用 for 循环迭代 5 次，每次录入一名学生的课程成绩。第 14 行到第 17 行代码用 if 语句检查成绩是否不超过 80 分。如果成绩小于等于 80 分，则执行 continue 语句，进入下一次循环；如果成绩超过 80 分，则执行第 17 行代码，统计成绩超过 80 分的学生人数。第 20 行代码计算成绩超过 80 分的学生比例。程序运行结果如图 4-18 所示。

图 4-18 例 4-7 程序运行结果

3. break 语句和 continue 语句的区别

break 语句和 continue 语句在循环中的作用是不同的。

（1）break 语句

break 语句用于提前终止循环。当 break 语句被执行时，整个循环会立即结束，不再执行循环内未执行的部分。break 语句通常适用于满足某个条件时，提前结束整个循环的情况。

（2）continue 语句

continue 语句用于跳过当前循环，直接进行下一次循环。当 continue 语句被执行时，循环内 continue 关键字后面的代码会被忽略，程序直接进入下一次循环。continue 语句通常适用于满足某个条件时，跳过当前循环，继续下一次循环的情况。

4.2.5 二重循环

1. 二重循环的使用

二重循环也叫嵌套循环，是指一个循环的内部包含另一个完整的循环结构，常用于处理多维数据结构、多条件的判断和多个操作的执行等场景。二重循环有以下两种形式。

微课

二重循环

（1）同类形式：外层为 for 循环内层也为 for 循环，或者外层为 do...while 循环内层也为 do...while 循环等。

（2）混合形式：外层为 for 循环内层为 while 循环，或者外层为 while 循环内层为 for 或 do...while 循环等。

在二重循环中，外层循环变量变化一次，内层循环变量会从初始值到结束值变化一遍。执行顺序通常是先执行一次外层循环，等内层循环全部执行完毕后，继续外层循环的下一次循环。这个过程会一直重复，直到外层循环也执行完毕。

在二重循环中，外层循环和内层循环都具有自己的初始化、循环条件和迭代语句。下面，分析一个典型示例：使用 for 循环嵌套输出九九乘法表。

```
1 * 1 = 1
1 * 2 = 2   2 * 2 = 4
1 * 3 = 3   2 * 3 = 6   3 * 3 = 9
1 * 4 = 4   2 * 4 = 8   3 * 4 = 12   4 * 4 = 16
1 * 5 = 5   2 * 5 = 10  3 * 5 = 15   4 * 5 = 20   5 * 5 = 25
1 * 6 = 6   2 * 6 = 12  3 * 6 = 18   4 * 6 = 24   5 * 6 = 30   6 * 6 = 36
1 * 7 = 7   2 * 7 = 14  3 * 7 = 21   4 * 7 = 28   5 * 7 = 35   6 * 7 = 42   7 * 7 = 49
1 * 8 = 8   2 * 8 = 16  3 * 8 = 24   4 * 8 = 32   5 * 8 = 40   6 * 8 = 48   7 * 8 = 56   8 * 8 = 64
1 * 9 = 9   2 * 9 = 18  3 * 9 = 27   4 * 9 = 36   5 * 9 = 45   6 * 9 = 54   7 * 9 = 63   8 * 9 = 72   9 * 9 = 81
```

代码如下。

```
for (int i = 1; i <= 9; i++) {          //外层循环
        for (int j = 1; j <= i; j++) {        //内层循环
                //输出乘法表达式
                System.out.print(j + " * " + i + " = " + (i*j) + "  ");
        }
        // 换行
        System.out.println();
}
```

程序的运行过程分析如下。

① 当外层循环 i=1 时，内层循环 j<=1，会输出 1*1=1，然后换行。

② 当外层循环 i=2 时，内层循环 j<=2，即 j 的值从 1 到 2，会输出 1*2=2 和 2*2=4，再换行。

③ 当外层循环 i=3 时，内层循环 j<=3，即 j 的值从 1 到 3，会输出 1*3=3、2*3=6 和 3*3=9，再换行。

④ 当外层循环 i=4 时，内层循环 j<=4，即 j 的值从 1 到 4，以此类推。

📖【例 4-8】使用 for 循环嵌套，录入 3 个班级每个班级各 4 名学生的成绩，并输出各班的平均成绩。

```
1. public class Demo4_8 {
2.    public static void main(String[] args) {
3.        Scanner sc = new Scanner(System.in);
4.        System.out.println("------分别录入 3 个班学生的成绩------");
5.        // 循环录入 3 个班的成绩
6.        for (int i = 1; i <= 3; i++) {
7.            int sum = 0;            //各班总成绩
8.            double avg = 0.0;       //各班平均成绩
9.
10.           System.out.println("请录入第" + i + "个班的成绩:");
11.           // 循环录入 4 名学生的成绩
12.           for (int j = 1; j <= 4; j++) {
13.               System.out.print("第" + j + "名学生的成绩:");
14.               int score = sc.nextInt();
15.               sum += score;
16.           }
17.           // 计算平均成绩
18.           avg = (double) sum / 4;
19.           System.out.println("第" + i + "个班的平均成绩:" + avg + "\n");
20.       }
21.   }
22.}
```

在例 4-8 中，第 6 行到第 20 行代码是外层 for 循环，用于控制班级迭代个数，循环变量 i 的值表示班级的序号，从 1 到 3，共迭代 3 次。第 12 行到第 16 行代码是内层 for 循环，用于控制每个班级 4 名学生的成绩录入和班级成绩求和，循环变量 j 的值表示学生的序号，从 1 到 4，共迭代 4 次。外层 for 循环迭代 1 次，内层循环迭代 4 次。第 18 行和第 19 行代码计算并输出当前班级的平均成绩。程序运行结果如图 4-19 所示。

```
Console ☒ Problems Debug Shell
<terminated> Demo4_8 [Java Application] D:\Program File
------分别录入3个班学生的成绩------
请录入第1个班的成绩:
第1名学生的成绩:90
第2名学生的成绩:87
第3名学生的成绩:78
第4名学生的成绩:98
第1个班的平均成绩:88.25

请录入第2个班的成绩:
第1名学生的成绩:77
第2名学生的成绩:93
第3名学生的成绩:88
第4名学生的成绩:100
第2个班的平均成绩:89.5

请录入第3个班的成绩:
第1名学生的成绩:75
第2名学生的成绩:89
第3名学生的成绩:90
第4名学生的成绩:97
第3个班的平均成绩:87.75
```

图 4-19 例 4-8 程序运行结果

【知识小秘诀】

➢ 循环嵌套可以有多层，但通常建议不超过3层，因为过多的嵌套会使代码难以阅读和维护。在实际编程中，应该尽量使用函数和模块来组织代码，以提高代码的可读性和可维护性。

➢ 循环变量的作用域：外层循环声明的变量在内层循环中可用，但内层循环声明的变量在外层循环中不可用。

2. 二重循环的中断

二重循环的中断通常通过 break 和 continue 语句来实现。break 和 continue 语句都只对一层循环起作用，即它们出现在内层循环中会中断内层循环，出现在外层循环中则会中断外层循环。下面以内层循环出现 break 或 continue 语句为例进行说明。

（1）break 语句：当内层循环执行到 break 语句时，会立即终止当前内层循环，并跳出该内层循环的代码块，程序将继续执行外层循环的下一个迭代（如果有的话）。换句话说，break 语句会直接结束内层循环。

（2）continue 语句：当内层循环执行到 continue 语句时，会跳过本次内层循环的剩余代码，并开始内层循环的下一次迭代。也就是说，continue 语句会提前结束本次内层循环，开始下一次内层循环。

如果想要使用 break 语句直接跳出二重循环，通常需要在内层循环中设置一个标志变量或者使用一个额外的逻辑来控制外层循环的退出。

【例 4-9】在一个九九乘法表中找到每行第一个乘积大于 50 的数字对，并输出结果。

```
public class Demo4_9 {
  public static void main(String[] args) {
    int target = 50;     // 50 的目标
    for (int i = 1; i <= 9; i++) {
```

```
5.        for (int j = 1; j <= i; j++) {
6.          int product = i * j;    //获取乘积
7.          if (product > target) {
8.              System.out.println(j + " * " + i + " = " + (i * j));
9.              break;
10.         } else {
11.             continue;
12.         }
13.       }
14.     }
15.   }
16.}
```

在例 4-9 中，第 4 行到第 14 行代码使用两层嵌套的 for 循环，外层循环的循环变量是 i，其取值范围为 1 到 9；内层循环的循环变量是 j，其取值范围为 1 到 i。第 6 行代码计算出当前数字对 i、j 的乘积，并将结果保存在变量 product 中。第 7 行到第 12 行代码判断乘积是否大于 50，如果大于则输出该数字对的乘积，并执行 break 语句结束内层循环，回到外层循环；否则，执行 continue 语句跳过当前迭代，继续进行内层循环的下一次迭代。当内层循环结束时，程序会自动回到外层循环，继续进行下一轮迭代，直到外层循环也结束。程序运行结果如图 4-20 所示。

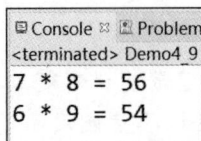

图 4-20　例 4-9 程序运行结果

4.3　任务实施

本阶段实现购物管理系统的循环登录验证、循环录入商品信息、循环添加商品至购物车及结算功能。

4.3.1　循环登录验证

实现循环登录验证功能，并根据验证结果进行相应的处理和提示，最多有 3 次错误输入的机会，如果 3 次登录验证都失败，则程序结束。

1. 实现思路

（1）首先使用 Scanner 类来获取用户输入的用户名和密码，并将输入的内容分别存储在变量 username 和 password 中。

（2）定义一个计数器变量 count 和最大尝试次数变量 maxCount。使用 while 或 for 循环，获取用户输入的用户名和密码，并使用 if...else 语句判断是否匹配预设值。若匹配，则输出欢迎信息并退出循环；否则，计数器加 1 且输出错误信息，提示还剩几次尝试机会。当计数器达到最大尝试次数时，输出错误信息并退出循环，程序结束。

2. 参考代码

```
1. import java.util.Scanner;
2. public class Example4_3_1 {
3.    /**
4.     * 输入登录系统的用户名和密码，最多只能输入错误 3 次
```

```
5.     */
6.    public static void main(String[] args) {
7.      Scanner sc = new Scanner(System.in);
8.      int maxCount = 3;    //最大尝试次数
9.      int count = 0;       //计数器
10.
11.     while (count < maxCount) {
12.         System.out.print("请输入用户名: ");
13.         String username = sc.next();
14.         System.out.print("请输入密码: ");
15.         String password = sc.next();
16.
17.         if ("lisa".equals(username) && "123".equals(password)) {
18.             System.out.println("欢迎进入乐客购物管理系统! ");
19.             break;        // 如果用户名和密码正确, 退出循环
20.         } else {
21.             count++;
22.             int remain = maxCount - count;
23.             System.out.println("用户名或密码错误, 还剩" + remain+ "次机会。\n");
24.         }
25.     }
26.     if (count == maxCount) {
27.         System.out.println("错误次数超过限制, 无法进入购物系统! ");
28.     }
29.  }
30.}
```

Example4_3_1 程序运行结果如图 4-21 所示。

图 4-21　Example4_3_1 程序运行结果

4.3.2　循环录入商品信息

超市进货时, 工作人员需要录入进货的商品信息, 下面就实现循环录入商品信息的功能。首先, 程序循环提示用户输入商品名称、价格和数量, 然后输出每件商品的信息和金额, 再统计总金额。注意, 这个程序不考虑输入的合法性验证和商品信息的数据库存储等情况。

1. 实现思路

（1）使用循环语句读取用户输入的商品名称、价格和数量。因循环次数不确定, 所以使用 while 循环, 并声明一个 boolean 类型的变量 isShopping 决定是否继续循环。

（2）每次用户输入商品名称、价格和数量后, 都会统计该商品的金额及所有商品的总金额。

所以声明两个 double 类型的变量，一个在循环内，用于存储当前商品金额；一个在循环前，用于存储总金额。

（3）当用户输入 0 时循环结束，输出所有商品的总金额。

2. 参考代码

```
1. public class Example4_3_2 {
2.    public static void main(String[] args) {
3.        Scanner sc = new Scanner(System.in);
4.        boolean isShopping = true;      //是否继续录入
5.        double total = 0.0;             //商品总金额
6.
7.        System.out.println("————欢迎进入录入商品信息界面————");
8.        while (isShopping) {
9.            System.out.print("请输入商品名称（输入 0 退出）: ");
10.           String name = sc.nextLine();
11.           if (name.equals("0")) {          //判断是否退出循环
12.               isShopping = false;
13.               continue;
14.           }
15.           System.out.print("请输入商品价格: ");
16.           double price = sc.nextDouble();
17.           System.out.print("请输入商品数量: ");
18.           int quantity = sc.nextInt();
19.           sc.nextLine();    // 清空输入缓冲区
20.
21.           double cost = price * quantity;    // 计算当前商品的金额
22.           total += cost;                     //计算所有商品总金额
23.
24.           System.out.print("已添加商品: " + name);
25.           System.out.print(" 价格: " + price);
26.           System.out.print(" 数量: " + quantity);
27.           System.out.println(" 金额: " + cost);
28.           System.out.println("当前总金额: " + total);
29.           System.out.println();
30.       }
31.       System.out.println("录入完毕! ");
32.       System.out.println("所有商品的总金额: " + total);
33.   }
34.}
```

Example4_3_2 程序运行结果如图 4-22 所示。

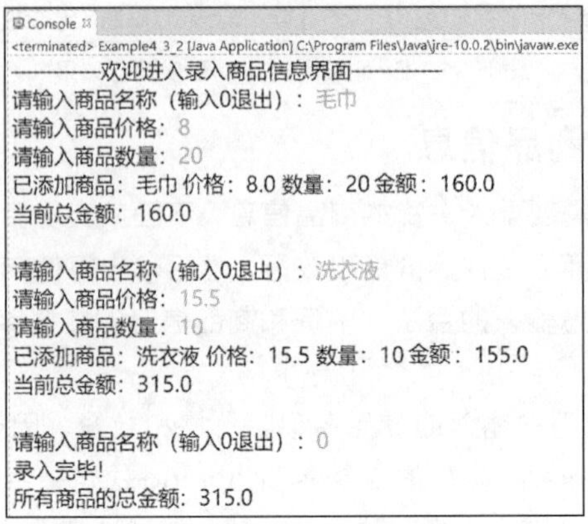

图 4-22　Example4_3_2 程序运行结果

4.3.3 循环添加商品至购物车并结算

实现循环添加商品至购物车并结算功能，包括添加商品、计算总价格、计算会员折扣、付款和找零等。

1. 实现思路

（1）使用 while 循环实现商品 id、商品数量、是否继续购物的循环录入。因本书不涉及数据库的应用，此处的商品信息使用 switch 多分支选择语句处理，即根据用户输入的商品 id 选择对应的商品名称和价格。商品信息如表 4-1 所示。

表 4-1　商品信息

商品 id	商品名称	价格（元）	会员折扣
1	毛巾	12.0	9.5 折
2	洗衣液	25.0	9.5 折
3	洗发水	38.0	9.5 折

（2）每添加 1 件商品都会计算该商品的总价格，并使计数器加 1，再显示添加××（商品名称）成功的提示。

（3）询问用户"是否继续购物？"判定循环是否继续，如果输入 y 则可继续添加商品到购物车；输入 n 则退出循环，并显示购物车商品的总数量和总价格。

（4）接着询问"是不是会员？"，如果输入 y，则给出总价格打九五折后的实际支付金额；输入 n 则不打折，显示实际支付金额。

（5）提示用户输入付款金额，待用户输入付款金额后，使用 if...else 语句来判断付款金额是否足够支付，足够支付则计算出找零金额。

2. 参考代码

```
1.  import java.util.Scanner;
2.  public class Example4_3_3 {
3.    public static void main(String[] args) {
4.      Scanner sc = new Scanner(System.in);
5.      double total = 0.0;    // 总价格
6.      int num = 0;         // 商品数量
7.      // 循环输入商品 id，将商品加入购物车，并计算总价格
8.      while (true) {
9.        System.out.println("----------添加商品到购物车----------");
10.       System.out.print("请输入商品 id（输入 0 结束添加）: ");
11.       int productId = sc.nextInt();
12.       if (productId == 0) {      // 输入 0 结束当前 while 循环
13.         break;
14.       }
15.
16.       double price = 0.0;    // 当前商品总价格
17.       int quantity = 0;       // 加入购物车的当前商品的数量
18.       String productName = "";
19.       switch (productId) {
20.       case 1:
21.         price = 12.0;
```

```
22.            productName = "毛巾";
23.           break;
24.        case 2:
25.            price = 25.0;
26.            productName = "洗衣液";
27.            break;
28.        case 3:
29.            price = 38.0;
30.            productName = "洗发水";
31.            break;
32.        default:
33.            System.out.println("请输入有效的商品 id! ");
34.            continue;
35.        }
36.
37.        System.out.print("请输入商品数量: ");
38.        quantity = sc.nextInt();
39.        total += price * quantity;        //计算商品总价格
40.        num++;        //商品件数加 1
41.
42.        System.out.println("成功添加 " + productName + " 到购物车! \n");
43.        System.out.print("是否继续购物? （y/n）: ");
44.        String choice = sc.next();
45.        if (choice.equalsIgnoreCase("n")) {        //忽略大小写
46.            break;
47.        }
48.    }
49.
50.    System.out.println("您添加了 " + num + " 种商品, 总金额: ¥" + total);
51.
52.    System.out.print("是不是会员? （y/n）: ");
53.    String choice = sc.next();
54.    boolean isMember = choice.equalsIgnoreCase("y");
55.    double discount = isMember ? total * 0.95 : total;
56.    System.out.println("需要支付的金额: ¥" + discount);
57.
58.    System.out.print("请输入付款金额: ");
59.    double payAmount = sc.nextDouble();
60.
61.    if (payAmount < discount) {
62.        System.out.println("付款金额不足! ");
63.    } else {
64.        double change = payAmount - discount;
65.        System.out.println("付款成功! 应找零金额: ¥" + String.format
("%.2f",change));
66.        System.out.println("结算完成! ");
67.    }
68.  }
69.}
```

Example4_3_3 程序运行结果如图 4-23 所示。

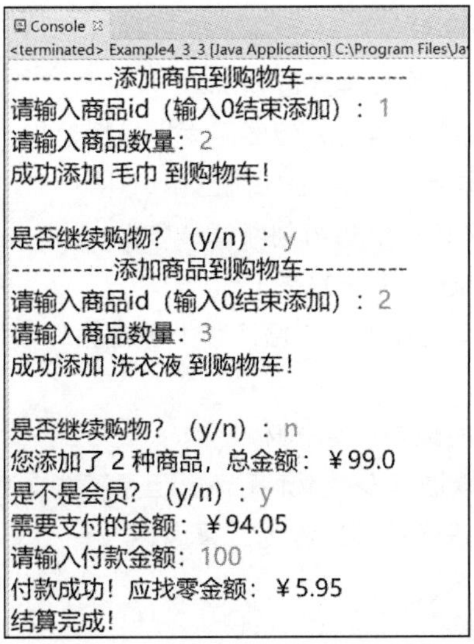

图 4-23　Example4_3_3 程序运行结果

4.4　任务小结

　　本任务详细介绍了 Java 中的几种循环结构和循环中断语句。首先介绍 while、do...while 和 for 3 种循环结构的语法，通过循环输出社会主义核心价值观、猜数字游戏、求平均成绩等具体的例子讲解循环语句的使用方法，以及如何在 Eclipse 中跟踪调试程序。接着介绍 break 和 continue 语句在循环中断中的应用，然后详细分析二重循环的使用。最后，通过循环登录验证、循环录入商品信息和循环添加商品至购物车并结算 3 个子任务，加深读者对循环知识的理解。总之，本任务的重点在于掌握循环结构，以及熟练使用循环中断语句控制循环结构，为后续遍历数组打下基础。

4.5　同步练习

一、选择题

1. 以下程序共输出了（　　　　）次。

```
int i = 10;
while(i <87){
    System.out.println("第" +i+ "遍写：好好学习，天天向上！");
    i++;
}
```

　　A. 77　　　　　　　　B. 80　　　　　　　　C. 86　　　　　　　　D. 87

2. 下列语句执行后，变量 j 的值是（　　　　）。

```
int  j=8, i=6;
while( --i >4 )  --j;
```

　　A. 6　　　　　　　　B. 7　　　　　　　　C. 8　　　　　　　　D. 9

3. 循环语句 for(i=1 ; i++<4 ;)执行结束后，变量 i 的值是（　　　　）。

　　A. 5　　　　　　　　B. 4　　　　　　　　C. 3　　　　　　　　D. 不确定

4. 有关语句 for(; ;)执行过程的描述，正确的是（　　　　）。

　　A. 不执行任何操作　　　　　　　　　　B. 空循环一次

　　C. 无休止地执行循环　　　　　　　　　　D. 以上都不对

5. 有关 for 循环的正确描述是（　　　）。

　　A．for 循环只能用于循环次数确定的情况

　　B．for 循环体可以包含多条语句，但要用大括号括起来

　　C．在 for 循环中，不能用 break 语句跳出循环体

　　D．for 循环是先执行循环体语句再判断循环条件

6. 下列关于多重循环的描述，错误的是（　　　）。

　　A．通常把循环体内含有循环语句的循环称为多重循环，不含有循环语句的循环称为单层循环

　　B．多重循环又称多层循环或嵌套循环

　　C．一个 for 循环中可以嵌套多个 for 循环，但是不能嵌套 while 循环

　　D．循环体内含有循环语句的循环称为二重循环

二、填空题

1. 循环结构的 3 个要素是＿＿＿＿＿＿、＿＿＿＿＿＿＿、＿＿＿＿＿＿。

2. Java 提供了 3 种循环语句，分别是＿＿＿＿＿＿、＿＿＿＿＿＿＿、＿＿＿＿＿＿。

3. for (int i = 0; i < 10; i++) { if (i % 2 == 0) continue; System.out.print(i + " "); }，该循环会输出＿＿＿＿＿＿。

4. for (int i = 0; i < 5; i++) { for (int j = 0; j < 5; j++) { if (i == j) break; } }，该循环会执行＿＿＿＿＿＿次。

5. int i = 0; while (true) { if (i++ > 10) break; }，该循环会执行＿＿＿＿＿＿次。

三、程序练习题

1. 输入任意一个整数，求这个整数的阶乘。请使用 while 循环完成。

2. 编写一个程序，输出 100 以内的所有质数之和。

3. 编写一个程序，输出一个以"*"组成的倒三角形如下。

```
* * * * *
 * * * *
  * * *
   * *
    *
```

4. 随机输入一个整数，使用循环分解该整数。比如输入 12345，分解后为 1、2、3、4、5。提示：在循环中，通过取余运算得到当前位上的数字，然后将整数除以 10，向下取整，直到整数为 0，循环结束。

5. 循环录入 10 位顾客的年龄，分别统计 30 岁以下和 30 岁以上（含 30 岁）的顾客的比例。请使用 for 循环和 continue 语句完成。

6. 我国 2014 年底全国机动车数量统计为 2.64 亿辆，每年的机动车数量较上年增长约 5.2%，如果按照此速度计算，到哪年全国机动车总量突破 4.5 亿辆？请使用 for 循环和 break 语句完成。

4.6 拓展项目实训——循环操作主菜单

一、任务描述

登录博物馆访客信息管理系统后，会显示系统的主菜单，本任务要求实现主菜单的循环操作。

二、功能实现效果

显示主菜单，主菜单有 3 个选项，用户输入选项编号后会进入相应的子菜单，例如，输入 1 可以进入“添加访客”子菜单，完成子菜单中的操作后，会自动返回主菜单。实现效果如图 4-24 所示。

```
Console
Visitor4_1 [Java Application] C:\Program Files\Java\jre-10.0.2\
--- 欢迎使用访客信息管理系统 ---
1. 添加访客
2. 查看访客列表
3. 退出系统
请选择操作选项 (1~3): 1
请输入访客姓名: 王明鑫
访客 王明鑫 已添加。

--- 欢迎使用访客信息管理系统 ---
1. 添加访客
2. 查看访客列表
3. 退出系统
请选择操作选项 (1~3): 5
无效的选择，请重新输入。

--- 欢迎使用访客信息管理系统 ---
1. 添加访客
2. 查看访客列表
3. 退出系统
请选择操作选项 (1~3):
```

图 4-24　功能实现效果

三、思路分析

1. 实现主菜单的循环操作。使用 while 循环，该循环会一直运行到用户选择退出系统。参考代码如下。

```
while (true) {
        System.out.println("--- 欢迎使用访客信息管理系统  ---");
        System.out.println("1. 添加访客");
        System.out.println("2. 查看访客列表");
        System.out.println("3. 退出系统");
        System.out.print("请选择操作选项 (1～3): ");
        int choice = sc.nextInt();
// 省略其他代码
```

2. 根据用户的选择进入相应子菜单。使用 switch 多分支选择语句根据用户的选择执行不同的操作。当用户输入 1 时，提示用户输入访客姓名；当用户输入 2 时，输出所有访客的列表；当用户输入 3 时，输出一条消息并退出程序，此处可以使用 return 语句退出循环程序；对于其他输入，则提示用户重新输入，并返回主菜单。

四、编程要求

1. 根据任务描述和功能实现效果编写程序。
2. 要求标识符命名规范、程序有适当的注释，思路分析提供的代码仅供参考。

任务5
处理批量购物数据
——数组与方法

5.1　任务描述

小林开发的购物管理系统已经能够实现用户登录验证、菜单选择、商品信息录入和购物车结算等功能。有一天，他又去和收银员交流，收银员告诉他，系统经常需要对多笔购物数据进行统计与分析，例如，某天有 50 笔购物数据，要统计出最大购物金额、最小购物金额、购物总金额和平均金额，有时还要分析多名顾客的购物数据，分析顾客消费等级等。小林想，如果使用前面学习的知识来完成这些任务，50 笔购物数据就需要声明 50 个变量，这样做显然不合理，那怎么办呢？

小林请教老师，老师告诉他，需要学习数组和方法。数组可以有效地组织和处理批量数据，方法可以使代码模块化、易重用和易维护。所以，小林打算先学习数组，再学习方法。

任务目标	• 统计购物数据，分析顾客消费等级 • 存储批量购物金额，计算最大值、最小值、总金额和平均值 • 分析多位顾客的多笔购物数据，进行排序与输出
知识目标	• 理解数组和方法的定义 • 掌握数组的创建和使用方法 • 熟练掌握各种方法的定义和调用
素养目标	• 培养学生的公民素养，树立社会主义核心价值观 • 提高审美能力，提升文化品位 • 培养学生一丝不苟、精益求精的数字工匠精神

5.2　知识储备

5.2.1　创建数组

微课

创建数组

在 Java 中，数组是一种引用数据类型，用于存储固定数量的同类型元素。它也是一种容器，可以将多个相同类型的变量集中在一起，并通过索引来访问这些变量。

1. 定义数组

数组是一种用于存储相同类型数据的数据结构，是一组有序数据的集合。数组的定义类似于变量的定义，需要先声明，再赋初始值，才能使用。定义数组有以下 3 个步骤。

第 1 步：声明数组，语法格式如下。

```
数据类型[] 数组名;
```

第2步：给数组分配存储空间，语法格式如下。

数组名 = new 数据类型[数组长度];

这两步经常合并起来写，语法格式如下。

数据类型[] 数组名= new 数据类型[数组长度];

例如，声明并创建一个长度为5的整型数组，名字为money，示例如下。

```
int[] money = new int[5];
```

💡 **说明**

  此数组可以存储5个整数，相当于定义了5个独立的整型变量：int money1、int money2、int money3、int money4、int money5。可以看出，使用数组定义代码更简洁。

第3步：初始化数组，语法格式如下。

数组名[i]=元素值;

初始化数组就是给数组元素赋初始值。i代表数组元素的索引，系统会对数组元素进行编号，从0开始。比如长度为5的数组，数组元素的编号分别为0、1、2、3、4。示例如下。

```
money[0]=50;
money[1]=100;
money[4]=112;
```

对于没有赋值的元素money[2]、money[3]，系统会给它们一个默认值0。

可以将3个步骤合并。此时不用写数组长度，否则会报错，示例如下。

```
int[] money = new int[]{50,100,0,0,112};   // 定义一个长度为5的数组，并赋初始值
```

也可以简写成：

```
int[] money = {50,100,0,0,112};
```

💡 **说明**

  定义数组需要明确以下基本要素。
- 标识符：数组的名称，用于区分不同的数组。
- 数组元素：向数组中存放的数据。
- 元素索引：对数组元素进行编号，从0开始，最大索引为数组长度减1。
- 元素类型：数组元素的数据类型，一个数组必须存储同一个类型的数据。

图5-1所示为数组money在内存中的存储过程。

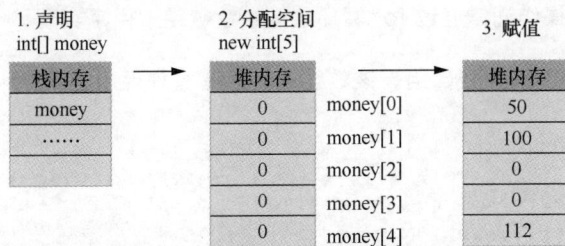

图5-1 数组money在内存中的存储过程

🗝 **【知识小秘诀】**

➤ 声明数组时，[]可以放在数组名前面，也可以放在后面。

> ➢ 数组的长度是一个常量，一旦设置，即在内存中分配出一个连续的存储空间，其长度就不能再改变。
> ➢ 在内存分配空间的同时，系统将会为每个数组元素设置初始值，数值型的初始值是0，布尔型的初始值是false，字符型的初始值是'\u0000'，引用数据类型的初始值是null。
> ➢ 数组名要符合标识符的命名规则，数据类型后的[]表示的是一个一维数组，后文会介绍二维数组。

2. 使用数组

定义完数组之后才可以使用数组。例如，输出数组 money 中第一个元素的值，代码如下。

```java
System.out.println("第一笔购物金额是"+money[0]);
```

注意，因为数组的长度是 5，所以不能出现 money[5]的写法，否则会出现数组越界异常，报错类型为 ArrayIndexOutOfBoundsException。每个数组都有 length 属性，通过该属性可以获取数组的长度。

```java
int num= money.length;
```

💡说明

num获得的值是5。如果数组的长度是length，则引用数组元素的最大索引是length-1。

除了获取数组元素的值，还有其他使用数组的方式，例如，求数组 money 中所有元素的平均值，代码如下。

```java
int avg=(money[0]+money[1]+money[2]+money[3]+money[4])/money.length;
System.out.println("平均金额: "+avg);
```

这样可以求数组 money 中所有元素的平均值。但是，如果数组的长度是 50，上述求平均值的方法是不太合理的，所以，下面将学习遍历数组。

5.2.2　遍历数组

遍历数组是指在编程中逐个访问数组中的每个元素，并对它们执行某种操作的过程。通常使用循环操作实现，分为遍历数组赋值和遍历数组取值两种。

微课

遍历数组

1. 遍历数组赋值

遍历数组赋值操作是指在遍历数组的过程中，对数组中的每个元素进行赋值或更新其值。这种操作通常通过 for 循环结构结合数组索引来实现。

📖【例 5-1】定义一个浮点型数组，该数组用于存储 5 种毛巾的价格，价格从键盘输入。

```java
1. import java.util.Scanner;
2. public class Demo5_1 {
3.    public static void main(String[] args) {
4.        Scanner sc = new Scanner(System.in);
5.        float[] towPrice=new float[5];        // 定义一个长度为 5 的浮点型数组
6.        System.out.println("--请输入毛巾的价格--");
7.        for(int i=0;i<towPrice.length;i++) {        //循环遍历数组元素
8.            System.out.print("第"+ (i+1) +"种毛巾的价格: ");
9.            towPrice[i]=sc.nextFloat();                //从键盘依次输入价格
```

```
10.        }
11.    System.out.println("录入完毕！");
12.    }
13.}
```

运行程序后，输入的 5 种价格会存储到数组 towPrice 中。第 5 行代码定义一个长度为 5 的浮点型数组 towPrice。第 7 行代码使用 for 循环遍历数组元素，循环变量 i 有两个作用，第 1 个作用是代表循环次数，第 2 个作用是代表数组元素的索引，所以循环变量 i 的初始值要设为 0。i 的值要小于数组长度 towPrice.length，否则会出现数组越界异常。第 9 行代码接收输入的值。程序运行结果如图 5-2 所示。

图 5-2　例 5-1 程序运行结果

2. 遍历数组取值

当需要从数组中取出元素值进行操作时，同样可以使用 for 循环遍历数组实现。

【例 5-2】定义一个存储字符串的数组，并输出数组的各个元素。

```
1. public class Demo5_2 {
2.    public static void main(String[] args) {
3.        String[] arr01= {"爱国","敬业","诚信","友善"};  //定义一个字符串类型的数组
4.        System.out.print("数组的元素: ");
5.        for(int i=0;i<arr01.length;i++) {          //遍历数组
6.            System.out.print(arr01[i] +"\t");     //输出数组的各个元素
7.        }
8.    }
9.}
```

在例 5-2 中，第 3 行代码定义一个长度为 4 的字符串类型的数组 arr01，并赋初始值；第 5 行到第 7 行代码使用 for 循环遍历数组元素，同时依次输出数组的各个元素。程序运行结果如图 5-3 所示。

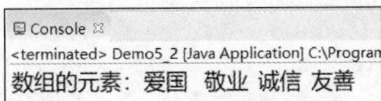

图 5-3　例 5-2 程序运行结果

还有一种常见的增强型 for 循环（称为 foreach 循环）也可以遍历数组。增强型 for 循环不需要循环变量，避免了数组越界的问题，写法更简单。它的缺点是无法向数组元素赋值，无法逆序遍历。其语法格式如下。

```
for(数据类型 变量:数组名){
    循环体
}
```

> 💡**说明**
>
> foreach循环对数组中的每个元素依次执行一遍循环体。数据类型为数组的数据类型，执行循环时依次将每个数组元素赋值给变量，并依次执行一遍循环体，直至循环结束。

📖【例 5-3】使用 foreach 循环遍历数组并输出数组的各个元素。

```
1. public class Demo5_3 {
2.   public static void main(String[] args) {
3.       String[] arr02= {"自由","平等","公正","法治"};   //定义一个字符串类
型的数组
4.       System.out.print("数组的元素：");
5.       for(String s:arr02) {         //遍历数组
6.           System.out.print(s +"\t");   //输出数组的各个元素
7.       }
8.   }
9.}
```

在例 5-3 中，第 3 行代码定义一个长度为 4 的字符串类型的数组 arr02，并赋初始值；第 5 行到第 7 行代码使用 foreach 循环遍历数组，并依次输出数组的各个元素。程序运行结果如图 5-4 所示。

```
🖥 Console ⊠
<terminated> Demo5_3 [Java Application] C:\Progran
数组的元素：自由  平等 公正 法治
```

图 5-4 例 5-3 程序运行结果

5.2.3 数组的常见操作

微课

在编写程序时经常要使用数组，所以灵活地操作数组对软件项目开发非常重要。本小节将对数组的常见操作，如求平均值、求最值、排序等进行详细介绍。

1．求平均值

在操作数组时，经常需要先输入数组的元素值，然后对数组元素值求和，再求平均值。示例如下。

数组的常见操作

📖【例 5-4】使用数组存储一批商品的价格，再求平均价格。

```
1. import java.util.Scanner;
2. public class Demo5_4 {
3.   public static void main(String[] args) {
4.       Scanner sc = new Scanner(System.in);
5.       float[] prices=new float[5];     // 定义一个长度为 5 的浮点型数组
6.       float sum=0;       //声明变量 sum，用于存放总价格
7.       float avg;         //声明变量 avg，用于存放平均价格
8.
9.       System.out.println("——请输入商品的价格——");
10.      for(int i=0;i<prices.length;i++) {       //遍历数组
11.          System.out.print("第"+ (i+1) +"件商品的价格：");
12.          prices[i]=sc.nextFloat();             //从控制台依次输入价格
13.          sum+=prices[i];                       //累加，计算总价格
14.      }
```

```
15.        System.out.println("录入完毕！");
16.        avg=sum/prices.length;              //求平均价格
17.        System.out.println("商品的平均价格: "+ String.format("%.1f",avg));
18.    }
19.}
```

在例 5-4 中，第 5 行代码定义一个长度为 5 的浮点型数组 prices。第 10 行到第 14 行代码使用 for 循环遍历数组元素，存储输入的 5 个价格并累加求数组元素之和。第 16 行代码求平均值，建议使用数组长度 prices.length，不使用数字 5，以提高代码的可读性。第 17 行代码格式化输出结果，使用 String.format("%.1f",avg)格式化变量 avg，输出只带 1 位小数的平均值。程序运行结果如图 5-5 所示。

```
Console
<terminated> Demo5_4 [Java Application
——请输入商品的价格——
第1件商品的价格: 22
第2件商品的价格: 15.5
第3件商品的价格: 36
第4件商品的价格: 9
第5件商品的价格: 20
录入完毕！
商品的平均价格: 20.5
```

图 5-5　例 5-4 程序运行结果

2. 求最值

在操作数组时，经常需要获取数组元素的最小值或最大值，即求最值操作。求最值通常采用"打擂台法"来实现，例如，查找最大值，首先假设第 1 个元素是最大值（擂主），用第 2 个元素与第 1 个元素进行比较（打擂台），谁大谁就是新的擂主，再用第 3 个元素与新擂主进行比较，谁大谁又是新的擂主，依次两两比较，直至最终获得最大值（擂主）。如图 5-6 所示。

```
max = arr[0] ;
if(arr[1]>max){
        max=arr[1];
}
if(arr[2]>max){
        max=arr[2];
}
if(arr[3]>max){
        max=arr[3];
}
......
```

擂 台

图 5-6　"打擂台法"程序模拟

图 5-6 右侧依次两两比较的程序可以使用 for 循环遍历数组来实现。下面通过一个示例来演示如何获取数组中元素的最大值。

📖【例 5-5】求数组中元素的最大值。

```
1. import java.util.Scanner;
2. public class Demo5_5 {
3.    public static void main(String[] args) {
4.        int[] arr= {5,9,8,2,3};              //定义一个整型数组
```

```
5.         int max=arr[0];                        //假设第 1 个元素是擂主
6.         for(int i=0;i<arr.length;i++) {        //遍历数组
7.           if(arr[i]>max) {                      //依次两两比较
8.             max=arr[i];                          //大的元素是新的擂主
9.           }
10.    }
11.     System.out.println("数组的最大元素: "+max);
12.  }
13.}
```

求最小值也是同理。程序运行结果如图 5-7 所示。

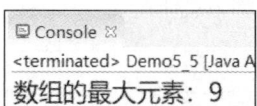

图 5-7 例 5-5 程序运行结果

3. 排序

排序也是数组的常见操作。排序的方法有很多，如冒泡排序法、选择排序法、插入排序法和快速排序法等。下面介绍冒泡排序法，它是最经典的排序方法之一。冒泡排序法将待排序的数据比喻成从水底冒出的气泡，将每个数组元素看作有重量的气泡，根据轻气泡不能在重气泡之下的原则，两两比较并交换，使重的气泡往下沉，如此反复进行，直至任何两个气泡间都是轻者在上，重者在下。下面以数组 nums={ 9,2,6,7,5,3 }为例讲解冒泡排序的过程，如图 5-8 所示。

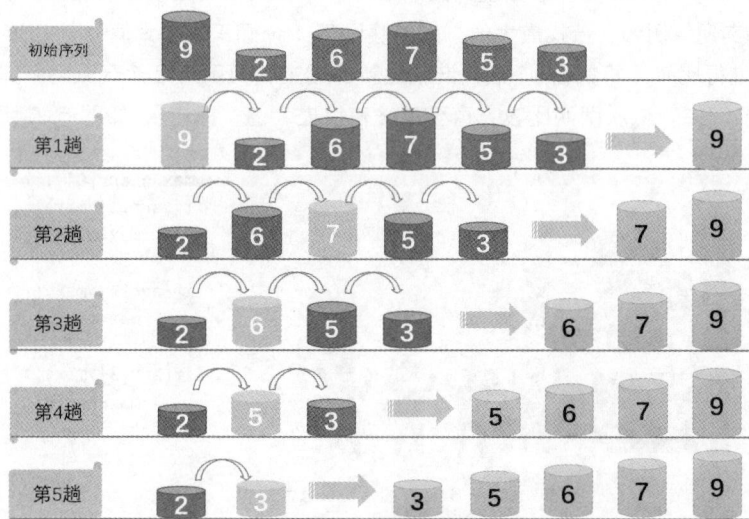

图 5-8 冒泡排序模拟

① 数组的第 1 个元素与第 2 个元素比较，如果第 1 个元素大于第 2 个元素则交换位置，否则不交换位置，这就使大的元素在第 2 个位置；再让第 2 个元素与第 3 个元素比较，如果第 2 个元素大于第 3 个元素则交换位置，否则不交换位置。以此类推，第一趟两两比较 5 次，最大的数排在最后。

② 同理，第 2 趟让剩下的 5 个元素两两比较 4 次，使第二大的元素排在倒数第二的位置。

第 3 趟让剩下的 4 个元素两两比较 3 次，使第三大的元素排在倒数第三的位置；第 4 趟让剩下的 3 个元素两两比较 2 次，使第四大的元素排在倒数第四的位置；第 5 趟让剩下的 2 个元素比较 1 次，使第五大的元素排在第 2 个位置。

③ 最后，所有元素都会按从小到大的顺序排列。也就是说，这个数组有 6 个元素，经过了 5 趟比较，5 趟比较依次要进行 5、4、3、2、1 次的相邻元素之间的比较交换操作。

以此类推，如果这个数组有 n 个元素，则需要进行 $n-1$ 趟比较，这 $n-1$ 趟比较依次要进行 $n-1,n-2,n-3,...,1$ 次相邻两个元素之间的比较交换操作。

【例 5-6】使用程序实现冒泡排序法。

```
1. public class Demo5_6 {
2.   public static void main(String[] args) {
3.     int[] nums= {9,2,6,7,5,3};                //数组中存放待排序的数据
4.     for(int i=0;i<nums.length-1;i++) {        //i 代表循环趟数
5.       for(int j=0;j<nums.length-1-i;j++) {    //j 代表每趟两两比较的次数
6.         if(nums[j]>nums[j+1]) {               //依次两两比较
7.           int temp=nums[j];      //如果前一个数大于后一个数则交换位置
8.           nums[j]=nums[j+1];
9.           nums[j+1]=temp;
10.        }
11.      }
12.    }
13.    System.out.println("排序后的数组元素: ");
14.    for(int i=0;i<nums.length;i++) {          //遍历数组
15.      System.out.print(nums[i] +"\t");        //输出各个元素
16.    }
17.  }
18.}
```

在例 5-6 中，第 4 行代码的循环变量 i 代表循环趟数；第 5 行代码的循环变量 j 代表每趟两两比较的次数；第 6 行到第 10 行代码表示如果前一个元素大于后一个元素，则交换位置，使大的元素排在后面；第 14 行、第 15 行代码遍历输出排序后的数组元素。程序运行结果如图 5-9 所示。

103

图 5-9 例 5-6 程序运行结果

【知识小秘诀】

➤ 在实际开发中，直接使用 Arrays 类的 sort() 方法对数组进行排序会使操作更简单，即用 Arrays.sort(nums) 代替例 5-6 中的第4行到第12行的代码。

➤ Arrays 类是 Java 提供的一个工具类，使用前需要导入包 java.util.Arrays。

➤ Arrays 类提供了很多方法对数组进行操作，例如，使用 equals() 方法可以比较两个数组中的元素是否完全相同，使用 fill() 方法可以将数组的所有元素设置为指定值，使用 binarySearch() 方法可以在已排序的数组中查找指定元素等。

5.2.4　二维数组

二维数组通常用于表示具有行和列的数据集合，可以看作一个表格或矩阵，其元素要通过两个索引（通常是行索引和列索引）进行访问。

1. 定义二维数组

存储一个学生 5 门课程的成绩可以声明一个长度为 5 的浮点型数组，但是，如果要存储 4 个学生各 5 门课程的成绩，就需要使用二维数组。例如，存储 4 个学生各 5 门课程的成绩，使用一维数组实现的代码如下。

```
float[] score1 = {70,86,72,98,78};
float[] score2 = {80,82,79,91,88};
float[] score3 = {95,85,80,95,82};
float[] score4 = {90.5,88,87,90,85};
```

显然，这种写法不够简洁，使用二维数组实现的代码可以写成 float[][] score = {{70,86,72,98,78},{80,82,79,91,88},{95,85,80,95,82},{90.5,88,87,90,85}};

二维数组可以看作一个特殊的一维数组，即数组中的每个元素本身又是一个一维数组。它可以更高效地存储和访问数据，简化代码逻辑。

通常把二维数组的逻辑结构看作一个矩阵，该矩阵由若干行和若干列组成，例如，二维数组 score 中第 1 维的 4 个元素可以看作 4 行，每行包含的 5 个元素可以看作 5 列，组成矩阵如图 5-10 所示。

图 5-10　二维数组矩阵

> **注意**
> 在图5-10中，每行的列数相同，[行号][列号]是数组元素的索引。

二维数组的定义有以下 3 种方式。

方式 1：float[][] score=new float[4][5];

> **说明**
> 这种方式直接为行和列指定长度，即定义了一个长度为4的一维数组，数组的每个元素本身又是一个长度为5的一维数组，即相当于一个4行5列的矩阵。

方式 2：int[][] arr=new int[3][];

> **说明**
> 这种方式只指定行的长度，没有指定列的长度，列的长度可以根据情况再确定，即后续还需要对每行的列再指定长度，否则不可访问。示例如下。

```
arr[0] = new int[3];
arr[1] = new int[2];
arr[2] = new int[5];
```

这个二维数组的第 1 行有 3 列，第 2 行有 2 列，第 3 行有 5 列。

方式 3：int[][] arr2={{2,4},{5,8,9,10},{20,30,18}};

> 💡**说明**
>
> 在定义二维数组的同时为数组元素赋初值，这种方法也叫静态初始化数组。二维数组arr2中有3个元素，这3个元素分别是一维数组{2,4}、{5,8,9,10}和{20,30,18}。

2. 遍历二维数组

遍历二维数组需要使用二重循环，外层循环用于控制行数，内层循环用于控制列数。可以使用 for 循环嵌套遍历，也可以使用 foreach 循环遍历。

📖【例 5-7】使用 for 循环嵌套遍历二维数组并赋值。

```
1.  import java.util.Scanner;
2.  public class Demo5_7 {
3.      public static void main(String[] args) {
4.          Scanner sc = new Scanner(System.in);
5.          float[][] prices=new float[3][4];   // 定义一个 3 行 4 列的浮点型数组
6.          for(int i=0;i<prices.length;i++) {          // 遍历外层一维数组
7.              System.out.println("第"+(i+1)+"位学生成绩录入: ");
8.              for(int j=0;j<prices[i].length;j++) {     // 遍历内层数组元素
9.                  System.out.print("第"+ (j+1) +"门课程成绩: ");
10.                 prices[i][j]=sc.nextFloat();   // 从控制台依次输入成绩
11.             }
12.             System.out.print("\n");
13.         }
14.         System.out.println("录入完毕! ");
15.     }
16. }
```

在例 5-7 中，外层一维数组的长度使用 prices.length，不使用固定值 3；内层循环的结束条件是小于当前行的列数，所以写为 j<prices[i].length；第 10 行依次将输入的成绩存储到数组中。程序运行结果如图 5-11 所示。

```
Console ☒
<terminated> Demo5_7 [Java Ap
第1位学生成绩录入:
第1门课程成绩: 80
第2门课程成绩: 92
第3门课程成绩: 82.5
第4门课程成绩: 78

第2位学生成绩录入:
第1门课程成绩: 90
第2门课程成绩: 83.5
第3门课程成绩: 68
第4门课程成绩: 80

第3位学生成绩录入:
第1门课程成绩: 88
第2门课程成绩: 89
第3门课程成绩: 81
第4门课程成绩: 90

录入完毕!
```

图 5-11　例 5-7 程序运行结果

105

【例 5-8】 使用 foreach 循环遍历二维数组并输出。

```java
1. public class Demo5_8 {
2.     public static void main(String[] args) {
3.         int[][] prices = {{35,56,78},{80,82,99,91,88},{95,90,95,82}};
4.         for(int[] row:prices) {              // 外层循环遍历行
5.             for(int col:row) {               // 内层循环遍历列
6.                 System.out.print(col+"\t");
7.             }
8.             System.out.println();            // 换行
9.         }
10.    }
11.}
```

在例 5-8 中，外层循环的每个元素都是一个一维数组，所以写为 int[] row:prices；内层循环的元素是当前行的各个列值，所以写为 int col:row。注意，row 是自定义的一维数组变量名，col 是数组元素的变量名。程序运行结果如图 5-12 所示。

```
Console ▨
<terminated> Demo5_8 [Java Applica
35    56    78
80    82    99    91    88
95    90    95    82
```

图 5-12　例 5-8 程序运行结果

【知识小秘诀】

➢　使用 for 循环嵌套遍历数组时，数组长度要使用 length，不能使用固定值。

➢　foreach 循环不能用于遍历数组赋值，只能遍历输出数组元素。

➢　foreach 循环是 for 循环的增强版，并不能完全取代 for 循环，能用 foreach 循环的地方就能用 for 循环，而能用 for 循环的地方不一定能用 foreach 循环。

3. 二维数组的应用

【例 5-9】 输入多个学生多门课程的成绩，再求每个学生的平均成绩。

```java
1. import java.util.Scanner;
2. public class Demo5_9 {
3.     public static void main(String[] args) {
4.         Scanner sc = new Scanner(System.in);
5.         System.out.print("请输入学生人数: ");
6.         int nums = sc.nextInt();                    // 学生数量
7.         System.out.print("请输入课程数量: ");
8.         int courses = sc.nextInt();                 // 课程数量
9.
10.        // 创建二维数组，该数组用于存储学生成绩
11.        int[][] grades = new int[nums][courses];
12.
13.        // 循环输入每个学生各门课程的成绩，计算平均成绩
14.        for (int i = 0; i < nums; i++) {
15.            int sum = 0;                            // 存储每个学生的总成绩
16.            System.out.println("\n 请输入第 " + (i + 1) + " 个学生的成绩");
```

```
17.              for (int j = 0; j < courses; j++) {
18.                  System.out.print("第 " + (j + 1) + " 门课程的成绩: ");
19.                  grades[i][j] = sc.nextInt();
20.                  sum += grades[i][j];
21.              }
22.              double avg = (double) sum / courses;
23.              System.out.println("第 " + (i+1) + " 个学生的平均成绩:
" + String.format("%.1f", avg));
24.          }
25.      }
26.}
```

在例 5-9 中,第 11 行代码声明一个二维数组,行数和列数由键盘输入;第 14 行代码使用外层循环遍历学生人数;第 15 行代码声明变量 sum 用来存储每个学生的总成绩;第 17 行代码使用内层循环遍历每个学生各门课程的成绩;第 20 行代码累加每个学生的总成绩;第 22 行代码求学生的平均成绩。程序运行结果如图 5-13 所示。

图 5-13 例 5-9 程序运行结果

5.2.5 方法的定义与调用

微课

输出语句 System.out.println()是使用频率很高的一条语句,其中,println()是一个方法,System 是系统类的名字,out 是标准输出对象。常用的方法还有程序主方法 main()、Scanner 类的 nextInt()方法等,这些方法都是系统预先定义好的,无须再次创建,直接使用即可。但是,在编写 Java 程序时,通常需要自己定义方法,下面学习如何定义方法。

方法的定义与调用

1. 方法的定义

方法可以看作包装一段代码的盒子。或者说,方法是用于执行某个特定任务的一段代码,它封装了一系列语句,可以被其他代码通过方法名和参数进行调用和执行。方法定义在类的内部,需要预先定义才能使用。使用方法可以提高代码的重用性和可读性,利于实现模块化编程,提高程序的可维护性。定义方法的语法格式如下。

```
访问修饰符   返回值类型   方法名(参数列表){
    // 方法体
    // return 返回的值;
}
```

说明如下。

- 访问修饰符：方法允许被访问的权限范围。本小节的访问修饰符使用 public static，其中 public 表示公有的，static 表示静态的。后续章节再对访问修饰符做详细介绍。
- 返回值类型：方法返回值的数据类型。如果方法不返回任何值，则此处写 void；如果方法具有返回值，则需要指定返回值的数据类型，并且在方法体中使用 return 语句指定返回值。
- 方法名：定义的方法的名称。必须使用合法的标识符，建议使用小驼峰命名法。
- 参数列表：传递给方法的参数列表，也叫形式参数列表，简称形参列表。参数是可选的，方法可以不包含任何参数。
- 方法体：方法体是方法的实现部分，包含了具体的代码逻辑。

方法包含一个方法头和一个方法体。图 5-14 所示为一个方法的组成示例，此方法返回两个整型变量的较大值。

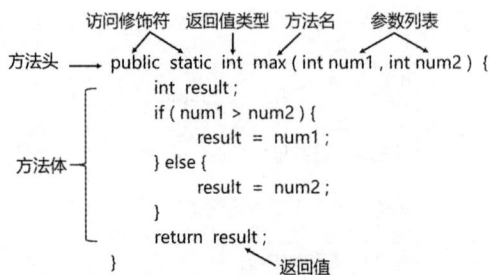

```
访问修饰符  返回值类型  方法名      参数列表
方法头 ——→ public static int max ( int num1 , int num2 ) {
                int result ;
                if ( num1 > num2 ) {
                    result = num1 ;
方法体          } else {
                    result = num2 ;
                }
                return result ;
         }                          返回值
```

图 5-14　方法组成示例

2. 方法的调用

定义方法的目的是使用它，使用方法也叫调用方法，其语法格式如下。

方法名(实参列表);

💡 **说明**

实参列表全称是实际参数列表，与定义方法时的形参列表对应。如果方法在定义时没有声明形参，则在调用时也不必给出实参。

一个方法可以调用另外一个方法，但是，在定义一个方法时不能定义另外一个方法，也就是说，方法可以嵌套调用，但是不能嵌套定义。比如，我们经常会在主方法 main()中调用其他方法，但不能在 main()方法里定义另外一个方法。如果某个方法直接或间接地调用了方法自己，这种情况叫作递归调用，这种方法也叫递归方法。这种情况比较少见，不详细讲解。

根据方法是否有返回值，方法的调用可以分为带返回值方法的调用和不带返回值方法的调用。为了更易理解，此处以不带参数的方法为例，分别举例不带返回值的方法和带返回值的方法的调用。

📖 【例 5-10】不带参数且不带返回值的方法调用。

```
1. public class Demo5_10 {
2.   public static void main(String[] args) {
3.       printSong();      // 调用方法 printSong()
4.   }
5.
6.   public static void printSong() {
```

```
7.          System.out.println("—— 己亥杂诗（其五）—— ");
8.          System.out.println("\t\t 清.龚自珍");
9.          System.out.println("\t 浩荡离愁白日斜");
10.         System.out.println("\t 吟鞭东指即天涯");
11.         System.out.println("\t 落红不是无情物");
12.         System.out.println("\t 化作春泥更护花");
13.     }
14.}
```

在例 5-10 中，第 6 行到第 13 行代码定义一个不带参数且没有返回值的简单方法 printSong()，方法体是输出一首古诗；第 2 行代码在程序的主方法 main()中调用 printSong() 方法，程序转去执行第 7 行到第 12 行的代码。程序运行结果如图 5-15 所示。

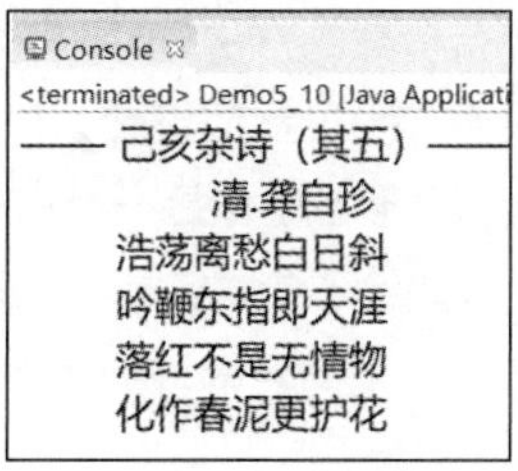

图 5-15　例 5-10 程序运行结果

📖【例 5-11】不带参数且带返回值的方法调用。

```
1. import java.text.SimpleDateFormat;
2. import java.util.Date;
3. public class Demo5_11 {
4.
5.     public static String ranDate() {        // 定义带返回值的方法 ranDate()
6.         Date date=new Date();               // 获取当前时间
7.         SimpleDateFormat sdf= new SimpleDateFormat("yyyy-MM-dd HH:mm:ss");
8.         String dTime= sdf.format(date); // 把获取的当前时间转成格式化字符串
9.         return dTime;                        // 返回一个字符串变量
10.     }
11.
12.     public static void main(String[] args) {
13.         String nowTime = ranDate(); //调用方法，将返回值保存在变量 nowTime 中
14.         System.out.println("现在的时间: " + nowTime);   // 输出
15.     }
16.}
```

在例 5-11 中，第 5 行到第 10 行代码定义一个返回值的数据类型是 String 的 ranDate() 方法，表示调用 ranDate()方法时，会返回一个字符串。所以，在 main()方法中，第 13 行 代码调用 ranDate()方法时，必须声明一个字符串类型的变量来存储调用 ranDate()方法后 的返回值。程序运行结果如图 5-16 所示。

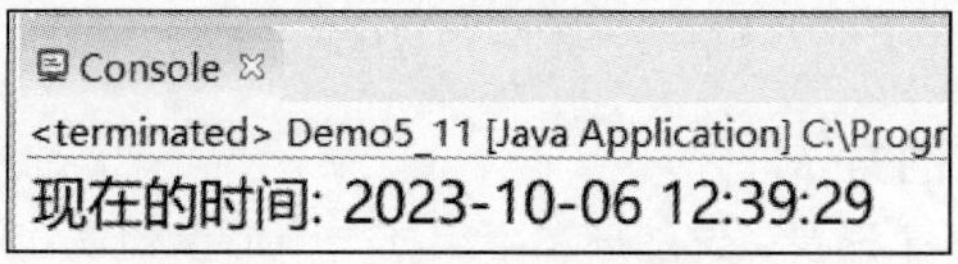

图 5-16　例 5-11 程序运行结果

【知识小秘诀】

➢ Java的方法定义在类的内部，可以理解为类中的函数。在学习面向对象设计的章节之后还会深入学习方法的应用。

➢ 注意带返回值的方法与不带返回值的方法的区别，不带返回值的方法在声明语句第一行要使用void，带返回值的方法则要指明返回值的数据类型。

➢ 带返回值的方法的最后一条语句是return，return后常常跟一个变量或表达式。调用带返回值的方法后，会获得一个值。

➢ 带返回值的方法只能返回一个值，不能返回两个值。

5.2.6 定义带参数的方法

微课

例 5-10 和例 5-11 定义的都是不带参数的方法，但是带参数的方法功能更强大，应用更广泛。定义方法时带的参数称为形参或虚参，可以有一个或多个，每个参数都由参数的数据类型和名称组成。形参就像是一个占位符，也是一个变量。当方法被调用时，实参的值会单向传递给形参。实参可以是常量、变量、对象或表达式，它与形参具有一一对应关系。下面详细讲解带参数的方法的定义和参数的传递方式。

创建带参数的方法

1. 定义带一个参数的方法

📖【例 5-12】定义一个求圆的面积的方法，参数是圆的半径。

```
1. public class Demo5_12 {
2.     public static double circleArea(double r) {
3.         double area = Math.PI * r * r;
4.         return area;
5.     }
6.
7.     public static void main(String[] args) {
8.         double radius = 5.0;                // 圆的半径
9.         double cirArea = circleArea(radius);  // 调用 circleArea()方法
10.         System.out.println("圆的面积: " + String.format("%.2f",
cirArea));
11.     }
12.}
```

在例 5-12 中，第 2 行代码定义带一个参数的方法 circleArea()，形参是 double 类型的半径 r。第 3 行代码在方法体中求以 r 为半径的圆的面积 area。第 4 行代码返回面积 area，所以该方法的返回值是 double 类型。第 9 行代码在主方法 main()中调用 circleArea()方法，给出实参 radius（实际值为 5.0），并将返回值保存在变量 cirArea 中。第 10 行代码格式化输出结果。程序运行结果如图 5-17 所示。

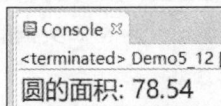

```
📋 Console ✕
<terminated> Demo5_12 [
圆的面积: 78.54
```

图 5-17 例 5-12 程序运行结果

2. 定义带多个参数的方法

如果定义方法时带有多个形参，这些形参会组成一个形参列表。形参列表包括参数类型、顺序和参数的个数。在调用方法的过程中，需要将实参的数据传递给形参，所以，实参和形参必须保持"3 个一致"：个数一致、对应数据类型一致、对应顺序一致，这样才能使实参与形参按顺序一一对应传递数据。

📖 【例 5-13】定义一个实现四则运算的方法。

```java
1. import java.util.Scanner;
2. public class Dome5_13 {
3.     public static void main(String[] args) {
4.         Scanner sc = new Scanner(System.in);
5.         System.out.print("请输入第一个操作数: ");
6.         double num1=sc.nextDouble();
7.         System.out.print("请输入第二个操作数: ");
8.         double num2=sc.nextDouble();
9.         System.out.print("请输入操作符: ");
10.        char opt = sc.next().charAt(0);
11.
12.        double result = ArithOp(num1, num2, opt); // 调用方法，实现运算
13.        System.out.println("计算结果: " + result);  // 输出运算结果
14.    }
15.
16.    //定义一个实现四则运算的方法
17.    public static double ArithOp(double op1, double op2, char opt) {
18.        double result = 0.0;
19.        switch(opt) {             //多分支选择语句，判断输入的操作符
20.            case '+':
21.                result = op1 + op2;
22.                break;
23.            case '-':
24.                result = op1 - op2;
25.                break;
26.            case '*':
27.                result = op1 * op2;
28.                break;
29.            case '/':
30.                if (op2 != 0) {
31.                    result = op1 / op2;
32.                } else {
33.                    System.out.println("注意: 除数不能为 0!");
34.                }
35.                break;
36.            default:
37.                System.out.println("注意: 操作符输入错误! ");
38.        }
39.        return result;
40.    }
41.}
```

在例 5-13 中，第 17 行代码定义一个带 3 个参数的方法 ArithOp()，参数 op1 和 op2 代表四则运算的两个操作数，参数 opt 代表四则运算的操作符，返回值是四则运算的结果 result。在程序主方法中，第 12 行代码调用 ArithOp()方法时，要给出与 3 个形参一一对应的 3 个实参的值，顺序必须是操作数 1、操作数 2、操作符，数据类型也必须与形参列表中定义的一致。第 13 行代码输出调用方法后的返回值。程序运行结果如图 5-18 所示。

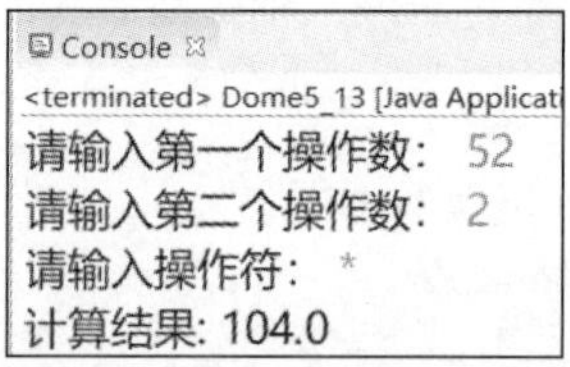

图 5-18　例 5-13 程序运行结果

3. 定义带不定长参数的方法

从 JDK 1.5 开始，Java 支持传递同类型的不定长参数给一个方法。例如，定义一个求 *n* 个整数相乘的方法，这 *n* 个整数是方法的参数，但是 *n* 的值不确定，可能是求 3 个整数相乘，也可能是求 4 个整数相乘，这种情况就可以通过定义带不定长参数的方法实现。通过使用不定长参数来编写可接受任意数量参数的方法，可以将参数的数量设置为 0 个或多个，并且在方法内部可以像处理数组一样处理这些参数。

在带不定长参数的方法的声明中，指定的参数类型后需要加一个省略号（...）。一个方法只能指定一个不定长参数，且它必须是方法的最后一个参数。任何普通的参数都必须在它之前声明。

📖 **【例 5-14】** 求输入的任意个整数的乘积。

```
1. import java.util.Scanner;
2. public class Dome5_14 {
3.     public static void main(String[] args) {
4.         Scanner sc = new Scanner(System.in);
5.         System.out.print("请输入整数的个数: ");
6.         int numCount = sc.nextInt();
7. 
8.         int[] numbers = new int[numCount];     // 定义数组存储输入的整数
9.         System.out.printf("请输入 %d 个整数(用空格隔开): ", numCount);
10.        for (int i = 0; i < numCount; i++) {
11.            numbers[i] = sc.nextInt();
12.        }
13. 
14.        int result = getProduct(numbers);   // 调用方法，获得乘积结果
15.        System.out.printf("%d 个整数的乘积: %d", numCount, result);
16.    }
17. 
18.    // 定义方法，实现求任意个整数相乘，返回乘积结果
19.    public static int getProduct(int... numbers) {   // 不定长参数
20.        int product = 1;
21.        for (int num : numbers) {
22.            product *= num;
23.        }
24.        return product;
25.    }
26.}
```

在例 5-14 中，第 19 行代码定义 getProduct()方法，该方法使用不定长参数 numbers。第 20 行代码使用变量 product 来保存乘积结果，所以 product 的初始值是 1。第 21 行到第 23 行代码使用 for 循环遍历所有传入的参数，并将每个元素与 product 相乘。在主方法中，第 6 行代码提示用户输入要计算的整数个数。第 8 行代码声明一个指定长度的数组。

112

第 10 行到第 12 行代码输入数组元素的值。第 14 行代码调用 getProduct()方法，实参就是输入的整数组成的数组。程序运行结果如图 5-19 所示。

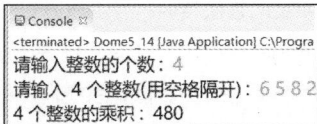

```
Console ⊠
<terminated> Dome5_14 [Java Application] C:\Progra
请输入整数的个数：4
请输入 4 个整数(用空格隔开)：6 5 8 2
4 个整数的乘积：480
```

图 5-19　例 5-14 程序运行结果

5.2.7　方法的重载与变量的作用域

1．方法的重载

在日常生活中，一个班里可能同时有两个甚至多个同学叫李明，虽然名字相同，但他们的身高、体重、长相有所区别，教师会通过这些不同的特征来区分他们。同样，同一个类里也可能有名字相同的方法，这些方法虽然名字相同，但参数的个数或类型不同，这种情况就叫作方法的重载。

微课

方法的重载

113

在 Java 中，方法的重载是指在同一个类中定义多个相同名称的方法，且这些方法的参数列表不能相同。重载的方法在参数类型、参数个数或参数顺序上具有差异。在调用方法时，系统会自动根据传递的参数个数、顺序和类型决定调用哪个方法。

方法的重载可以让代码更具灵活性和可读性。举例如下。

📖【例 5-15】求圆形、矩形和正方形的面积。

```java
1. public class Demo5_15 {
2.  public static void main(String[] args) {
3.         double circleArea = getArea(5.0);  // 调用计算圆形的面积的方法
4.         System.out.println("圆形的面积：" + circleArea);
5.
6.         double rectangleArea = getArea(4.0, 6.0);   // 调用计算矩形
的面积的方法
7.         System.out.println("矩形的面积：" + rectangleArea);
8.
9.         double squareArea = getArea(5);  // 调用计算正方形的面积的方法
10.        System.out.println("正方形的面积：" + squareArea);
11.    }
12.
13.    // 计算正方形的面积的方法
14.    public static double getArea(int length) {
15.        return length * length;
16.    }
17.
18.    // 计算圆形的面积的方法
19.    public static double getArea(double radius) {
20.        return Math.PI * radius * radius;
21.    }
22.
23.    // 计算矩形的面积的方法
24.    public static double getArea(double length, double width) {
25.        return length * width;
26.    }
27.}
```

在例 5-15 中，第 14 行、第 19 行、第 24 行代码定义了同名的方法 getArea()，分别计算正方形、圆形和矩形的面积，这 3 个同名方法的参数类型或参数个数各不相同，实现了方法的重载。在主方法中，第 3 行代码使用 getArea()方法接收一个 double 类型的实参值，系统调用第 19 行代码定义的带一个 double 类型形参的 getArea()方法，即计算圆形面积的方法。同样，第 6 行代码使用 getArea()方法接收两个 double 类型的实参值，系统调用第 24 行代码定义的带两个 double 类型形参的计算矩形面积的方法。第 9 行代码使用 getArea()方法接收一个整型的实参值，系统调用第 14 行代码定义的带一个整型形参的 getArea()方法。程序运行结果如图 5-20 所示。

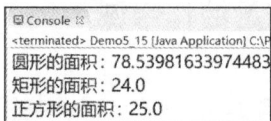

```
Console ⌨
<terminated> Demo5_15 [Java Application] C:\
圆形的面积: 78.53981633974483
矩形的面积: 24.0
正方形的面积: 25.0
```

图 5-20 例 5-15 程序运行结果

2. 变量的作用域

变量的作用域是指变量起作用的有效范围，也就是变量能够被访问和使用的范围。在 Java 中，变量只能在定义它的代码块内使用，超出该代码块范围后就不能被使用了。变量的作用域往往由声明该变量的位置和大括号决定。以下是几种常见的变量作用域。

微课

变量的作用域

（1）块级作用域：在大括号内定义的变量具有块级作用域。这些变量包括在方法、循环语句、条件语句等内部定义的变量。块级作用域只在所在代码块内有效，并且在代码块执行结束后会销毁。

（2）方法作用域：在方法中声明的变量具有方法作用域。这些变量（也称为局部变量）在方法内部有效，对其他方法不可见。

（3）静态作用域：在类中声明的静态变量具有静态作用域，可以在类中访问。静态变量（也称为静态成员变量）属于类本身而不是类的实例对象，因此可以通过类名直接访问。

（4）类作用域：在类中声明的变量具有类作用域。这些变量（也称为成员变量）对类中的所有方法和代码块可见。此作用域的示例将在学习面向对象设计程序后再详细讲解。

📖【例 5-16】块级作用域、方法作用域和静态作用域的使用。

```
1. public class Demo5_16 {
2.     static int num;      // 静态作用域，对类中的所有方法和代码块可见
3.
4.     public static void main(String[] args) {
5.         num=20;
6.         exampleMethod();
7.     }
8.
9.     public static void exampleMethod() {
10.        int x = 10;  // 方法作用域，变量 x 在 exampleMethod()方法内都可见
11.
12.        if (x > 5) {
13.            int y = num+x;     // 块级作用域，变量 y 只在 if 语句代码块内可见
14.            System.out.println("结果: "+ y);
15.        }
16.     // System.out.println(y);   //输出 y 会报错，因为变量 y 在此处不可见
17.    }
18.}
```

在例 5-16 中，第 2 行代码声明的变量 num 是静态变量，Demo5_16 类中的所有方法和代码块都可以使用它。第 10 行代码声明的变量 x 是局部变量，只能在 exampleMethod() 方法里使用。第 13 行代码声明的变量 y 只具有块级作用域，只能在 if 语句代码块里使用。程序运行结果如图 5-21 所示。

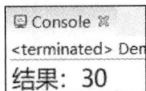

图 5-21　例 5-16 程序运行结果

【知识小秘诀】

➢ 变量的作用域规则是从内向外，即变量的作用域范围是从小到大。当一个变量的作用域结束后，它所占用的存储空间也会被释放。

➢ 在同一作用域范围内，不允许出现名字相同的变量，否则会产生编译错误。

➢ 如果内部作用域中声明了与外部作用域同名的变量，则内部作用域会屏蔽外部作用域中的同名变量。

5.3　任务实施

本阶段要完成分析顾客消费等级、统计购物数据和分析多位顾客的购物数据 3 个子任务。

5.3.1　分析顾客消费等级

已知多位顾客的购物金额，要求根据购物金额进行消费等级划分，分成 A、B、C 这 3 个消费等级，并统计各等级的顾客数量。

1. 实现思路

（1）定义一个无返回值的 analyLevel()方法，该方法用来实现分级功能。存储购物金额的数组 money 声明为类的静态变量，该方法对类中的所有方法和代码块均可见。analyLevel()方法根据顾客的购物金额进行等级分析，并输出每位顾客的购物金额和等级。

（2）使用 countAmount()方法统计各等级的顾客数量，并输出结果。

（3）在主方法中，直接调用 analyLevel()方法和 countAmount()方法，并输出结果。

2. 参考代码

```
1. public class Example5_3_1 {
2.      // 定义静态作用域的数组，该数组对类中的所有方法和代码块可见
3.      private static double[] money = {150, 220, 378, 318, 561, 120};
4.
5.      // 定义划分 A、B、C 等级的方法，无返回值，直接输出
6.      public static void analyLevel() {
7.          System.out.println("顾客消费等级分析（A>400,B>200,C>0）: ");
8.          for (int i = 0; i < money.length; i++) {
9.              String level;
10.             if (money[i] >= 400) {
11.                 level = "A";
12.             } else if (money[i] >= 200) {
13.                 level = "B";
14.             } else {
15.                 level = "C";
16.             }
```

```
17.              System.out.println("顾客" + (i+1) + "消费 " + money[i]
                                   + "元，等级：" + level);
18.          }
19.      }
20.
21.      // 定义计算各等级顾客数量的方法，无返回值，直接输出
22.      public static void countAmount() {
23.          int countA = 0;        // A等级人数
24.          int countB = 0;        // B等级人数
25.          int countC = 0;        // C等级人数
26.
27.          for (int i = 0; i < money.length; i++) {
28.              if (money[i] >= 400) {
29.                  countA++;
30.              } else if (money[i] >= 200) {
31.                  countB++;
32.              } else {
33.                  countC++;
34.              }
35.          }
36.          System.out.println("\n各等级顾客数量统计：");
37.          System.out.println("等级A的顾客数量：" + countA);
38.          System.out.println("等级B的顾客数量：" + countB);
39.          System.out.println("等级C的顾客数量：" + countC);
40.      }
41.
42.      // 主方法，程序运行入口
43.      public static void main(String[] args) {
44.          analyLevel();            // 调用方法
45.          countAmount();           // 调用方法
46.      }
47.}
```

Example5_3_1程序运行结果如图5-22所示。

图 5-22　Example5_3_1程序运行结果

5.3.2　统计购物数据

要求统计某顾客的购物数据，分析出该顾客的最大购物金额、最小购物金额、购物总金额和平均金额。

1. 实现思路

（1）定义数组 price，数组的长度从键盘输入，代表该顾客的消费笔数。

（2）定义方法 inputPrice()，该方法的形参是数组，用于接收输入的购物金额。

（3）定义统计购物金额最大值的方法 max()，该方法的形参是数组，返回值是数组元素的最大值。

（4）定义统计购物金额最小值的方法 min()，该方法的形参是数组，返回值是数组元素的最小值。

（5）定义统计购物总金额和平均金额的方法 calculate()，该方法的形参是数组，无返回值，直接输出总金额和平均金额。

（6）在程序的主方法中调用各个方法。

2. 参考代码

```
1.  import java.util.Scanner;
2.  public class Example5_3_2 {
3.      public static void main(String[] args) {
4.          Scanner sc = new Scanner(System.in);
5.          System.out.print("请输入消费笔数: ");
6.          int num=sc.nextInt();
7.          float[] price=new float[num];          //定义一个数组，其长度从键盘输入
8.          inputPrice(price);                      //调用方法
9.          System.out.println("最大购物金额: "+max(price));
10.         System.out.println("最小购物金额: "+min(price));
11.         calculate(price);
12.     }
13.
14.     // 定义输入多笔购物金额的方法 inputPrice()
15.     public static void inputPrice(float[] price) {
16.         Scanner sc = new Scanner(System.in);
17.         System.out.println(" — — — — — ");
18.         for(int i=0;i<price.length;i++) {      //循环遍历数组的元素
19.             System.out.print("第"+ (i+1) +"笔购物金额: ");
20.             price[i]=sc.nextFloat();            //从键盘依次输入金额
21.         }
22.         System.out.println(" — — — — — ");
23.     }
24.
25.     //定义统计购物金额最大值的方法 max()
26.     public static float max(float[] price) {
27.         float max=price[0];
28.         for(int i=1;i<price.length;i++) {      //遍历数组
29.             if(price[i]>max) {                  //依次两两比较
30.                 max=price[i];                   //最大的元素是新的擂主
31.             }
32.         }
33.         return max;
34.     }
35.
36.     // 定义统计购物金额最小值的方法 min()
37.     public static float min(float[] price) {
38.         float min=price[0];
```

```
39.        for(int i=1;i<price.length;i++) {        //遍历数组
40.            if(price[i]<min) {                    //依次两两比较
41.                min=price[i];                     //最小的元素是新的擂主
42.            }
43.        }
44.        return min;
45.    }
46.
47.    // 定义统计购物总金额和平均金额的方法 calculate()
48.    public static void calculate(float[] price) {
49.        float avg;                               //声明变量 avg，该变量用于存放平均金额
50.        float sum=0;                             //声明变量 sum，该变量用于存放购物总金额
51.        for(int i=0;i<price.length;i++) {        //遍历数组
52.            sum+=price[i];                       //累加，计算总金额
53.        }
54.        avg=sum/price.length;
55.        System.out.println("购物总金额: "+ sum);
56.        System.out.println("平均金额: "+ String.format("%.1f",avg));
57.    }
58.}
```

Example5_3_2 程序运行结果如图 5-23 所示。

图 5-23　Example5_3_2 程序运行结果

5.3.3　分析多位顾客的购物数据

对多位顾客的多笔购物金额进行分析，统计每位顾客的购物总金额，并对其进行排序，输出结果。

1. 实现思路

（1）使用二维数组 amounts 存储多位顾客的多笔购物金额，二维数组的行代表顾客，每行的各个列代表该顾客的购物金额。数组 amounts 被定义为静态变量，直接在类中初始化。

（2）totalAmounts()方法用来计算每位顾客的购物总金额，返回值是一个一维数组 totals。

（3）sortedTotalAmounts()方法首先调用 totalAmounts()方法获取每位顾客的购物总金额，然后使用 sort()方法对总金额进行排序。最后，按照从大到小的顺序输出每位顾客的购物总金额。

（4）在程序的主方法中，直接调用 sortedTotalAmounts()方法，并输出结果。

2. 参考代码

```java
import java.util.Arrays;
public class Example5_3_3 {
    private static double[][] amounts = {
        {100, 150, 255, 110},
        {200, 300, 220, 380, 201},
        {300, 412, 500, 200, 66},
        {419, 500, 600, 130, 85},
        {500, 266, 320, 86, 310}
    };

    // 统计每位顾客的购物总金额，返回由购物总金额组成的数组
    public static double[] totalAmounts() {
        double[] totals = new double[amounts.length];
        for (int i = 0; i < amounts.length; i++) {
            double total = 0;
            for (int j = 0; j < amounts[i].length; j++) {
                total += amounts[i][j];
            }
            totals[i] = total;
        }
        return totals;
    }

    // 对购物总金额进行排序，并输出排序结果
    public static void sortedTotalAmounts() {
        double[] total = totalAmounts();
        Arrays.sort(total);     //直接使用 sort()方法对数组 total 的元素按从小到大的顺序排列
        System.out.println("每位顾客的购物总金额（从大到小）：");
        for (int i = total.length-1; i >= 0; i--) {
            System.out.println("顾客" + (5-i) + ": " + total[i] + "元");
        }
    }

    public static void main(String[] args) {
        sortedTotalAmounts();   //调用对购物总金额进行排序的方法
    }
}
```

Example5_3_3 程序运行结果如图 5-24 所示。

```
Console
<terminated> Example5_3_3 [Java Application] C:\Program
每位顾客的购物总金额（从大到小）：
顾客1：1734.0元
顾客2：1482.0元
顾客3：1478.0元
顾客4：1301.0元
顾客5：615.0元
```

图 5-24 Example5_3_3 程序运行结果

5.4 任务小结

本任务首先介绍了一维数组的定义、遍历方法和常见操作，分析了经典的冒泡排序法。接着，介绍了二维数组的定义和使用。然后详细讲解了无返回值和有返回值、无参数和带参数等各种不

同类型方法的定义和调用，以及方法的重载与变量的作用域。通过示例分析，读者可学会灵活地运用方法，方便后续学习面向对象的程序设计。最后，在任务实施阶段，完成了分析顾客消费等级、统计购物数据和分析多位顾客的购物数据 3 个子任务。在子任务的完成过程中，使用数组和方法进行模块化程序设计，提高了程序的运行效率和可维护性。

5.5 同步练习

一、选择题

1. 关于数组元素类型的说法，下列（   ）是正确的。

　　A. 必须是整型　　　　　　　　　　　　B. 必须是相同数据类型

　　C. 不能是引用数据类型　　　　　　　　D. 可以是不同数据类型

2. 定义一个数组 String[] fruits={"苹果","香蕉","梨","草莓","橘子","橙子","菠萝"}，friuts[6]指的是（   ）。

　　A. 橙子　　　　　　　B. 苹果　　　　　　　C. 菠萝　　　　　　　D. 数组越界

3. 假设 array 是一个有 10 个元素的整型数组，则下列写法中正确的是（   ）。

　　A. array[0]=10　　　B. array[10]=0　　　C. array=0　　　D. array[-1]=0

4. 若有语句 int a[8]，则下列对 a 的描述正确的是（   ）。

　　A. 声明了一个名称为 a 的一维整型数组，共有 8 个元素

　　B. 声明了一个数组 a，共有 9 个元素

　　C. 说明数组 a 的第 8 个元素为整型

　　D. 以上答案均不正确

5. 下列数组的初始化操作正确的是（   ）。

　　A. int score = { 90, 12, 34, 77, 56};

　　B. int[ ] score = new int[5];

　　C. int[ ] score = new int[5] { 90, 12, 34, 77, 56};

　　D. int score[ ] = new int[]{ 90, 12, 34, 77, 56};

6. 下列语句会造成数组 int a[]=new int[10]越界的是（   ）。

　　A. a[0] += 9;　　　　　　　　　　　　B. a[9] = 10;

　　C. –a[9];　　　　　　　　　　　　　　D. for(int i=0;i<=10;i++) { a[i]++; }

二、填空题

1. 已知数组 int[] arr={1,2,3,4,5,6}，则 arr[3]的值是＿＿＿＿＿＿。

2. 已知数组 int[] arr=new int[10]，则 arr[1]的值是＿＿＿＿＿＿。

3. 在 Java 中，所有数组都有 length 属性，这个属性存储了数组的＿＿＿＿＿＿ 。

4. 已知方法定义为 public int fun(){return 1;}，fun()前的 int 叫作方法的类型，也就是方法的＿＿＿＿＿＿类型。

5. 已知方法定义为 public int fun(){return 1;}，则{}连同其中的全部语句叫作方法的＿＿＿＿＿＿。

三、程序练习题

1. 编写程序，定义一个长度为 10 的数组，输入 10 个百分制的成绩，成绩大于等于 60 分为及格，输出平均成绩和及格率。

2. 编写一个方法 isPalindrome()，实现输入任意一个 5 位数，判断它是不是回文数，如果

是回文数则返回 true，否则返回 false。最后，在 main()方法中调用这个方法，运行程序并查看结果。提示：在一个 5 位数中，如果其个位数与万位数相同，十位数与千位数相同，则该数是回文数，如 12321。

3. 编写程序，找出下列二维数组的最大元素和最小元素。int a[][]={ {5,3,6},{8,7,9},{2,10,4}}。

4. 编写一个方法 sumCalculator()，从键盘接收一个整数 *n*，输出 1+2+3+...+*n* 的结果。在 main()方法中调用这个方法，运行程序并查看结果。

5. 定义一个带不定长参数的方法 getMax()，实现输入任意个整数，输出最大的那个整数。

5.6 拓展项目实训——博物馆访客信息的录入

一、任务描述

博物馆访客信息管理系统应具有访客预约功能。访客预约时需要录入姓名、身份证号和电话号码。录入访客信息后，会显示访客信息及剩余的可预约人数。

二、功能实现效果

1. 首先显示可预约人数，录入访客信息后显示当前的访客信息，如图 5-25 所示。接着询问用户是否继续录入，如果输入 n 则退出录入界面；如果输入 y 则继续录入，显示剩余的可预约人数，然后提示用户录入访客信息。

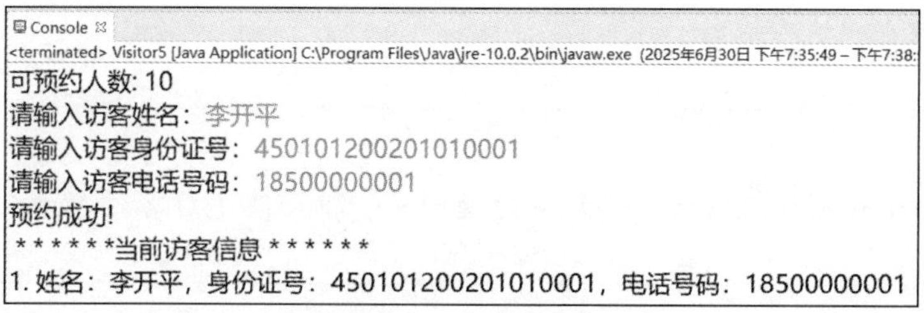

```
⬛ Console ✕
<terminated> Visitor5 [Java Application] C:\Program Files\Java\jre-10.0.2\bin\javaw.exe (2025年6月30日 下午7:35:49 – 下午7:38:
可预约人数: 10
请输入访客姓名: 李开平
请输入访客身份证号: 450101200201010001
请输入访客电话号码: 18500000001
预约成功!
＊＊＊＊＊＊当前访客信息＊＊＊＊＊＊
1. 姓名: 李开平，身份证号: 450101200201010001，电话号码: 18500000001
```

图 5-25 功能实现效果 1

2. 在录入过程中，如果访客姓名、身份证号或电话号码有一项为空，则显示无效录入，并退出程序，如图 5-26 所示。

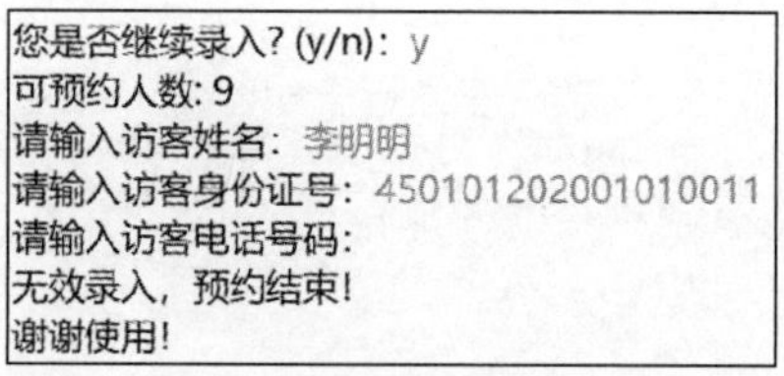

```
您是否继续录入? (y/n): y
可预约人数: 9
请输入访客姓名: 李明明
请输入访客身份证号: 450101202001010011
请输入访客电话号码:
无效录入，预约结束!
谢谢使用!
```

图 5-26 功能实现效果 2

三、思路分析

1. 访客类可以定义 3 个静态变量和 4 个静态方法。3 个静态变量如下。

```java
private static final int MAX_RES = 10;  //最大预约人数
private static String[][] reservations = new String[MAX_RES][3];   // 二维字符串类型的数组，用于存储访客的信息。每个内部数组都包含 3 个元素: 姓名、身份证号和电话号码
private static int currentRes = 0;  //跟踪当前已预约的访客人数
```

2. 定义一个录入访客姓名、身份证号和电话号码的方法 inputVisitor()，该方法返回一个包含这些信息的字符串类型的数组。如果输入为空，则返回 null，表示预约结束。参考代码如下。

```
private static String[] inputVisitor (Scanner sc) {
    System.out.print("请输入访客姓名: ");
    String name = sc.nextLine();
    System.out.print("请输入访客身份证号: ");
    String idCardNumber = sc.nextLine();
    System.out.print("请输入访客电话号码: ");
    String phoneNumber = sc.nextLine();
    if (name.isEmpty() || idCardNumber.isEmpty() || phoneNumber.isEmpty()) {
        System.out.println("无效录入，预约结束! ");
        return null;
    }
    return new String[]{name, idCardNumber, phoneNumber};
}
```

3. 定义一个检查是否还有可预约位置的方法 addVisitor()，如果有可预约的位置，则将访客信息添加到 reservations 数组中，并增加 currentRes 计数器的值。如果没有，则返回 false。参考代码如下。

```
private static boolean addVisitor(String[] visitorDetails) {
    if (currentRes >= MAX_RES) {
        return false;
    }
    reservations[currentRes++] = visitorDetails;
        return true;
}
```

💡 说明

　　visitorDetails是inputVisitor()方法的返回值，即存储了访客信息的字符串类型的数组。

4. 定义一个简单地输出当前可用的预约位置的数量的方法，再定义一个遍历 reservations 数组的方法 displayRes()，输出所有已预约的访客信息。参考代码如下。

```
private static void displayRes() {
    System.out.println(" * * * * * *当前访客信息 * * * * * *");
    for (int i = 0; i < currentRes; i++) {
        String[] details = reservations[i];
        System.out.println((i + 1) + ". 姓名: " + details[0] + ",身份证号: " +
details[1] + ",电话号码: " + details[2]);
    }
}
```

5. 在主方法中调用上述 4 个方法，实现循环。

四、编程要求

1. 根据任务描述和功能实现效果编写程序。

2. 要求标识符命名规范，数组和方法有注释，思路分析提供的代码仅供参考。

3. 定义多个方法，实现模块化编程。

任务6
实现管理模块
——类与对象

6.1 任务描述

小林已经完成乐客购物管理系统第一阶段的开发，他想给系统增加一个重要的功能：实现购物数据的添加、更新、删除和查看。小林查阅书籍，发现系统的增、删、改、查功能是一个比较复杂的模块，需要学习面向对象程序设计的知识。面向对象程序设计通过封装数据和方法，使得代码可以被多次使用，它将程序分解为小的、相互独立的模块，每个模块都有自己的属性和方法。这种模块化的程序设计使得程序代码易于理解、修改和维护，还能促进软件的并行开发，提高团队协作效率。

任务目标	• 优化购物管理系统，实现面向对象程序设计 • 实现购物数据的添加、删除、更新和查看 • 实现购物车商品的增、删、改、查和结算功能
知识目标	• 理解面向对象的基本概念和特征 • 掌握类、对象、封装、继承、多态和接口的使用 • 熟练使用内部类和 Lamdba 表达式 • 能够使用面向对象程序设计的核心思想解决编程问题
素养目标	• 增强学生的民族自豪感和爱国情怀 • 培养学生勇于攀登、科学求实、百折不挠的精神 • 增强学生的环保节能意识，培养学生创新超越的精神

6.2 知识储备

6.2.1 类与对象

微课

类与对象

类（Class）与对象是面向对象程序设计（Object-Oriented Programming，OOP）的核心概念。面向对象程序设计的核心思想是把现实世界中的事物抽象成程序中的对象，通过对象之间的交互来模拟现实世界的情况。每个对象都有自己的属性和方法，属性描述了对象的状态，方法定义了对象能够执行的操作。对象之间的交互可以通过信息传递来完成。类是一种模板或蓝图，它描述了一组具有相同属性和方法的对象的共同特征。类定义了对象的属性和方法，而对象则是类的实例化。通过类，我们可以创建多个对象，这些对象都具有相同的属性和方法，但它们的状态可以独立地进行修改。

1. 类的定义

类是一种用于描述具有相同属性和方法的对象集合的模板或蓝图。类可以看作一个抽象的数据类型，它定义了对象的属性和方法，并且可以用来创建实例化对象。属性是类的特征，描述了对象的状态；方法是类的行为，描述了对象可以做什么以及如何做。例如，对于一个汽车类，其属性可以包括颜色、品牌、型号等，其方法可以包括启动、加速、刹车等。当使用一个类创建一个对象时，这个对象就会拥有这个类所定义的属性和方法。所以说，类更像是一个模板，它描述了一类对象的行为和状态。

声明类的语法格式如下。

```
访问修饰符 class ClassName {
    // 属性声明
    访问修饰符 数据类型 变量名1;        // 属性1
    访问修饰符 数据类型 变量名2;        // 属性2
    …
    // 方法声明
    访问修饰符  返回值类型  方法名(参数列表){…}      // 方法1
    访问修饰符  返回值类型  方法名(参数列表){…}      // 方法1
    …
}
```

说明如下。

- ClassName：类名，类名是一个名词，用以描述类所代表的实体或概念。类的命名要见名知义，遵循大驼峰命名法。

- 访问修饰符：也叫访问控制权限，有 4 种。public 表示公有的，可以被任意外部程序访问；private 表示私有的，只能在类内部被访问；protected 表示受保护的，只能在类内部和其子类中被访问；还有一种是不写任何访问修饰符的，叫作默认访问修饰符，或者 default 访问修饰符。访问修饰符将在 6.2.4 小节详细介绍。

- 在类中，变量称为成员变量或成员属性，方法称为成员方法。意思是，属性和方法都是类的成员。

- 类成员的访问修饰符也有 public、private、protected 和默认访问修饰符 4 种。

- 一个 Java 源文件只有一个 public 类，且类名要与文件名相同。其他类可以有多个。

我国航天员在空间站工作、生活期间，需要进行多次出舱活动，如在太空中进行科学采样、观察、实验和维护航天器等。下面定义一个航天员类，编写其属性和方法。

📖 【例 6-1】定义航天员类。

```
1.  public class Taikonaut {
2.      String name;          //姓名
3.      String sex;           //性别
4.      String birthday;      //出生日期
5.      int experience;       //经验
6.
7.      //驾驶飞船
8.      public void driveSpaceship() {
9.          System.out.println(name+"驾驶飞船中，太空真美啊！");
10.     }
11.
```

```
12.    //太空行走
13.    public void spaceWalk() {
14.        System.out.println(name+"一步，一步，在太空中行走……");
15.    }
16.
17.    //太空实验
18.    public void spaceResearch(String title) {
19.        System.out.println(name+"正在太空进行"+title+"实验。");
20.    }
21.}
```

在例 6-1 中，没有定义主方法 main()，程序没有入口，不能直接运行。第 1 行代码定义了一个公有类 Taikonaut。第 2 行到第 5 行代码定义了 4 个属性，这些属性描述了航天员的特征。第 8 行到第 20 行代码定义了 3 种方法，分别描述航天员的 3 种行为。第 18 行代码定义的方法 spaceResearch()是带参数的方法。为了更好地描述航天员类的组成，可以使用类图表示，如图 6-1 所示。

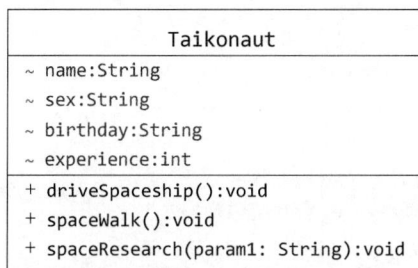

Taikonaut
~ name:String
~ sex:String
~ birthday:String
~ experience:int
+ driveSpaceship():void
+ spaceWalk():void
+ spaceResearch(param1: String):void

图 6-1　Taikonaut 类图

类图的画法是用一个矩形表示类，从上到下分成 3 个部分，分别是类名、属性和方法。图中的"+"表示 public 访问修饰符，"~"表示默认访问修饰符。另外，private 访问修饰符用"-"表示，protected 访问修饰符用"#"表示。

2. 创建对象

在面向对象程序设计中，对象是类的实例化，它是一个具体的实体，具有状态（属性）和行为（方法）。例如，前面描述的汽车类，通过这个类，可以创建多个汽车对象。类和对象的关系可以用生物学中的"种"和"个体"来类比。类就像是一个"种"，它描述了某类事物的共同特征，而对象则像是这个"种"中的"个体"，它是这个"种"的具体实例。或者说，类是面向对象程序设计的基本组成单元，描述了一组具有相同属性和方法的对象的共同特征，而对象则是类的实例化，具有独立的状态和行为。

对象的状态由属性来定义，通过创建对象，可以将现实世界中的事物抽象成计算机程序中的实体，并通过对象之间的交互来完成复杂的任务。对象之间可以通过信息传递来进行通信，一个对象可以请求另一个对象执行某个方法。对象可以是现实世界中的物理实体，也可以是抽象的概念。

创建对象的语法格式如下。

```
类名 对象名 = new 类名();
```

例如，使用例 6-1 中的 Taikonaut 类实例化一个对象，方法如下。

```
Taikonaut taiko = new Taikonaut();
```

其中，taiko 为对象名，对象命名遵循小驼峰命名法。创建对象也可以细分成两步。

第 1 步：Taikonaut taiko=null;，表示声明一个 Taikonaut 类型的变量 taiko。

第 2 步：taiko = new Taikonaut();，表示创建一个 Taikonaut 类型的实例化对象，赋值给变量 taiko。注意，类也是一种特殊的数据类型。通常把以上两步合并起来写。

创建完对象之后，就可以使用对象的属性和方法了，也叫引用对象成员，需要使用运算符 "." 进行操作，方法如下。

引用类的属性：对象名.属性
引用类的方法：对象名.方法名()

示例如下。

```
taiko.name = "翟志刚";          //给 name 属性赋值
taiko.driveSpaceship();         //调用方法
```

📖 【例 6-2】通过例 6-1 的航天员类 Taikonaut 创建航天员对象。

```
1. public class TestTaikonaut {
2.   public static void main(String[] args) {
3.       Taikonaut taiko1 = new Taikonaut();     //创建对象 1
4.       taiko1.name = "杨利伟";
5.       taiko1.driveSpaceship();
6.
7.       Taikonaut taiko2 = new Taikonaut();     //创建对象 2
8.       taiko2.name = "翟志刚";
9.       taiko2.spaceWalk();
10.       taiko2.spaceResearch("医学");
11.   }
12.}
```

在例 6-2 中，第 3 行和第 7 行代码分别创建了航天员对象 taiko1 和 taiko2。第 4 行、第 5 行代码调用对象 taiko1 的属性和方法。第 8 行到第 10 行代码调用对象 taiko2 的属性和方法，其中，第 10 行代码调用的 spaceResearch()方法是带参数的方法，所以这里给了实参 "医学"。程序运行结果如图 6-2 所示。

```
🖥 Console ⌧
<terminated> TestTaikonaut [Java Application] C:\Program Fi
杨利伟驾驶飞船中，太空真美啊！
翟志刚一步，一步，在太空中行走……
翟志刚正在太空进行医学实验。
```

图 6-2   例 6-2 程序运行结果

6.2.2   封装

封装、继承和多态是面向对象程序设计的三大特性。封装是将数据和方法包含在一个类中，对外部程序隐藏其具体实现细节，只暴露必要的接口供外部程序访问。封装的目的是保证数据的安全性和完整性，防止外部程序直接访问和修改对象的内部状态，从而减少程序出错的可能性。

微课

封装

1．为什么要封装

封装可以被认为是一个保护屏障。下面举例说明为什么要封装。有一个 Student 类，如下。

```
public static class Student{
    String name;        //姓名
    int age;            //年龄
```

```
        void info() {        //方法
            System.out.println(name+"的年龄是"+age+"岁");
        }
    }
```

创建 Student 对象 stu1，如下。

```
Student stu1 = new Student();
stu1.name="王明";
stu1.age=600;
stu1.info();
```

结果输出"王明的年龄是 600 岁"。"年龄 600 岁"显然不符合常理，所以需要封装。通过封装可以将 age 属性设置为私有的，外部程序不能直接访问，只提供公共的 getter()和 setter()方法来访问和修改。在 setter()方法中，可以设置 age 只能赋值为 0 到 120，不能超出该范围。这样就防止了外部程序对对象内部数据的随意修改，确保数据的完整性和安全性。同时，封装还可以将对象的复杂细节隐藏起来，只暴露简单的接口给外部程序使用，使代码更加模块化和易于维护，增加代码的可读性和可重用性。

2. 如何实现封装

在定义类的过程中，要使这个类具备良好的封装，通常有以下 3 个步骤。

（1）将属性设置为私有：属性被设置为私有，这样在类的外部就无法直接访问或修改它们的值。

（2）提供公共方法：为了让外部程序能够访问和修改私有属性的值，需要提供公共方法，一般使用 getter()和 setter()方法来实现。

（3）访问控制：在公共方法 getter()和 setter()中使用访问控制语句来限制对属性的访问。

下面通过一个示例，详细讲解如何实现封装。

【例 6-3】封装学生类，同时，要求学生年龄在 10 到 60 岁之间。

```
1.  public class Student {
2.      private String name;        // 姓名
3.      private int age;            // 年龄
4.      private String studentID;   //学号
5.
6.      public String getName() {
7.          return name;
8.      }
9.
10.     public void setName(String name) {
11.         this.name = name;
12.     }
13.
14.     public int getAge() {        // 获取年龄的方法
15.         return age;
16.     }
17.
18.     public void setAge(int age) {    // 设置年龄取值的方法
19.         if(age<=60 && age>=10) {
20.             this.age = age;
21.         }else {
22.             System.out.println("您输入的年龄有误！只能取默认值20。");
23.             this.age = 20;
```

```
24.        }
25.    }
26.
27.    public String getStudentID() {
28.        return studentID;
29.    }
30.
31.    public void setStudentID(String studentID) {
32.        this.studentID = studentID;
33.    }
34.}
```

在例 6-3 中，第 2 行到第 4 行代码把 Student 类的 3 个属性都设置为私有的，这样，它们只能在类的内部被访问。第 6 行到第 33 行代码设置了 3 个私有属性的 getter() 和 setter() 方法。getter() 和 setter() 方法可以手动创建，也可以使用快捷方式创建。使用快捷方式创建的方法：在代码编辑区右击，选择【Source】→【Generate Getters and Setters】，勾选相应属性的复选框，即可自动创建 getter() 和 setter() 方法。在 setAge() 方法中编写限制语句，设置学生年龄的取值范围是 10 到 60，否则报错并设置为默认值 20。定义好 Student 类之后，创建测试类 TestStu，测试封装的效果。

```
1. public class TestStu {
2.    public static void main(String[] args) {
3.        Student student = new Student();
4.        student.setName("张三");
5.        student.setAge(88);
6.        student.setStudentID("20230001");
7.
8.        System.out.println("姓名: " + student.getName());
9.        System.out.println("年龄: " + student.getAge());
10.       System.out.println("学号: " + student.getStudentID());
11.   }
12.}
```

在测试类 TestStu 中，第 5 行代码输入学生的年龄是 88，第 9 行代码获取并输出学生的年龄，程序运行结果如图 6-3 所示。

图 6-3　例 6-3 程序运行结果

6.2.3　构造方法

1. 构造方法的定义

构造方法是一种特殊的方法，在创建对象时被调用。它的作用是对对象进行初始化操作，给对象的属性赋初始值。在 Java 中，每个类都可以定义一个或多个构造方法，如果没有定义显式的构造方法，Java 会提供默认的隐式的构造方法。构造方法的名称与类名相同，且不能有返回值类型（包括 void）。构造方法的定义与普通方法类似，但有以下几点不同。

（1）命名的不同

构造方法：名字必须与类名相同，没有返回值类型（包括 void）。

普通方法：名字可以自由定义，必须有返回值类型，若无返回值则写为 void。

（2）调用方式的不同

构造方法：在创建对象时自动调用，不能显式直接调用。

普通方法：需要通过对象实例来显式调用，且可以被多次调用。

（3）存在性的不同

构造方法：每个类至少有一个构造方法，若未显式定义，则系统默认提供无参隐式构造方法。

普通方法：根据具体需求定义，无默认提供机制。

（4）修饰符的不同

构造方法：不能被 private、protected 等访问修饰符修饰，因为它需要在类的外部被调用。

普通方法：可以使用各种访问修饰符，如 public、private、protected 等。

下面通过一个示例讲解构造方法的使用。

📖【例 6-4】创建一个 Person 类，定义一个显式的构造方法。

```java
1. public class Person {
2.     private String name;      //姓名
3.     private int age;          //年龄
4.     private String gender;    //性别
5.
6.     //定义构造方法
7.     public Person(String name, int age, String gender) {
8.         this.name = name;
9.         this.age = age;
10.        this.gender = gender;
11.    }
12.
13.    //定义输出个人信息的普通方法
14.    public void show() {
15.        System.out.println("姓名: "+name+", 性别: "+gender+", 年龄: "+age);
16.    }
17.}
```

在例 6-4 中，第 7 行代码定义了一个显式的构造方法 Person()，这个构造方法带有 3 个参数，这 3 个参数分别赋值给 3 个属性。下面创建一个 TestPerson 类，实例化 Person 类，代码如下。

```java
1. public class TestPerson {
2.     public static void main(String[] args) {
3.         Person per1 = new Person("王可",21,"女");  //创建对象，调用构造方法
4.         per1.show();                   //调用普通方法输出个人信息
5.     }
6. }
```

在测试类 TestPerson 中，创建对象 per1 时可以直接给 3 个属性赋值，系统会到 Person 类中调用带 3 个参数的构造方法，实现给 3 个属性赋值。程序运行结果如图 6-4 所示。

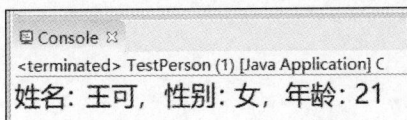

📟 Console ☒
\<terminated\> TestPerson (1) [Java Application] C

姓名: 王可, 性别: 女, 年龄: 21

图 6-4 例 6-4 程序运行结果

129

🔖 【知识小秘诀】

➤ 例6-1没有定义显式的构造方法，编译器会自动生成一个隐式的、无参数的构造方法。当例6-2的第3行代码执行时，就会调用这个隐式的构造方法来初始化对象。

➤ 一旦为类定义了一个显式的构造方法，编译器就不会再为该类自动生成隐式的无参构造方法。隐式的构造方法只有在类中没有定义任何显式的构造方法时才会由编译器自动生成。

➤ 在构造方法中，this关键字可以用来表示对当前对象的引用。当构造方法的形参名称与类的属性名相同时，this后面代表的是属性名。

➤ 在一个构造方法中调用同一个类的其他构造方法时，可以使用this关键字，这种调用必须是构造方法中的第一条语句。

➤ 在Eclipse中，可以使用快捷方式创建构造方法：在代码编辑区右击，选择【Source】→【Generate Constructor using Fields】即可选取属性创建构造方法。

2. 构造方法的重载

构造方法可以像普通方法一样重载。一个类可以定义多个具有不同参数列表的构造方法。在创建对象时，编译器会根据提供的参数个数或类型自动选择匹配的构造方法。重载构造方法可以提供更高的灵活性和更好的代码复用性。也就是说，当需要创建一个具有不同属性的对象时，可以通过重载构造方法来避免重复编写相似的代码。

📖 【例6-5】创建 StudInfo 类，定义多个构造方法。

```
1.  public class StudInfo {
2.      private String name;      // 姓名
3.      private int age = 18;     // 年龄，初始值为 18
4.
5.      //定义只有一个参数的构造方法
6.      public StudInfo(String name) {
7.          this.name = name;     //参数值赋给属性 name
8.      }
9.
10.     //定义带两个参数的构造方法
11.     public StudInfo(String name, int age) {
12.         this.setName(name);
13.         this.setAge(age);         //调用 setAge()方法验证输入的参数值
14.     }
15.
16.     public String getName() {
17.         return name;
18.     }
19.
20.     public void setName(String name) {
21.         this.name = name;
22.     }
23.
24.     public int getAge() {
25.         return age;
26.     }
```

```
27.
28.      public void setAge(int age) {          //设置年龄取值范围的方法
29.          if(age<=60 && age>=10) {
30.              this.age = age;
31.          }else {
32.              System.out.println("您输入的年龄有误！只能取默认值20。");
33.              this.age = 20;
34.          }
35.      }
36.
37.      public void show() {     // 输出个人信息的普通方法
38.          System.out.println("学生姓名："+name+"，年龄："+age);
39.      }
40.}
```

在例 6-5 中，第 6 行到第 8 行代码定义了只带一个参数的构造方法，参数 name 的值赋给属性 name；第 11 行到第 14 行代码定义了带两个参数的构造方法，参数 age 在赋值给属性 age 时，调用 setAge()方法验证输入的值是否在 10 到 60 之间。下面，创建测试类 TestStuInfo 来测试程序。代码如下。

```
1. public class TestStuInfo {
2.    public static void main(String[] args) {
3.        StudInfo stu1 = new StudInfo("王可");   //创建对象 stu1
4.        stu1.show();
5.
6.        StudInfo stu2 = new StudInfo("李新",99);    //创建对象 stu2
7.        stu2.show();
8.    }
9. }
```

在测试类 TestStuInfo 中，方法的形参要与实参一一对应，第 3 行代码会去调用只带一个参数的构造方法，第 6 行代码会去调用带两个参数的构造方法。程序运行结果如图 6-5 所示。

图 6-5　例 6-5 程序运行结果

3. static 关键字

在 Java 中，关键字 static 用于定义与类本身相关而非特定实例的成员，包括变量、方法、代码块和内部类。有以下几种功能。

（1）定义静态变量（Static Variables）：在类中使用关键字 static 声明的变量称为静态变量。这些变量属于类本身，而不是类的实例。所有该类的实例都共享同一个静态变量副本。静态变量通常用于表示类级别的常量或者在多个对象之间共享的数据。

（2）定义静态方法（Static Methods）：使用关键字 static 定义的方法称为静态方法。静态方法属于类本身，而不是类的实例。它们可以直接通过类名调用，无须创建类的实例。通常情况下，静态方法用于提供与类相关的功能，如工具方法或工厂方法。

（3）定义静态代码块（Static Blocks）：静态代码块是用关键字 static 定义的代码块，它在类加载时执行且仅执行一次。静态代码块通常用于初始化静态变量，进行静态资源的加载或执行一些需要在类加载时完成的操作。

（4）定义静态内部类（Static Inner Classes）：在类内部使用关键字 static 修饰的类被称为静态内部类。静态内部类只能访问外部类的静态成员，不能访问非静态成员。这部分内容在 6.2.8 小节再做详细介绍。

📖 **【例 6-6】** 分别使用静态变量、静态方法和静态代码块，并查看运行结果。

```
1.  public class Demo6_6 {
2.      // 静态变量
3.      public static int staticVar = 0;
4.
5.      // 静态代码块
6.      static {
7.          System.out.println("这是一个静态的代码块！");
8.          staticVar = 10;
9.      }
10.
11.     // 静态方法
12.     public static void staticMethod() {
13.         System.out.println("这是一个静态方法！");
14.         System.out.println("可以使用静态变量: " + staticVar);
15.     }
16.
17.     public static void main(String[] args) {
18.         // 调用静态方法
19.         staticMethod();
20.     }
21.}
```

在例 6-6 中，第 3 行代码定义了一个静态变量 staticVar。第 6 行代码定义了一个静态代码块。在类加载时，静态代码块会被执行，所以输出"这是一个静态的代码块！"，并把 10 赋值给 staticVar。第 12 行代码定义了一个静态方法 staticMethod()。第 17 行代码在 main()方法中调用静态方法 staticMethod()，程序会去执行第 13 行、第 14 行的输出语句。程序运行结果如图 6-6 所示。

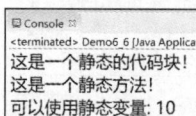

图 6-6　例 6-6 程序运行结果

6.2.4　继承

继承是一种面向对象的编程技术，它允许一个类（称为子类或派生类）继承另一个类（称为父类或基类）的属性和方法。继承又分单继承和多继承，单继承是指一个子类只能有一个父类，多继承是指一个子类可以有多个父类。Java 只支持单继承，Python 支持多继承。

微课

继承

1. 父类与子类

在继承关系中，通常先设计并创建好父类，再创建子类。子类使用 extends 关键字继承父类。子类继承父类后可以直接访问父类非私有的属性和方法（包括构造方法），同时也可以扩展这些属性和方法。子类可以添加新的属性和方法，或者重新实现（覆盖）在父类中已经定义的方法。使用继承可以提高代码的可维护性和可扩展性。

下面通过创建父类 Animal 和子类 Dog 讲解继承的使用。

📖【例 6-7】创建动物类 Animal 及其子类 Dog。

```
1. public class Animal {
2.      private String name;  //昵称
3.      private int age;         //年龄
4.
5.      public Animal(String name, int age) {
6.          this.name = name;
7.          this.age = age;
8.      }
9.
10.     public void run() {       //定义一个跑方法
11.         System.out.println("动物正在跑......");
12.     }
13.
14.     public String getName() {
15.         return name;
16.     }
17.
18.     public int getAge() {
19.         return age;
20.     }
21.}
```

上述代码定义了一个 Animal 类，有两个属性 name 和 age，有一个方法 run()。下面定义一个 Dog 类，让其继承 Animal 类，并添加一个新方法 bark()。代码如下。

```
1. public class Dog extends Animal {
2.      public Dog(String name, int age) {
3.          super(name, age);    //调用父类的构造方法
4.      }
5.
6.      public void bark() {       //定义一个方法
7.          System.out.println("狗狗"+this.getName()+"正在叫......");
8.      }
9. }
```

在例 6-7 中，父类是 Animal，子类是 Dog，子类使用 super(name,age)方法显式地调用父类的构造方法。最后，创建一个测试类 Demo6_7，生成 Dog 对象，并调用 run()和 bark()方法，其中，run()为父类的公有方法，子类可以直接访问。代码如下。

```
1. public class Demo6_7 {
2.     public static void main(String[] args) {
3.         Dog dog = new Dog("旺财", 3);    //创建对象
4.         dog.run();                //调用父类中定义的方法
5.         dog.bark();               //调用子类中定义的方法
6.     }
7. }
```

程序运行结果如图 6-7 所示。

```
🖳 Console ⊠
<terminated> Demo6_7 [Java Appl
动物正在跑......
狗狗旺财正在叫......
```

图 6-7　例 6-7 程序运行结果

133

> **注意**
>
> 在创建子类对象时，需要先调用父类的构造方法来创建父类对象，并确保父类对象的属性被正确地初始化。具体来说，在子类中调用父类的构造方法有以下两种情况。
>
> （1）显式地调用父类构造方法：如果子类构造方法显式地调用父类的某个特定的构造方法，可以使用super(参数列表)方法来实现。这样做可以在子类构造方法中直接控制父类构造方法的执行。
>
> （2）隐式地调用父类构造方法：如果子类构造方法没有显式地调用父类的任何构造方法，Java编译器会自动插入一个super()方法，该方法用于对父类的无参构造方法进行调用。这是编译器的一个特性。
>
> 但是，如果父类定义了有参构造方法而没有定义无参构造方法，且子类构造方法也没有显式地调用父类的构造方法，那么编译器会报错，因为编译器找不到可以自动插入的父类构造方法来调用。在这种情况下，子类必须显式地调用父类中一个已定义的构造方法。

2. 重写父类的方法

重写（Override）是指在子类中重新定义父类的方法，使其具有不同的实现。通过重写父类的方法，子类可以根据自身的需求来改变或扩展父类的行为。

有时候，父类的方法实现并不符合子类的需求，通过重写父类的方法，子类可以提供自己的实现，从而改变父类的行为，以适应子类的特定需求。子类在重写父类的方法时可以添加一些额外的操作或逻辑，从而扩展父类的功能，提高代码的灵活性和可复用性。

需要注意的是，在重写父类的方法时，子类的方法的名称、返回值类型和参数列表必须与父类的方法完全相同。另外，子类的方法的访问修饰符不能限制得比父类的方法更严格。例如，如果父类的方法是 public，那么子类的方法可以是 public 或 protected，但不能是 private。

📖 **【例 6-8】** 以例 6-7 创建的 Animal 类为父类，再创建一个 Cat 子类，重写父类的方法。

```
1. public class Cat extends Animal {
2.     String color;        //属性: 颜色
3.     public Cat(String name, int age,String color) {
4.         super(name, age);        //调用父类的构造方法
5.         this.color = color;
6.     }
7.
8.     public void run() {        //定义一个跑方法
9.         System.out.println(this.color+"的"+super.getName()+"正在跑......");
10.     }
11.}
```

在例 6-8 中，第 8 行到第 10 行代码重写了父类的 run()方法，使 run()方法具有更多的功能；第 9 行代码中的 super.getName()表示调用父类的 getName()方法；最后，在测试类的 main()方法中创建对象 cat，调用 run()方法，程序如下。

```
1. public class TestCat {
2.     public static void main(String[] args) {
3.         Cat cat = new Cat("菲菲", 3,"黄色");        //创建对象
```

```
4.        cat.run();
5.     }
6. }
```

程序运行结果如图 6-8 所示。

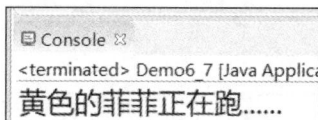

图 6-8　例 6-8 程序运行结果

注意方法重写与方法重载的区别。方法重载用于在一个类中实现相似但参数不同的操作，而方法重写用于子类继承父类并改变父类的行为，如表 6-1 所示。

表 6-1　方法重写与方法重载的区别

	位置	方法名	参数列表	返回值类型	访问修饰符
方法重写	在子类中	相同	相同	相同或是其子类	不能比父类更严格
方法重载	在同一个类中	相同	不相同	无关	无关

【知识小秘诀】

➤ 子类不能直接重写父类的构造方法。构造方法的主要目的是初始化对象的状态，它们不是类的成员方法，因此不能被重写。但是，子类可以通过在其构造方法中调用父类的构造方法来间接地利用父类的构造方法。

➤ super关键字除了可以调用父类的构造方法，也可以调用父类的属性和方法（如super.属性名或super.方法名([实参列表])）。

➤ super只能出现在子类的方法和构造方法中；使用super调用构造方法时，只能在第一句；super不能访问子类的private成员。

3. 访问修饰符

Java 中有 4 种访问修饰符，它们分别是 public、private、protected 和默认访问修饰符（即没有明确指定修饰符）。这些访问修饰符可以用于类的成员（变量和方法），但不能用于类本身。类的访问修饰符只有 public 和默认访问修饰符两种，public 表示该类可以在任何地方被访问，而默认访问修饰符表示该类只能在同一个包中被访问。下面详细介绍 4 种访问修饰符的区别。

（1）public：被 public 修饰的成员（类、方法、变量）可以在任何地方被访问，包括其他类、不同包中的类，以及子类，是具有最高权限的访问修饰符。

（2）private：被 private 修饰的成员只能在所属类内部被访问，其他类无法直接访问该成员。这样可以实现对成员的封装，使其只能通过类提供的公共接口被访问。

（3）protected：被 protected 修饰的成员可以在所属类内部、同一包中，以及子类中被访问。与 default 权限相比，protected 权限提供了更广泛的访问范围，但仅限于继承关系。

（4）默认访问修饰符（default）：如果成员没有明确指定修饰符，则可以被同一包中的其他类访问。但是，对于不在同一包中的类，无法直接访问该成员。

可以使用一个表格汇总它们的异同，如表 6-2 所示。

表 6-2　访问修饰符权限

访问修饰符	本类	同包	子类	其他
private	√			
默认访问修饰符	√	√		
protected	√	√	√	
public	√	√	√	√

总之，public 可以在任何地方访问，private 只能在所属类内部访问，protected 可以在所属类、同一包和子类中访问，默认访问修饰符可以在同一包中访问，不在同一包中的类无法直接访问。

微课

final 关键字和
abstract 关键字

6.2.5　final 关键字和 abstract 关键字

final 关键字和 abstract 关键字可以用来修饰类和方法，final 关键字还可以用来修饰成员变量，它们的区别如表 6-3 所示。

表 6-3　abstract 关键字和 final 关键字的区别

	final 关键字	abstract 关键字
修饰类	是最终类，不能被继承	是抽象类，不能被实例比，只能被继承
修饰方法	是最终方法，不能被子类重写	是抽象方法，没有方法体，要在抽象类里声明，在子类中进行重写
修饰成员变量	常量，只能被赋值一次，不能再修改	不能使用 abstract 关键字修饰成员变量

1. final 关键字

final 关键字用于表示最终的、不可变的特性，可以修饰类、方法和成员变量，被修饰的类无法被继承，被修饰的方法无法被重写，被修饰的成员变量是常量。它与 abstract 有时会起相反的作用。

例如，使用 final 关键字修饰 Cat 类，并在该类中声明一个 final 方法和 final 属性。

```
1.  public final class Cat {
2.      private final String gender;    // final 属性
3.
4.      public Cat(String gender) {
5.          this.gender = gender;
6.      }
7.
8.      public void sound() {
9.          System.out.println("猫咪正在叫……");
10.     }
11.
12.     public final String getGender() {      // 方法默认为最终方法
13.         return gender;
14.     }
15. }
```

在上例中，Cat 类被声明为 final，表示它是一个最终类，不能被其他类继承。gender 属性被声明为 final，表示它是一个常量属性，一旦赋值之后就不能再修改。getGender()方法被声明为 final，表示它是最终方法，不能被子类重写。注意，sound()方法虽然没有声明为 final，但是它也不能被重写，因它所在的 Cat 类已经是最终类，没有子类，也就没有子类可以重写 sound() 方法。

2. abstract 关键字

abstract 关键字用于表示抽象的、没有具体实现的特性，可以修饰类和方法。被修饰的类无法被实例化，只能作为父类被继承；被 abstract 修饰的方法要在抽象类中声明，需要在具体的子类中进行重写。

例如，定义了抽象类 Animal，类中有一个抽象方法 sound()。

```
public abstract class Animal {
    public abstract void sound();      // 抽象方法，必须写在抽象类中
}
```

当在测试类中执行 Animal a =new Animal()语句时程序会报错，提示信息是 Cannot instantiate the type Animal，即抽象类是不能实例化的。在子类 Dog 中，必须重写父类的抽象方法 sound()，否则程序也会报错，提示要实现父类 Animal 的抽象方法 sound()。程序修改如下。

```
public class Dog extends Animal {
    public void sound() {
        System.out.println("狗狗在汪汪汪地叫……");    // 重写父类的抽象方法
    }
}
```

注意，如果一个类继承自一个抽象类，则它必须实现（重写）父类的所有抽象方法，除非它本身也被声明为抽象类。在示例中，如果 Dog 类不重写 Animal 类的 sound()方法，它必须被声明为抽象类。使用抽象类和抽象方法可以提供一种规范和约束，强制子类实现特定的方法，同时也可以通过多态性来统一对待不同的子类对象。

6.2.6 接口

接口（Interface）是一种编程结构，用于定义类应该具备的方法和常量，但不提供实现细节。它定义了对象之间的契约，规定类应该具备哪些行为。接口的主要作用如下。

微课

接口

（1）实现多态性：不同的类可以实现相同的接口，从而在调用时可以使用统一的接口引用，实现代码的灵活性和可扩展性。

（2）规范行为：接口定义了类所需的方法，可以规范类的行为和功能。

（3）多继承：类可以实现多个接口，从而弥补 Java 不支持多重继承的不足。

（4）实现解耦：类之间的依赖关系可以通过接口进行解耦，提高代码的可维护性和可测试性。

1. 接口的定义

在 Java 中，接口是通过 interface 关键字来声明的。接口可以包含方法、常量和默认方法的声明，但不能包含变量或构造方法。接口中的方法默认是公有的（public），常量默认是静态和最终的（static final）。

接口的语法格式如下。

```
public interface 接口名 [extends 父接口 1, 父接口 2, ...] {
    // 常量声明
    [public static final 数据类型 常量名 = 值;]
    // 抽象方法声明
    [public abstract 返回类型 方法名(参数列表);]
```

```
        // 默认方法声明
    [public default 返回类型 方法名(参数列表) { 方法体 }]
        // 静态方法声明
    [public static 返回类型 方法名(参数列表) { 方法体 }]
}
```

说明如下。

- 中括号内的内容为可选项。
- public: 表示接口对外可见，可以被其他包中的类访问。
- interface: 表示这是一个接口。
- 接口名: 用于表示接口的名称，遵循 Java 标识符的命名规则。
- extends: 用于表示当前接口继承了哪些父接口。可以有多个父接口，用逗号分隔。
- 常量声明: 接口中可以包含常量声明。常量默认是静态和最终的，可以省略 public static final 关键字。

138

- 抽象方法声明: 接口中主要包含抽象方法的声明，接口中的方法默认是公有和抽象的，可以省略 public abstract 关键字。
- 默认方法声明: Java 8 引入了默认方法，用于给接口提供一个默认的实现，用 default 关键字修饰。
- 静态方法声明: Java 8 还引入了静态方法，用于在接口中提供通用的工具方法，用 static 关键字修饰。

可以理解为，接口是一个特殊的抽象类，接口里的方法默认是抽象方法、属性默认是常量。接口需要类来实现，使用 implements 关键字实现接口，其语法格式如下。

```
[修饰符] class 类名 [extends 父类] implements 接口1[,接口2,接口3,…]{
        // 类的具体实现代码
}
```

一个类在实现接口时，必须实现接口中所有的抽象方法；如果没有实现所有方法，那么该类必须被声明为抽象类。一个类可以实现多个接口，通过逗号分隔；如果该类有父类，需要先继承父类，再实现接口。接口中的方法默认是公有的，因此在实现类时，实现的方法也必须是公有的，即使不显式地写出 public 关键字，编译器也会默认添加它。

2. 接口的使用

近几年，我国新能源市场发展迅猛，新能源汽车销量全球第一。下面，通过创建一个汽车类 Car、一个发动机接口 Engine、一个充电接口 Charger、一个新能源汽车类 ElectricCar，详细讲解接口的使用。

📖 **【例 6-9】**创建一个汽车类 Car，该类有两个方法: start()和 stop()。

```
1. public class Car {
2.     public void start() {
3.         System.out.println("汽车开车了，滴 滴 滴。");
4.     }
5.
6.     public void stop() {
7.         System.out.println("汽车停止行驶! ");
8.     }
9. }
```

创建一个发动机接口 Engine，该接口有两个抽象方法。

```
1. public interface Engine {
2.     void ignite();     //发动机启动方法，默认是 public abstract 方法
3.     void flameout();    //发动机熄火方法，默认是 public abstract 方法
4. }
```

创建一个充电接口 Charger，该接口有一个常量属性 POWER、一个静态方法 msg()和一个抽象方法 charge()。

```
1. public interface Charger {
2.     int POWER = 150;   //电量属性，一个常量，省略 public static final
3.
4.     static void msg() {      // 静态方法
5.         System.out.println("使用天能电池充电结束，容量"+POWER+"kWh。");
6.     }
7.
8.     void charge();    // 充电的抽象方法，省略 public abstract
9. }
```

创建一个新能源汽车类 ElectricCar，继承父类 Car，实现发动机接口 Engine 和充电接口 Charger，具体代码如下。

```
1. public class ElectricCar extends Car implements Engine,Charger {
2.     // 实现发动机启动的方法
3.     public void ignite() {
4.         System.out.println("新能源汽车已经启动了......");
5.     }
6.
7.     // 实现充电的方法
8.     public void charge() {
9.         System.out.println("新能源汽车正在充电中......");
10.    }
11.
12.    //实现发动机熄火的方法
13.    public void flameout() {
14.        System.out.println("新能源汽车已经熄火了......");
15.    }
16.}
```

最后，在测试类 TestElectricCar 中，创建一个 car1 对象，调用各个方法，测试程序。

```
1. public class TestElectricCar {
2.     public static void main(String[] args) {
3.         ElectricCar car1 = new ElectricCar();
4.         car1.charge();         // 通过对象调用方法
5.         Charger.msg();         // 通过接口直接调用静态方法
6.         car1.ignite();
7.         car1.start();
8.         car1.flameout();
9.         car1.stop();
10.    }
11.}
```

在测试类 TestElectricCar 中，第 5 行代码通过接口直接调用静态方法，其他方法则需要通过对象调用。程序运行结果如图 6-9 所示。

139

图 6-9　例 6-9 程序运行结果

6.2.7　多态

微课

多态

多态是面向对象程序设计中的一个重要概念，是指同一个方法在不同对象上具有不同的行为。多态体现为父类类型的引用变量可以指向子类对象，所以多态的前提是必须有继承关系或者实现接口的关系，在编译时使用父类类型进行类型检查，而在运行时根据实际对象的类型来决定调用哪个方法。例如，Student 类是 Person 类的子类，那么，一个对象既可以赋值给 Student 类的引用变量，也可以赋值给 Person 类的引用变量。

或者说，多态允许使用父类类型的变量来引用子类对象，并根据实际的对象类型调用相应的方法。所以，实现多态通常需要建立继承关系并重写父类的方法。通过父类的引用调用被子类重写的方法时，实际上会调用子类的方法。

多态根据类型转换方法的不同可以分为向上类型转换和向下类型转换两种。

1.　向上类型转换

向上类型转换是指父类类型的引用变量可以隐式地指向子类对象，这种转换是自动进行的，无须使用类型转换操作符。这种情况类似于基本数据类型中的自动类型转换，其语法格式：父类类型 子类对象 = new 子类类型();。举例如下。

📖【例 6-10】使用多态的向上类型转换。

定义一个图形类 Shape，该类有一个求面积的抽象方法。

```
1. public abstract class Shape {
2.     abstract double calculateArea();  //求面积的抽象方法
3. }
```

定义一个圆形类 Circle，继承图形类 Shape，重写 Shape 类的抽象方法，求圆的面积。

```
1. public class Circle extends Shape{
2.     private double radius;    // 半径
3.
4.     public Circle(double radius) {
5.         this.radius = radius;
6.     }
7.
8.     // 重写父类的抽象方法
9.     double calculateArea() {
10.         return Math.PI * radius * radius;
11.     }
12.}
```

定义一个矩形类 Rectangle，继承图形类 Shape，重写 Shape 类的抽象方法，求矩形的面积。

```
1. public class Rectangle extends Shape {
2.     private double length;    // 长
3.     private double width;     // 宽
4.
5.     public Rectangle(double length, double width) {
6.         this.length = length;
7.         this.width = width;
8.     }
9.
10.    // 重写父类的抽象方法
11.    double calculateArea() {
12.        return length * width;
13.    }
14.}
```

创建一个测试类 TestShapeArea，分别求圆形和矩形的面积。

```
1. public class TestShapeArea {
2.    public static void main(String[] args) {
3.        Shape shape1 = new Circle(5);              // 向上类型转换
4.        Shape shape2 = new Rectangle(4, 6);        // 父类类型的引用变量
指向子类对象
5.        //输出圆形的面积
6.        System.out.println("圆形的面积: " + shape1.calculateArea());
7.        //输出矩形的面积
8.        System.out.println("矩形的面积: " + shape2.calculateArea());
9.    }
10.}
```

在测试类 TestShapeArea 中，创建了一个 Circle 对象和一个 Rectangle 对象，并将它们赋值给 Shape 类的引用变量 shape1 和 shape2。这就是向上类型转换，将子类的实例赋值给父类类型的引用变量。接着，分别调用 shape1、shape2 的 calculateArea()方法来计算图形面积，shape1 指向的是 Circle 对象，shape2 指向的是 Rectangle 对象，所以分别调用了 Circle 类和 Rectangle 类中的 calculateArea()方法，返回圆形和矩形的面积。程序运行结果如图 6-10 所示。

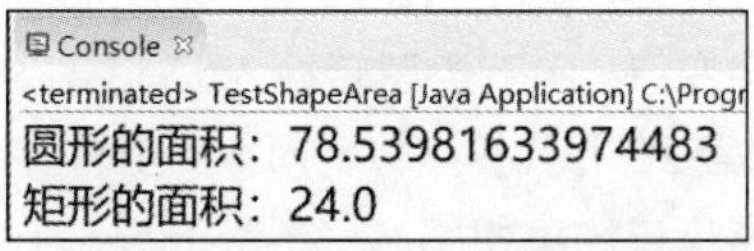

图 6-10　例 6-10 程序运行结果

通过向上类型转换，可以在使用父类类型的引用变量时，根据实际对象的类型来调用相应的方法，实现多态的特性。

2. 向下类型转换

向下类型转换是指将父类类型的引用变量指向子类对象，并将其转换为子类类型。向下类型转换可以通过强制类型转换（类型转换操作符）来实现。或者说，当一个父类类型的引用变量指向一个子类对象时，如果希望使用该引用变量调用子类独有的方法或访问子类特有的成员变量，就需要进行向下类型转换。这样做的前提是，该引用所指向的实际对象确实是目标子类的一个实例。

【例 6-11】 使用多态的向下类型转换。

```
1. class Animal {                // 父类
2.     public void makeSound() {
3.         System.out.println("动物发出声音");
4.     }
5. }
6.
7. class Dog extends Animal {     // 子类
8.     public void wagTail() {
9.         System.out.println("狗狗摇动尾巴");
10.    }
11.}
12.
13.class Cat extends Animal {      //子类
14.    public void scratch() {
15.        System.out.println("小猫抓家具");
16.    }
17.}
18.
19.public class Demo6_11 {
20.    public static void main(String[] args) {
21.        Animal an1 = new Dog(); // 使用父类类型的引用变量指向子类对象
22.        Animal an2 = new Cat(); // 使用父类类型的引用变量指向另一个子类对象
23.        Dog dog = (Dog) an1; // 将父类类型的引用变量转换为子类类型的引用变量
24.        dog.wagTail();
25.        Cat cat = (Cat) an2;   // 将父类类型的引用变量转换为另一个子类类型
的引用变量
26.        cat.scratch();
27.    }
28.}
```

在例 6-11 中，第 1 行到第 5 行代码定义父类 Animal。第 7 行到第 11 行代码定义子类 Dog，具有摇动尾巴的方法 wagTail()。第 13 行到第 17 行代码定义子类 Cat，具有抓家具的方法 scratch()。第 21 行和第 22 行代码使用父类类型的引用变量指向子类对象，生成两个对象 an1 和 an2。第 23 行和第 24 行代码使用多态向下类型转换的方式，让父类类型的引用变量转换为子类类型的引用变量。向下类型转换为 Dog 对象之后，就可以调用 Dog 类的方法 wagTail()。第 25 行和第 26 行代码类似，向下类型转换为 Cat 对象之后，就可以调用 Cat 类的方法 scratch()。程序运行结果如图 6-11 所示。

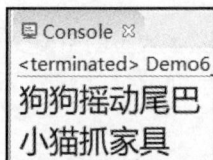

```
Console ✕
<terminated> Demo6
狗狗摇动尾巴
小猫抓家具
```

图 6-11　例 6-11 程序运行结果

【知识小秘诀】

➤ 在进行向下类型转换之前，都会发生向上类型的转换。例如，有了例 6-11 中第 21 行和第 22 行代码的向上类型转换，才有第 23 行和第 25 行代码的向下类型转换。

> ➤ 多态并不一定需要重写，但重写是实现多态的一种常见方式。
>
> ➤ 程序会自动完成向上类型转换，但向下类型转换必须指明要转换的子类类型，类似于基本数据类型中的自动类型转换和强制类型转换。

3. instanceof 关键字

在例 6-11 中，把第 21 行到第 24 行的代码改成如下内容。

```
Animal an1 = new Dog();
Animal an2 = new Cat();
Dog dog = (Dog) an2;
dog.wagTail();
```

修改后，程序会报错，提示异常信息 ClassCastException，即类转换异常。这是因为 Dog dog = (Dog) an2 在进行向下类型转换时把父类类型的引用变量转换成子类类型的引用变量 dog，而对象 an2 本身指向的却是子类 Cat。为了避免此类错误发生，在进行向下类型转换时，可以先使用 instanceof 关键字进行类型检查，以确保对象的类型符合预期。

通过使用 instanceof 关键字，可以检查对象是不是指定类或其子类的实例，其语法格式：对象 instanceof 类(接口)。在这个格式中，如果对象是指定类或其子类的实例对象，则返回 true，否则返回 false。可以把例 6-11 中的第 23 行和第 24 行代码改成如下内容。

143

```
If (an2 instanceof Dog) {
    Dog dog = (Dog) an2;
    dog.wagTail();
} else if(an2 instanceof Cat) {
    Cat cat = (Cat) an2;
    cat.scratch();
}
```

在 if 语句中使用 instanceof 关键字检查 an2 的实际类型，再根据实际类型执行相应的操作，避免发生类转换异常。

总之，instanceof 关键字是一种非常有用的工具，可以帮助我们在程序中进行类型检查，确保类型转换的安全性，并灵活地处理多态性的情况。

6.2.8 内部类

内部类是定义在另一个类内部的类。内部类可以访问包含它的外部类的所有成员，包括私有成员。在外部类中可以使用内部类的实例。内部类主要有 4 种类型：成员内部类、静态内部类、局部内部类和匿名内部类。

微课

内部类

1. 成员内部类

成员内部类是定义在另一个类的内部，不使用 static 关键字修饰的类。它是最常见的一种内部类，可以访问其外部类（包含它的类）的所有成员，包括私有成员，因为它们处于同一个类的作用域内。通常需要先实例化外部类，然后通过外部类的实例来创建内部类的实例。

📖 【例 6-12】创建一个员工类 Employee 和它的内部类 JobTitle。

```
1. public class Employee {
2.     private String name;        //姓名，私有属性
3.     private int age;            //年龄
4.     private double salary;      //薪资
5.
6.     // 构造方法
7.     public Employee(String name, int age, double salary) {
```

```
8.          this.name = name;
9.          this.age = age;
10.          this.salary = salary;
11.     }
12.
13.     // 显示员工信息的方法
14.     public void info() {
15.         System.out.println("姓名:"+name+", 年龄:"+age+", 薪资:"+salary);
16.     }
17.
18.     // 定义内部类 JobTitle
19.     public class JobTitle {
20.         private String title;   //职位
21.
22.         // 构造方法
23.         public JobTitle(String title) {
24.             this.title = title;
25.         }
26.
27.         // 显示职位信息的方法
28.         public void displayInfo() {
29.             System.out.println(name + "的职位: " + title);
30.         }
31.     }
32.
33.     public static void main(String[] args) {
34.         // 实例化 Employee 类
35.         Employee employee = new Employee("黄小利", 30, 6000.0);
36.         employee.info();
37.
38.         // 实例化内部类 JobTitle
39.         Employee.JobTitle jobTitle = employee.new JobTitle("部门主管");
40.         // 调用内部类 JobTitle 的方法
41.         jobTitle.displayInfo();
42.     }
43.}
```

在例 6-12 中，第 1 行代码定义外部类 Employee，它具有 3 个私有属性。第 14 行代码定义 Employee 类的一个普通方法 info()。第 19 行代码定义内部类 JobTitle，它具有属性职位 title 和显示职位信息的方法 displayInfo()，通过方法 displayInfo()可以访问外部类的私有属性 name。第 35 行和第 36 行代码在 Employee 类的 main()方法中实例化 Employee 类，并调用其方法 info()。第 39 行代码实例化内部类 JobTitle，注意，在 JobTitle 类名前要加上外部类名称，在 new 关键字前要加上外部类对象名称。程序运行结果如图 6-12 所示。

图 6-12 例 6-12 程序运行结果

2. 静态内部类

静态内部类是定义在另一个类内部，使用 static 关键字修饰的类。它相对独立于外部类，可以直接通过外部类名访问，不需要先创建外部类的实例。静态内部类可以访问外部类的静态成员，不能直接访问外部类的非静态成员。

📖【例 6-13】使用静态内部类，如要实现例 6-12 的运行结果，需要修改代码。

```
1.  public class Employee {
2.      private static String name;     //姓名，修改为 static
3.      private int age;          //年龄
4.      private double salary;    //薪资
5.
6.      // 构造方法
7.      public Employee(String name, int age, double salary) {
8.          this.name = name;
9.          this.age = age;
10.         this.salary = salary;
11.     }
12.
13.     // 显示员工信息的方法
14.     public void Info() {
15.         System.out.println("姓名:"+name+", 年龄:"+age+", 薪资:"+salary);
16.     }
17.
18.     // 修改为静态内部类 JobTitle
19.     public static class JobTitle {
20.         private String title;   //职位
21.
22.         // 构造方法
23.         public JobTitle(String title) {
24.             this.title = title;
25.         }
26.
27.         // 显示职位信息的方法
28.         public void displayInfo() {
29.             System.out.println(name + "的职位: " + title);
30.         }
31.     }
32.
33.     public static void main(String[] args) {
34.         // 实例化 Employee 类
35.         Employee employee = new Employee("黄小利", 30, 6000.0);
36.         employee.Info();
37.
38.         // 实例化静态内部类 JobTitle
39.         JobTitle jobTitle = new JobTitle("部门主管"); //不再使用"外部类名".
40.         // 调用静态内部类 JobTitle 的方法
41.         jobTitle.displayInfo();
42.     }
43.}
```

在上述代码中，第 19 行代码修改成了静态内部类，因为静态内部类只能访问外部类的静态成员，所以把第 2 行代码的 name 属性改成静态的，即可在第 29 行的静态内部类的方法中使用 name 属性。最后，在第 39 行把"外部类名."去掉，则可得到和例 6-12 同样的程序运行结果，如图 6-13 所示。

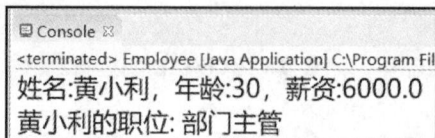

图 6-13　例 6-13 程序运行结果

3. 局部内部类

局部内部类也叫作方法内部类，是定义在方法内部的类，只能在定义它的方法内部实例化。局部内部类可以访问外部类的所有成员变量和方法，但是，局部内部类的变量和方法只能在创建它的方法中被访问。也就是说，局部内部类只在定义它的方法内部可见，外部方法无法访问和实例化它。

【例 6-14】定义一个 Employee_3 类，该类用于讲解局部内部类。

```
1. public class Employee_3 {
2.     private String name="李元定";  // 姓名
3.     private int age;               //年龄
4.
5.
6.     public void infoEmp() {
7.         System.out.println("外部员工: " + name);
8.     }
9.
10.    public void doSomething() {
11.        // 局部内部类
12.        class InnerClass {
13.            public void info() {
14.                System.out.println("内部的员工姓名: " + name);
15.            }
16.        }
17.
18.        InnerClass inner = new InnerClass();
19.        inner.info();
20.    }
21.
22.    public static void main(String[] args) {
23.        Employee_3 emp3 = new Employee_3();
24.        emp3.infoEmp();
25.        emp3.doSomething();   //调用局部内部类的info()方法
26.    }
27.}
```

在例 6-14 中，第 1 行代码定义外部类 Employee_3，它具有 2 个私有属性和 2 个方法。第 10 行到第 20 行代码在定义外部类的第 2 个方法 doSomething()时，创建了一个局部内部类 InnerClass。第 13 行到第 15 行代码在局部内部类内部编写一个方法 info()。第 18 行、第 19 行代码实例化局部内部类 InnerClass，并调用其方法 info()。第 23 行、第 24 行代码在主方法 main()中实例化生成 Employee_3 对象 emp3，并调用其 infoEmp()

方法，输出"外部员工：李元定"。第 25 行代码调用外部类的 doSomething()方法，该方法会调用局部内部类的 info()方法。程序运行结果如图 6-14 所示。

图 6-14 例 6-14 程序运行结果

4. 匿名内部类

匿名内部类是一种没有显式类名的内部类，它直接在创建对象的地方使用，并且通常用于创建只需使用一次的简单类。匿名内部类用于以下地方：一是在需要实现接口的地方，可以使用匿名内部类来快速实现接口的方法；二是在需要继承某个类并重写其方法的地方，可以使用匿名内部类来快速实现重写子类的方法。

📖【例 6-15】使用匿名内部类。

```
1. public class Employee_4 {
2.     private String name="王元定";        // 姓名，赋初始值
3.     private int age;                 // 年龄
4.
5.     public void doSomething() {
6.         // 匿名内部类
7.         Task task = new Task() {
8.             // 重写接口的抽象方法
9.             public void execute() {
10.                System.out.println("执行任务的员工姓名: " + name);
11.            }
12.        };
13.
14.        task.execute();
15.    }
16.
17.    interface Task {              //定义接口及其方法
18.        void execute();
19.    }
20.
21.    public static void main(String[] args) {
22.        Employee_4 emp4 = new Employee_4();
23.        emp4.doSomething();
24.    }
25.}
```

该例在外部类的 doSomething()方法体里定义了一个匿名内部类，该匿名内部类用来实现第 17 行代码创建的 Task 接口。这种直接实现接口或继承类的功能，无须显式地定义一个新的类。第 22 行代码实例化 Employee_4 类；第 23 行代码调用 doSomething()方法时，就会执行匿名内部类的 execute()方法。程序运行结果如图 6-15 所示。

图 6-15 例 6-15 程序运行结果

6.2.9 Lambda 表达式

微课

Lambda 表达式

Lambda 表达式是 JDK 8 的一个新特性，可以取代大部分匿名内部类，写出更清晰的代码，尤其是在集合的遍历和其他集合操作中，可以极大地优化代码结构。

1. Lambda 表达式简介

Lambda 表达式本质上是一种匿名方法，可以代替匿名内部类来实现接口。其语法格式如下。

```
(参数列表) ->{
    // Lambda 表达式体
}
```

说明如下。

* "->"被称为箭头操作符或 Lambda 操作符，箭头操作符将 Lambda 表达式拆分成两部分：左侧与右侧。
* 左侧：Lambda 表达式的参数列表，可以是空或非空。
* 右侧：Lambda 表达式所需执行的功能，用大括号括起来，即 Lambda 表达式体，可以是一条语句或一系列语句。

例如，以下代码：

```
public int calculate(int a, int b) {
    return a + b;
}
```

用 Lambda 表达式可以写成(int a,int b)->{ return a + b;}，还可以简写成(a,b)-> a + b。

【知识小秘诀】
> 参数类型可以省略。
> 假如只有一个参数，小括号可以省略。
> 如果方法体只有一条语句，大括号可以省略。
> 如果方法体中唯一的语句是return语句，则省略大括号的同时return语句也要省略。

2. 函数式接口

函数式接口是只包含一个抽象方法的接口。函数式接口的出现使得 Java 可以更方便地使用函数式编程的特性，如传递行为、函数组合、高阶函数等。函数式接口具有以下特点。

（1）函数式接口中只能包含一个抽象方法，但可以包含多个默认方法或静态方法。

（2）可以使用@FunctionalInterface 注解显式声明一个接口是函数式接口，从而确保该接口符合函数式接口的定义。

（3）支持 Lambda 表达式和方法引用：通过 Lambda 表达式或方法引用可以方便地实例化函数式接口，减少冗余的代码。

【例 6-16】使用函数式接口。

```
1. public class Demo6_16 {
2.     public static void main(String[] args) {
3.         // 使用 Lambda 表达式实例化 Calculate 接口并进行加法操作
4.         Calculate c1 = (a, b) -> a + b;
5.         // 调用对象 c1 的 calculate()方法
```

```
6.          System.out.println(c1.calculate(1, 2));
7.
8.          // 使用 Lambda 表达式实例化 Calculate 接口并进行除法操作
9.          Calculate c2 = (a, b) -> a / b;
10.         System.out.println(c2.calculate(2, 2));
11.
12.         // 使用 Lambda 表达式实例化 Calculate 接口并求乘积，大括号内有多行语句
13.         Calculate c3 = (a, b) -> {
14.             System.out.println("a: " + a + ", b: " + b);
15.             return a * b;
16.         };
17.         System.out.println(c3.calculate(2, 2));
18.     }
19.
20.     @FunctionalInterface        // 定义一个有参且有返回值的接口
21.     public interface Calculate {
22.         int calculate(int a, int b);
23.     }
24.}
```

在例 6-16 中，第 20 行到第 23 行代码定义了一个函数式接口 Calculate，它包含一个抽象方法 calculate()，该方法用于执行两个整数的操作。第 4 行代码使用 Lambda 表达式实例化 Calculate 接口并进行两个整数的加法操作。第 9 行代码使用 Lambda 表达式实例化 Calculate 接口并进行两个整数的除法操作。第 13 行到第 16 行代码使用 Lambda 表达式实例化接口时，先输出两个参数的值，再返回乘积结果；因为有多行语句组成 Lambda 表达式体，所以不能省略大括号。程序运行结果如图 6-16 所示。

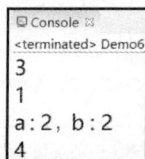

图 6-16　例 6-16 程序运行结果

Java 8 引入了大量的内置函数式接口，比如 Predicate、Consumer、Function 等。JDK 也提供了大量的内置函数式接口，使 Lambda 表达式的运用更加方便、高效。

3．Lambda 表达式支持的方法引用形式

Lambda 表达式提供了一种简洁的方式来代替匿名内部类，但在某些情况下，可能只是想简单地调用已存在的方法。为了支持这种场景，Java 8 引入了方法引用的概念。方法引用允许直接引用已存在的方法，并将其作为 Lambda 表达式的替代形式。方法引用可以使代码更加简洁、易读。下面是常见的几种方法引用形式。

（1）静态方法引用：如果 Lambda 表达式只是调用一个静态方法，并且前后参数的形式一致，就可以使用如下语法格式引用静态方法。

类名::静态方法名

（2）实例方法引用：如果 Lambda 表达式只是调用一个实例方法，并且前后参数的形式一致，就可以使用如下语法格式引用实例方法。

实例对象::实例方法名

（3）构造方法引用：如果 Lambda 表达式只是创建对象，并且前后参数情况一致，就可以

使用如下语法格式引用构造方法来创建新对象。

```
类名::new
```

（4）特殊方法引用：如果 Lambda 表达式只是调用一个实例方法，并且把前面参数列表中的第一个参数作为方法的主调，把后面的参数都作为该实例方法的入参，则可以使用如下语法格式引用特定对象的实例方法。

```
类名::实例方法名
```

下面以 4 个示例来展示不同方法引用形式的使用。

📖【例 6-17】静态方法引用。

```
1.   public class Demo6_17 {
2.       // 定义一个函数式接口
3.       interface Calculator {
4.           int calculate(int a, int b);
5.       }
6.
7.       // 定义一个静态方法
8.       public static int subtract(int a, int b) {
9.           return a - b;
10.      }
11.
12.      public static void main(String[] args) {
13.          Calculator calculator = Demo6_17::subtract;  // 使用静态方法引用
14.          System.out.println(calculator.calculate(5, 3));  // 输出结果: 2
15.      }
16.}
```

在例 6-17 中，第 3 行到第 5 行代码定义一个函数式接口 Calculator。第 8 行到第 10 行代码定义一个静态方法 subtract()。第 13 行代码使用静态方法引用，即实例化接口 Calculator 的同时调用 Demo6_17 类的静态方法 subtract() 来实现。程序运行结果如图 6-17 所示。

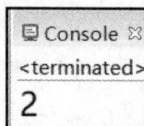

图 6-17　例 6-17 程序运行结果

📖【例 6-18】实例方法引用。

有一个函数式接口 Printer，代码如下。

```
1. public interface Printer {
2.     void print(String message);
3. }
```

创建 Demo6_18 类，代码如下。

```
1. public class Demo6_18 {
2.     public void printMessage(String message) {
3.         System.out.println(message);
4.     }
5.
6.     public static void main(String[] args) {
7.         Demo6_18 example = new Demo6_18();
8.         // 使用实例方法引用
```

```
9.          Printer printer = example::printMessage;    //实例对象::实例方
法名的形式
10.         printer.print("这是一个实例方法引用的形式!");
11.     }
12.}
```

在 Demo6_18 类的定义中，第 7 行代码创建 Demo6_18 对象 example。第 9 行代码在实例化接口 Printer 时引用 example 对象的方法 printMessage()，即使用实例方法引用。程序运行结果如图 6-18 所示。

图 6-18 例 6-18 程序运行结果

📖 【例 6-19】构造方法引用。

有一个函数式接口 PersonFactory，代码如下。

```
1. interface PersonFactory {
2.     Person create(String name, int age); // 实例化对象的方法
3. }
```

创建 Person 类，代码如下。

```
1. public class Person {
2.     private String name;        // 姓名
3.     private int age;            // 年龄
4.
5.     public Person(String name, int age) {    // 定义构造方法
6.         this.name = name;
7.         this.age = age;
8.     }
9.
10.    public String getName() {
11.        return name;
12.    }
13.
14.    public int getAge() {
15.        return age;
16.    }
17.
18.    public static void main(String[] args) {
19.        PersonFactory factory = Person::new;    // 使用构造方法引用
20.        Person person = factory.create("Alice", 25); // 创建对象
21.        System.out.println("姓名: " + person.getName());
22.        System.out.println("年龄: " + person.getAge());
23.    }
24.}
```

在 Person 类的定义中，第 5 行到第 8 行代码定义一个构造方法。第 19 行代码在实例化接口 PersonFactory 时引用了 Person 类的构造方法，即使用构造方法引用，创建对象 factory。程序运行结果如图 6-19 所示。

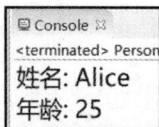

图 6-19　例 6-19 程序运行结果

📖【例 6-20】特殊方法引用形式与 Lambda 表达式形式的对比。

```
1. public class Demo6_20 {
2.    public static void main(String[] args) {
3.         /** 使用 Lambda 表达式调用实例方法
4.          *  s是第1个参数，n是第2个参数，substring()是 String 类的方法
5.          */
6.         Converter conver1 = (s, n) -> s.substring(n);
7.         String result1 = conver1.convert("今天天气真好呀！", 5);
8.         System.out.println("Lambda 表达式的原始写法: "+result1);
9.
10.        // 使用特殊方法引用调用实例方法
11.        Converter conver2 = String::substring;
12.        String result2 = conver2.convert("今天天气真好呀！", 5);
13.        System.out.println("特殊方法引用结果: "+result2);
14.    }
15.}
16.
17.interface Converter {
18.    String convert(String s, int n);
19.}
```

在例 6-20 中，第 17 行到第 19 行代码定义一个函数式接口 Converter。第 6 行代码是 Lambda 表达式的原始写法。第 11 行代码是使用 Lambda 表达式支持的特殊方法引用形式的写法。两种写法的运行结果是一样的，如图 6-20 所示。

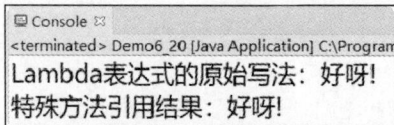

图 6-20　例 6-20 程序运行结果

总之，Lambda 表达式为 Java 的函数式编程提供了更便捷的方式，使得代码更加简洁和易读。

6.3　任务实施

本阶段使用 Java 面向对象程序设计的核心思想设计购物管理系统，实现购物车商品的增、删、改、查和结算功能。程序分为 3 个大类——商品类 Goods、购物车类 ShoppingCart 和购物管理系统类 ShoppingSystem，还有一个计算器接口 Calculate 和一个测试类 TestShoppingSys。下面先实现商品类 Goods 和计算器接口 Calculate。

6.3.1　商品类的设计与实现

1. 实现思路

Goods 类用于存储商品的信息，包括商品 id、名称、单价和数量等属性，这些属性被封装

为私有属性，只能通过公共方法 getter()和 setter()来访问。同时，需要编写一个带 4 个参数的构造方法。

2. 参考代码

```
1. public class Goods {
2.     private String id;           // 商品 id
3.     private String name;         // 商品名称
4.     private double price;        // 商品单价
5.     private int quantity;        // 商品数量
6.
7.     // 构造方法的定义
8.     public Goods(String id, String name, double price, int quantity) {
9.         this.id = id;
10.        this.name = name;
11.        this.price = price;
12.        this.quantity = quantity;
13.    }
14.    // 省略 getter()和 setter()方法
15.}
```

计算器接口 Calculate 中有一个用来计算总金额的抽象方法 calculateTotal()，该接口的定义如下。

```
1. public interface Calculate {
2.     double calculateTotal();     // 计算总金额
3. }
```

6.3.2 购物车类的设计与实现

购物车类 ShoppingCart 用于存储购物车中的商品信息，实现计算器接口。购物车类包含存放商品信息的数组和商品件数两个属性。数组的长度是 50，意味着购物车中最多能添加 50 件商品。

1. 实现思路

分别定义如下方法实现商品的添加、删除、更新和查看等功能。

（1）定义 addGood()方法将商品添加到购物车中，形参是商品类对象，无返回值。

（2）定义 removeGood()方法根据商品 id 从购物车中删除商品，形参是商品 id，有返回值。返回值是 boolean 类型，代表是否删除成功。

（3）定义 updateGood()方法根据商品 id 更新商品的价格，形参是商品 id 和新价格，有返回值。

（4）定义 viewCart()方法查看购物车中所有商品的信息，无参数，无返回值。

2. 参考代码

```
1. public class ShoppingCart implements Calculate {
2.     private Goods[] goods;    // 购物车容量，即最大商品件数
3.     private int count;        // 添加到购物车的商品件数
4.
5.     public ShoppingCart() {
6.         goods = new Goods[50];
7.         count = 0;
8.     }
9.
10.    // 添加商品到购物车的方法，带参数，无返回值
11.    public void addGood(Goods good) {
12.        if (count < goods.length) {
13.            goods[count++] = good;
```

153

```
14.            System.out.println("商品已添加到购物车！");
15.        } else {
16.            System.out.println("购物车已满，无法添加更多商品！");
17.        }
18.    }
19.
20.    // 从购物车中删除商品的方法，带参数，带返回值
21.    public boolean removeGood(String id) {
22.        boolean flag = false;    //判断是否删除成功
23.        for (int i = 0; i < count; i++) {
24.            if (goods[i].getId().equals(id)) {
25.                for (int j = i; j < count - 1; j++) {
26.                    goods[j] = goods[j + 1];
27.                }
28.                goods[count - 1] = null;
29.                count--;
30.                System.out.println(id+"号商品已从购物车中移除！");
31.                flag = true;
32.            }
33.        }
34.        return flag;
35.    }
36.
37.    // 更新商品价格的方法，带参数，带返回值
38.    public boolean updateGood(String id, double newPrice) {
39.        boolean flag = false;    //判断是否更新成功
40.        for (int i = 0; i < count; i++) {
41.            if (goods[i].getId().equals(id)) {
42.                goods[i].setPrice(newPrice);
43.                System.out.println("成功更新" + goods[i].getId() + "号商
品的价格为 " + goods[i].getPrice() + "。");
44.                flag = true;
45.            }
46.        }
47.        return flag;
48.    }
49.
50.    // 显示购物车商品列表
51.    public void viewCart() {
52.        System.out.println("购物车中的商品：");
53.        for (int i = 0; i < count; i++) {
54.            System.out.println("id: " + goods[i].getId() +", 名称： " +
goods[i].getName() +",价格:" + goods[i].getPrice() +",数量:" + goods[i].getQuantity());
55.        }
56.    }
57.
58.    // 购物结算，重写 Calculate 接口的抽象方法
59.    public double calculateTotal() {
60.        double totalAmount = 0;
61.        for (int i = 0; i < count; i++) {
62.            totalAmount += goods[i].getPrice()*goods[i].getQuantity();
63.        }
64.        return totalAmount;
65.    }
66.}
```

6.3.3　购物管理系统类的设计与实现

创建 ShoppingSystem 类实现购物管理系统的功能，包括进入菜单，通过选择菜单项实现商品的增、删、改、查和结算功能。

1. 实现思路

（1）定义构造方法 ShoppingSystem()，初始化 ShoppingCart 对象。

（2）定义 run()方法，使用循环语句实现菜单项的循环选择。先显示主菜单，再根据用户输入的不同编号进入不同的子菜单。子菜单有添加商品、删除商品、修改商品价格、购物车结算和退出 5 项，其中，前 4 项分别定义在 addGoodsToCart()、removeGoodsFromCart()、updateGoodsInCart()和 viewCart()4 个方法中。

（3）添加商品方法 addGoodsToCart()实现根据用户输入的信息把相应商品添加到购物车中的功能。所以，需要先获取用户输入的信息，再调用购物车类的相应方法添加商品到购物车。同理，删除商品方法 removeGoodsFromCart()和修改商品价格方法 updateGoodsInCart()也需要先获取用户的输入，再调用购物车类的相应方法来实现功能。

（4）购物车结算方法 viewCart()则调用 ShoppingCart 对象的显示购物车商品列表方法 viewCart()和购物结算方法 calculateTotal()来实现功能。

2. 参考代码

```
1.  import java.util.Scanner;
2.  public class ShoppingSystem {
3.      private ShoppingCart cart;    // 购物车
4.      //构造方法初始化对象
5.      public ShoppingSystem() {
6.          cart = new ShoppingCart();
7.      }
8.
9.      public void run() {
10.         Scanner sc = new Scanner(System.in);
11.         int choice = -1;
12.
13.         while (choice != 0) {
14.             System.out.println("*****欢迎使用购物管理系统*****");
15.             System.out.println("请选择操作: ");
16.             System.out.println(" 1. 添加商品");
17.             System.out.println(" 2. 删除商品");
18.             System.out.println(" 3. 修改商品价格");
19.             System.out.println(" 4. 购物车结算");
20.             System.out.println(" 0. 退出");
21.             System.out.print("请输入编号: ");
22.             choice = sc.nextInt();
23.             switch (choice) {
24.                 case 1:
25.                     addGoodsToCart(sc);
26.                     break;
27.                 case 2:
28.                     removeGoodsFromCart(sc);
29.                     break;
30.                 case 3:
31.                     updateGoodsInCart(sc);
```

```
32.                 break;
33.             case 4:
34.                 viewCart();
35.                 break;
36.             case 0:
37.                 System.out.println("谢谢使用！");
38.                 break;
39.             default:
40.                 System.out.println("无效选择，请重新输入！");
41.             }
42.         }
43.         sc.close();
44.     }
45.
46.     private void addGoodsToCart(Scanner sc) {
47.         System.out.print("请输入商品id: ");
48.         String id = sc.next();
49.         System.out.print("请输入商品名称: ");
50.         String name = sc.next();
51.         System.out.print("请输入商品价格: ");
52.         double price = sc.nextDouble();
53.         System.out.print("请输入商品数量: ");
54.         int quantity = sc.nextInt();
55.         Goods good = new Goods(id, name, price,quantity);
56.         cart.addGood(good);
57.     }
58.
59.     private void removeGoodsFromCart(Scanner sc) {
60.         System.out.print("请输入要删除的商品id: ");
61.         String id = sc.next();
62.         boolean isSuc = cart.removeGood(id);
63.         if(isSuc == false) {
64.             System.out.println("删除失败，购物车中无 " + id + "号商品！");
65.         }
66.     }
67.
68.     private void updateGoodsInCart(Scanner sc) {
69.         System.out.print("请输入要修改价格的商品id: ");
70.         String id = sc.next();
71.         System.out.print("请输入新的商品价格: ");
72.         double price = sc.nextDouble();
73.         boolean isSuc = cart.updateGood(id, price);
74.         if(isSuc == false) {
75.             System.out.println("更新失败，购物车中无 " + id + "号商品！");
76.         }
77.     }
78.
79.     private void viewCart() {
80.         cart.viewCart();
81.         System.out.println("------------------------------------------");
82.         System.out.println("商品的总金额: " + cart.calculateTotal());
83.         System.out.println("------------------------------------------");
84.     }
85.}
```

3．测试类代码实现

测试类 TestShoppingSys 用来创建购物管理系统对象，调用 run()方法实现菜单项的循环选择。

```
1. public class TestShoppingSys {
2.     public static void main(String[] args) {
3.         ShoppingSystem shoppingSystem = new ShoppingSystem();
4.         shoppingSystem.run();
5.     }
6. }
```

程序运行结果如图 6-21 所示。

```
*****欢迎使用购物管理系统*****
请选择操作:
1. 添加商品
2. 删除商品
3. 修改商品价格
4. 购物车结算
0. 退出
请输入编号: 1
请输入商品id: 1
请输入商品名称: 毛巾
请输入商品价格: 12
请输入商品数量: 3
商品已添加到购物车!
```

```
*****欢迎使用购物管理系统*****
请选择操作:
1. 添加商品
2. 删除商品
3. 修改商品价格
4. 购物车结算
0. 退出
请输入编号: 4
购物车中的商品:
id: 1, 名称: 毛巾, 价格: 12.0, 数量: 3
id: 2, 名称: 洗衣液, 价格: 25.0, 数量: 2
id: 3, 名称: 洗发水, 价格: 38.0, 数量: 1
------------------------------------
商品的总金额: 124.0
------------------------------------
```

```
请选择操作:
1. 添加商品
2. 删除商品
3. 修改商品价格
4. 购物车结算
0. 退出
请输入编号: 2
请输入要删除的商品id: 1
1 号商品已从购物车中移除!
```

```
*****欢迎使用购物管理系统*****
请选择操作:
1. 添加商品
2. 删除商品
3. 修改商品价格
4. 购物车结算
0. 退出
请输入编号: 3
请输入要修改价格的商品id: 2
请输入新的商品价格: 23
成功更新2 号商品的价格为23.0。
```

图 6-21　程序运行结果

6.4　任务小结

本任务详细讲解了 Java 面向对象程序设计的核心知识，如类、对象、封装、继承、多态和接口等，并分析了访问修饰符、关键字 this、super、static、abstract、final 等的使用方法，介绍了 4 种内部类和 Lambda 表达式。最后，通过 Java 面向对象程序设计的核心思想设计购物管理系统，实现了购物车商品的增、删、改、查和结算功能，强化读者对面向对象知识的理解。

6.5　同步练习

一、选择题

1. 下面关于类和对象之间关系的描述，正确的是（　　　　）。

　A．连接关系　　　　　　　　　　B．包含关系

　C．具体与抽象的关系　　　　　　D．类是对象的具体化

2. 类是具有相同（　　　）的集合，是对对象的抽象描述。

　A．属性和方法　　B．变量和方法　　C．变量和数据　　D．对象和属性

3. 下列关于 final 方法的说法正确的是（　　　）。

　A．final 方法可以被子类重写　　　B．final 方法可以被重载

C．final 方法可以强制子类实现它　　　　D．final 方法只能在 final 类中定义

4．以下关于外部类和内部类的说法正确的是（　　）。

　　A．内部类可以访问外部类的静态成员

　　B．外部类可以直接访问内部类的成员

　　C．内部类可以定义静态成员

　　D．外部类必须通过实例化内部类对象才能访问内部类的成员

5．以下关于静态内部类的说法正确的是（　　）。

　　A．静态内部类无法访问外部类的非静态成员

　　B．静态内部类可以独立存在，不依赖于外部类的实例

　　C．静态内部类可以访问外部类的所有成员

　　D．静态内部类只能被外部类的实例化对象访问

6．以下（　　）选项正确描述了多态的概念。

　　A．一个类中同时具有多个相同名称的方法

　　B．子类可以继承父类的属性和方法

　　C．同一操作作用于不同对象会产生不同的行为

　　D．通过接口实现对象之间的类型转换

7．以下哪种情形可以使用 Lambda 表达式？（　　）

　　A．定义匿名内部类　　　　　　　　　B．声明变量

　　C．实现接口方法　　　　　　　　　　D．控制语句的条件判断

二、填空题

1．在 Java 中，Object 类是所有类的_____。

2．一个类可以同时实现多个接口，使用的关键字是_____。

3．抽象方法必须在_____类中定义。

4．用于分隔 Lambda 表达式的参数列表和表达式体的符号是_____。

5．Java 面向对象的三大特性是_____、_____、_____。

三、程序练习题

1．设计一个学生类 Student，包括以下成员变量和方法。

成员变量：name（姓名，String 类型）、age（年龄，int 类型）、score（分数，double 类型）。

构造方法：有参构造方法，用于初始化姓名、年龄和分数。

成员方法：getInfo()，用于返回学生的信息（姓名、年龄、分数）。

任务要求如下。

（1）定义 Student 类，并声明私有成员变量 name、age 和 score。

（2）提供公有的有参构造方法，用于初始化 name、age 和 score。

（3）提供公有的成员方法 getInfo()，用于返回学生的信息，格式为"姓名：×××，年龄：××，分数：××"。

（4）创建测试类 TestStu，在测试类中创建学生类的对象，调用其方法测试结果。

2．创建一个圆类 Circle，该类拥有一个属性 radius，有两个带返回值无参数的方法 area() 和 perimeter()，分别用于计算圆的面积和周长，还有一个带一个参数的构造方法 Circle()。编写好该类之后，再创建测试类 Test，在测试类中创建 Circle 对象，输入半径 5，调用方法求圆的周长和面积。Circle 类图如图 6-22 所示。

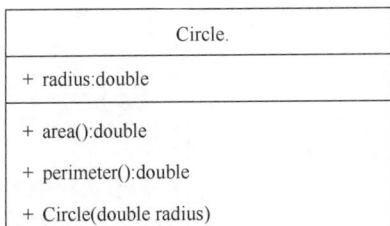

图 6-22 Circle 类图

3．设计一个简单的汽车类层次结构，包括一个父类 Car 和两个子类 SportsCar 和 SUV。Car 类具有抽象方法 drive()，用于描述司机的驾驶行为。SportsCar 类和 SUV 类分别实现 drive() 方法，输出"Driving a sports car"和"Driving an SUV"。定义一个接口 FuelEfficient，其中包含一个抽象方法 fuelEfficiency()，用于描述汽车的燃油效率。在 SportsCar 类中实现 FuelEfficient 接口，并在 fuelEfficiency() 方法中输出相应的信息。

详细任务要求如下。

（1）定义 Car 类，该类包含抽象方法 drive()。

（2）定义 SportsCar 类，该类继承自 Car 类，并可以实现 drive() 方法。

（3）定义 SUV 类，该类继承自 Car 类，并可以实现 drive() 方法。

（4）定义 FuelEfficient 接口，该接口包含抽象方法 fuelEfficiency()。

（5）在 SportsCar 类中实现 FuelEfficient 接口，并在 fuelEfficiency() 方法中输出相应的信息。

（6）编写测试代码，创建 SportsCar 和 SUV 对象，并分别调用 drive() 方法和 fuelEfficiency() 方法。

（7）创建测试类 TestCar，测试结果是否符合预期。

4．定义一个函数式接口 MyFunction，包含一个抽象方法 int calculate(int a,int b)。再编写一个程序，使用 Lambda 表达式创建一个 MyFunction 的对象，实现计算两个整数之和，并返回结果。具体任务要求如下。

（1）定义 MyFunction 函数式接口，该接口包含抽象方法 int calculate(int a,int b)。

（2）使用 Lambda 表达式创建一个 MyFunction 的对象，实现计算两个整数之和，并返回结果。

（3）在主函数中调用该对象的 calculate() 方法，传入两个整数并输出运算结果。

6.6 拓展项目实训——面向对象设计博物馆访客信息管理系统

一、任务描述

使用 Java 面向对象程序设计的核心思想设计博物馆访客信息管理系统，实现访客信息的增加、删除、修改和查看等功能，系统共设计 5 个类：访客类 Visitor、贵宾访客类 VIPVisitor、访客预约类 VisitorAppoint、访客信息管理系统类 VisitorSystem 和测试类 TestVisitorSys。在 TestVisitorSys 类中运行程序，通过菜单项选择相应的操作。

二、功能实现效果

1．显示程序的主菜单，选择要进行的操作，例如，输入 1 可以添加访客信息，输入 6 可以添加 VIP 访客信息。要求菜单项实现循环选择。程序运行界面如图 6-23 所示。

```
*****欢迎使用博物馆访客管理系统*****        1. 添加访客
1. 添加访客                                 2. 删除访客
2. 删除访客                                 3. 更新访客信息
3. 更新访客信息                             4. 查找访客信息
4. 查找访客信息                             5. 查看访客列表
5. 查看访客列表                             6. 添加VIP访客
6. 添加VIP访客                              0. 退出程序
0. 退出程序                                 请选择要进行的操作：6
请选择要进行的操作：1                       请输入VIP访客姓名：黄小枚
请输入访客姓名：张小菲                      请输入VIP访客身份证号：450103200201010001
请输入访客身份证号：450101200201010003      请输入VIP访客电话号码：18500000002
请输入访客电话号码：18500000001             请输入VIP等级：1
成功添加访客：张小菲                        成功添加VIP访客：黄小枚
```

图 6-23　程序运行界面

2. 在主菜单中输入 5 可以查看访客列表，如图 6-24 所示。

```
*****欢迎使用博物馆访客管理系统*****
1. 添加访客
2. 删除访客
3. 更新访客信息
4. 查找访客信息
5. 查看访客列表
6. 添加VIP访客
0. 退出程序
请选择要进行的操作：5
访客列表：
姓名：张小菲，身份证号：450101200201010003，电话号码：18500000001，年龄：23
姓名：黄小枚，身份证号：450103200201010001，电话号码：18500000002，年龄：23
姓名：李立新，身份证号：450101200501010001，电话号码：18500000003，年龄：20
```

图 6-24　查看访客列表

3. 输入 3 可以更新访客信息，输入 2 可以删除访客信息，如图 6-25 所示。

```
1. 添加访客                                 *****欢迎使用博物馆访客信息管理系统*****
2. 删除访客                                 1. 添加访客
3. 更新访客信息                             2. 删除访客
4. 查找访客信息                             3. 更新访客信息
5. 查看访客列表                             4. 查找访客信息
6. 添加VIP访客                              5. 查看访客列表
0. 退出程序                                 6. 添加VIP访客
请选择要进行的操作：3                       0. 退出程序
请输入要更新的访客姓名：张小菲              请选择要进行的操作：2
请输入访客新身份证号：450101200301010007    请输入要删除的访客姓名：李森
请输入访客新电话号码：18500000007           成功删除访客：李森
成功更新访客：张小菲
```

图 6-25　更新和删除访客信息

三、思路分析

1. 设计访客类 Visitor，表示一个普通访客，包含访客的姓名、身份证号和电话号码属性，以及计算年龄的方法。构造方法带 3 个参数，属性设置为私有的，提供 getter()方法。

2. 定义贵宾访客类 VIPVisitor，继承自访客类 Visitor，表示一个 VIP 访客，除了普通访客的属性，还有一个 VIP 等级属性。它的构造方法用来初始化 VIP 访客的属性，提供相应的 getter()方法。

3. 定义访客预约类 VisitorAppoint，是博物馆访客信息管理系统的核心类，用于管理和操作访客信息，封装访客信息的处理逻辑，并提供友好的接口供其他部分调用。该类有以下方法。

（1）addVisitor(Visitor visitor)：将传入的访客对象添加到 visitors 数组中，并输出成功添加的提示信息。

（2）removeVisitor(String name)：根据传入的访客姓名，在 visitors 数组中查找并删除对应的访客对象。如果删除成功，输出成功删除的提示信息；如果找不到对应的访客，则输出相应的提示信息。

（3）updateVisitor(String name, String idCard, String phoneNumber)：根据传入的访客姓名，在 visitors 数组中查找并更新对应访客对象的身份证号和电话号码。如果更新成功，输出成功更新的提示信息；如果找不到对应的访客，则输出相应的提示信息。

（4）searchVisitor(String name)：根据传入的访客姓名，在 visitors 数组中查找对应的访客对象，并输出其姓名、身份证号、电话号码和年龄信息。如果找不到对应的访客，则输出相应的提示信息。

（5）viewVisitors()：遍历 visitors 数组，输出所有访客对象的姓名、身份证号、电话号码和年龄信息。

（6）addVIPVisitor(VIPVisitor visitor)：将传入的 VIP 访客对象添加到 visitors 数组中，并使访客人数加 1，输出成功添加 VIP 访客的提示信息。

4．VisitorSystem 类是访客信息管理系统类，用于管理和操作访客信息。用户在菜单界面选择要执行的操作，系统根据用户的选择，调用相应的方法来执行对应的功能。

5．在测试类 TestVisitorSys 的主方法中创建 VisitorSystem 对象，调用菜单运行方法。

四、编程要求

1．参考 6.3 节中 3 个子任务的实施完成本项目实训。

2．根据实训项目任务描述和功能实现效果编写程序，思路分析仅供参考。

3．程序要求标识符命名规范，属性和方法有注释。

任务7
优化存储结构
——集合

7.1 任务描述

　　小林开发的乐客购物管理系统使用数组来存储数据，但是，他发现数组存储数据不够灵活，因为数组的长度是固定的。那么怎么办呢？通过学习，小林发现集合是一种非常有用的数据结构。集合的长度是可变的，可以动态地添加或删除元素，无须指定固定长度。集合还提供了丰富的方法和功能，如添加、删除、查找、排序等，能够更方便地操作元素，大大简化编程工作，提高程序运行效率。所以，他决定用集合来修改和完善购物管理系统。

任务目标	• 使用集合存储购物数据 • 实现基于集合的购物车商品的增、删、改、查和结算功能 • 设计与实现基于集合的购物车类和购物管理系统类
知识目标	• 了解 Collection 接口及其子接口 • 理解不同集合的应用场景的区别 • 熟悉常用集合的定义和使用方法
素养目标	• 发扬团结协作、和谐共处、宽容待人、同舟共济的精神 • 丰富学生的审美情趣，提升文化品位，增强民族自豪感和文化自信 • 培养学生精益求精、一丝不苟的数字工匠精神

7.2 知识储备

　　集合是一种容器，用于存储和操作一组对象。它按存储结构可以分成两大类，一类是单列集合 Collection，另一类是双列集合 Map。集合只能存入引用数据类型，不能直接存入基本数据类型。但是，Java 提供了自动装箱和拆箱机制，使程序可以将基本数据类型转换为对应的包装类对象存储在集合中。集合类的常见操作包括几个方面，如表 7-1 所示。

表 7-1　集合类的常见操作

操作	描述
实现接口	集合类可实现 java.util.Collection 接口或其子接口，集合类的接口是代表集合的抽象数据类型。例如 Collection、List、Set、Map 接口等，不同的接口以不同的方式操作集合对象
实现（类）	是集合接口的具体实现，如 ArrayList、LinkedList、HashSet、TreeSet 类等，每个实现类都有不同的特点和用途

续表

操作	描述
提供常见操作方法	集合类提供了常见的操作方法，如添加元素、删除元素、判断元素是否存在、获取集合大小等方法
支持泛型	通过使用泛型，集合类可以指定存储的元素类型，可以在编译时，而不是运行时捕获类型错误
迭代遍历	集合类支持迭代遍历元素，可以使用 foreach 循环或迭代器进行遍历操作

由于集合类提供了丰富的功能和方法，可以更方便地处理和操作数据，因此在 Java 项目开发中被广泛应用。集合类的选择取决于具体的需求，比如需要快速查找元素时可选用 HashSet 或 TreeSet 类，需要有序存储元素时可选择 ArrayList 或 LinkedList 类等。

微课

Collection 接口

163

7.2.1 Collection 接口

Collection 接口在 java.util 包中，是所有单列集合类的根接口，它有两个重要的子接口 List 和 Set。其框架如图 7-1 所示。

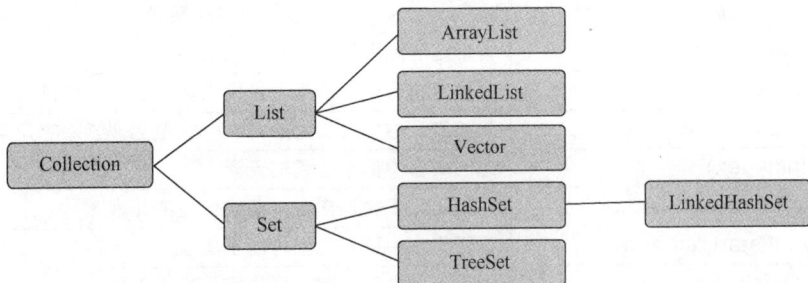

图 7-1 Collection 接口框架

List 接口：表示一个有序的集合，可以包含重复元素。List 接口中的元素可以按照索引进行访问、插入、删除和替换操作。其常见的实现类有 ArrayList、LinkedList 和 Vector。

Set 接口：表示一个不允许出现重复元素的集合，没有固定的顺序。其常见的实现类有 HashSet、TreeSet 和 LinkedHashSet。但是，TreeSet 类重新实现了 Set 接口，它是有序的。

Collection 是 Java 中最基本的集合接口，它的一些主要方法包括 clear()、add()、addAll()、remove()、isEmpty()、contains()、containsAll()、size()、iterator()等。Collection 接口定义了所有集合应该具备的基本操作，其主要方法如表 7-2 所示。

表 7-2 Collection 接口的主要方法

方法	功能描述
boolean add(Object o)	将指定的元素添加到集合中
boolean addAll(Collection c)	将指定集合中的所有元素添加到当前集合中
boolean remove(Object o)	从集合中删除指定的元素
boolean removeAll(Collection c)	删除集合中与指定集合相同的所有元素
void clear()	清空集合中的所有元素
boolean contains(Object o)	判断集合中是否包含指定的元素
boolean containsAll(Collection c)	判断集合中是否包含指定集合中的所有元素

方法	功能描述
int size()	返回集合中的元素个数
boolean isEmpty()	判断集合是否为空
Iterator<E> iterator()	返回一个迭代器，用于遍历集合中的元素
Object[] toArray()	返回包含集合中所有元素的数组

7.2.2　List 接口

List 接口是 Collection 接口的子接口，表示一个有序的集合，允许包含重复元素。List 集合（实现 List 接口的具体类实例化生成的对象）中的元素是有序排列的，可以通过索引来访问和操作列表中的元素，元素顺序由它们添加到集合中的顺序决定。List 接口定义了一系列操作集合元素的方法，包括添加、删除、获取元素，以及其他与集合相关的操作，具体如表 7-3 所示。

表 7-3　List 接口的常见方法

方法	功能描述
void add(int index, Object o)	将指定的元素插入集合的指定位置
boolean addAll(int index,Collection c)	将指定集合中的所有元素插入集合的指定位置
Object remove(int index|Object o)	删除集合中指定位置的元素，并返回被删除的元素
Object get(int index)	返回集合中指定位置的元素
Object set(int index, Collection c)	用指定元素替换集合中指定位置的元素
List subList(int start, int end)	返回集合中指定范围内的子集合
int indexOf(Object o)	返回集合中第一次出现指定元素的索引
int lastIndexOf(Object o)	返回集合中最后一次出现指定元素的索引
Object[] toArray()	返回包含集合所有元素的数组
ListIterator<E> listIterator()	返回一个列表迭代器，用于遍历集合中的元素
int size()	返回集合中元素的个数

List 接口的实现类包括 ArrayList、LinkedList 和 Vector，它们分别基于数组、链表和动态数组实现，有着不同的性能特点和适用场景。实现 List 接口的对象称作 List 集合。下面介绍 List 集合中较为常见的 ArrayList 和 LinkedList 集合。

1. ArrayList 集合

ArrayList 类是 List 接口的一个实现类，用于存储动态的、可变大小的数组，可以通过索引（从 0 开始）快速访问成员。ArrayList 类的实例化对象称为 ArrayList 集合，ArrayList 集合具有以下优点。

（1）可变长度：ArrayList 集合的初始容量是 10，但可以自动扩容，而数组的长度是固定的。

（2）方便进行插入和删除操作：由于 ArrayList 集合的长度可以动态地增加或减少，因此可以方便地在任意位置插入或删除元素，而数组则需要手动移动元素来实现插入和删除操作。

（3）支持泛型：ArrayList 集合支持泛型，可以存储不同类型的元素。

（4）简化代码：由于 ArrayList 集合可以自动管理容量，因此可以简化代码，避免手动修改数组的容量。

下面通过一个示例讲解 ArrayList 集合的基本操作方法，包含元素的增、删、改、查，以及获取指定位置的元素、集合的大小，判断集合是否包含某元素等。

📖【例 7-1】使用 ArrayList 集合存储古诗。

```
1. import java.util.ArrayList;
2. import java.util.Collections;
3. import java.util.List;
4. public class Demo7_1 {
5.   public static void main(String[] args) {
6.       List list = new ArrayList();           // 使用 ArrayList 集合添加数据
7.       list.add(0,"山村咏怀");
8.       list.add(1,"一去二三里");
9.       list.add("烟村四五家");
10.      list.add("亭台六七座");
11.      list.add("八九十枝鲜花");
12.      System.out.println(list);
13.      // 常见的操作
14.      list.set(4,"八九十枝花");              // 使用 set()方法修改数据
15.      System.out.println(list);
16.      list.remove("山村咏怀");              // 删除数据，也可以用 remove(0)
17.      System.out.println("集合元素个数："+list.size());
18.      System.out.println("第二个集合元素："+list.get(1));
19.      System.out.println("集合是否为空："+list.isEmpty());
20.      System.out.println("集合是否包含某元素："+list.contains("亭台六七座"));
21.
22.      Collections.shuffle(list);      //打乱顺序
23.      System.out.println("乱序后的 arraylist"+list);
24.      Collections.sort(list);         //排序
25.      System.out.println("------遍历列表------");
26.      for(Object item : list) {
27.          System.out.println((String)item);
28.      }
29.   }
30.}
```

165

在例 7-1 中，第 1 行到第 3 行代码导入类。第 6 行代码创建一个名为 list 的 ArrayList 对象。第 7 行、第 8 行代码通过确定索引的方式添加元素。第 9 行到第 11 行代码直接插入元素，索引自动确定。第 14 行代码修改索引为 4 的第 5 个元素内容。第 16 行代码通过字符串对象（山村咏怀）删除元素，当然，也可以通过索引删除元素，如 remove(0)。第 17 行代码获取集合中元素的个数。第 18 行代码通过 list.get(index)方法获取某个元素。第 19 行代码判断集合是否为空。第 20 行代码判断集合是否包含某个元素。第 22 行到第 24 行代码将集合元素打乱顺序后重新排序。第 26 行代码使用增强型 for 循环遍历集合元素。程序运行结果如图 7-2 所示。

通过例 7-1 的运行结果可以看出，使用 sort(list)方法进行排序后输出的集合元素顺序是不对的。这是因为 shuffle(list)方法会随机地重新排列集合中的元素，导致它们的原始顺序被打乱。而在对打乱顺序后的集合使用 sort(list)方法进行排序时，是按照字典顺序进行排序的，这意味着排序的结果并不是原始顺序。要解决这个问题，最简单的方法是使用备份集合，即在打乱顺序之前创建一个备份集合，需要恢复顺序时使用备份进行恢复即可。在此不详述。

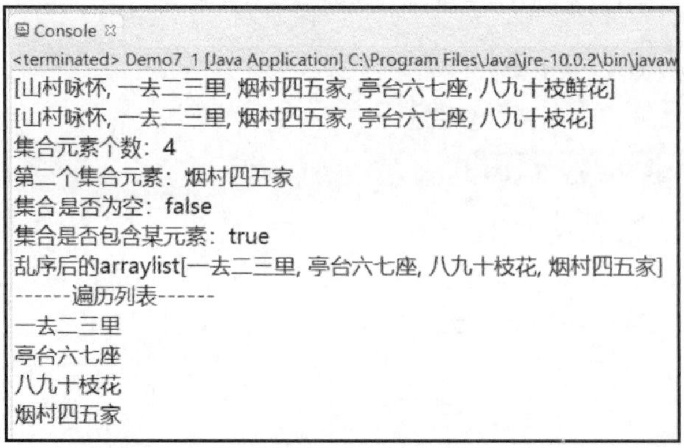

图 7-2　例 7-1 程序运行结果

　　另外，Java 类库自带一个接口 Comparable，它位于 java.lang 包中，是 Java 标准库的一部分。通过实现 Comparable 接口、重写 compareTo()方法，可以进行自定义排序。在 Java 中，许多标准的集合类和算法都依赖于 Comparable 接口来实现对象的比较和排序功能，因此，Comparable 接口被广泛应用。下面通过一个示例讲解相关知识。

📖【例 7-2】对产品类 Product 的价格属性进行排序。

```
1.  import java.util.ArrayList;
2.  import java.util.Collections;
3.  import java.util.List;
4.
5.  public class Product implements Comparable {        //实现排序接口
6.      private String name;        // 产品名称
7.      private double price;       // 价格
8.
9.      public Product(String name, double price) {
10.         this.name = name;
11.         this.price = price;
12.     }
13.
14.     public String getName() {
15.         return name;
16.     }
17.
18.     public double getPrice() {
19.         return price;
20.     }
21.
22.     // 重写 Comparable 接口的 compareTo()方法
23.     public int compareTo(Object o) {
24.         Product other = (Product)o;              // 学习泛型后可以优化代码
25.         return Double.compare(this.price, other.price);  // 按价
格从低到高排序
26.     }
27.
28.     public static void main(String[] args) {
29.         List productList = new ArrayList();
```

```
30.         productList.add(new Product("毛巾", 10.0));
31.         productList.add(new Product("电动牙刷", 60.0));
32.         productList.add(new Product("牙膏", 8.0));
33.
34.         Collections.sort(productList);
35.
36.         for (Object o: productList) {
37.             Product product = (Product) o;
38.             System.out.println(product.getName() + ": " + product.
getPrice());
39.         }
40.     }
41.}
```

例 7-2 创建了一个 Product 类，该类包含产品名称 name 和价格 price 两个属性，用于实现 Comparable 接口。第 23 行到第 26 行代码重写了 compareTo()方法，按照价格从低到高的顺序对产品对象进行排列。在程序的 main()方法中，第 29 行到第 32 行代码创建了一个集合 productList，并添加了 3 个产品对象到集合中。第 34 行代码调用排序方法对列表元素进行排序，由于 Product 类重写了 compareTo()方法，因此 Collections.sort()方法会将产品对象按照产品价格从低到高进行排序。最后，循环遍历 productList 集合，依次输出排序后的结果。程序运行结果如图 7-3 所示。

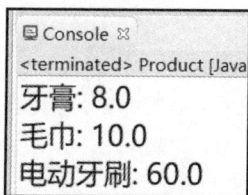

```
Console ✕
<terminated> Product [Java
牙膏: 8.0
毛巾: 10.0
电动牙刷: 60.0
```

图 7-3 例 7-2 程序运行结果

【知识小秘诀】

➢ compareTo()方法是在Comparable接口中定义的方法，用于比较当前对象与另一个对象的大小关系，可以用于在排序集合（如TreeSet、TreeMap）中指定排序规则。

➢ compareTo()方法的实现逻辑：如果返回负数，表示当前对象小于另一个对象，会在集合中排在前面，反之排在后面；如果返回0，表示相等，不会改变它们在集合中的顺序。

➢ 例7-2的第25行代码也可以写成return this.price - other.price;。

➢ 例7-2还可以使用泛型实现。泛型可优化集合代码，将在后续介绍。

2. LinkedList 集合

微课

LinkedList 类也是 List 接口的实现类，它继承了 List 接口的所有方法，并且实现了自己的特定方法。LinkedList 类的实例化对象称为 LinkedList 集合。与 ArrayList 集合使用动态数组实现不同，LinkedList 集合底层采用的是双向链表，逻辑上是连续的，但地址不一定是连续的。

在随机访问较多、删除和插入操作较少时，建议使用 ArrayList 集合，因

LinkedList 集合

为它基于数组实现；在随机访问较少、删除和插入操作较多时，建议使用 LinkedList 集合，因为它在插入和删除时不需要移动其他元素。LinkedList 集合删除元素时只需将与删除元素相邻的两个节点重新链接，添加元素时同样只需要调整相邻节点的指针。如图 7-4 所示，如果要删除 Node2，只需将 Node1 的后驱节点 next 指针指向 Node3，Node3 的前驱节点 prev 指针指向 Node1。

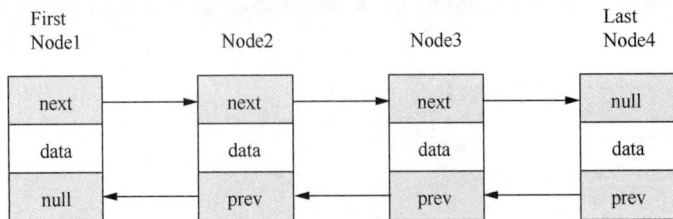

图 7-4　LinkedList 集合双向链表

📖【例 7-3】创建一个名为 list 的 LinkedList 对象，并对其进行添加元素、删除元素、修改元素内容、输出指定元素值并排序等操作。

```
1. import java.util.Collections;
2. import java.util.LinkedList;
3. public class Demo7_3 {
4.     public static void main(String[] args) {
5.         LinkedList list = new LinkedList(); //创建名为 list 的 LinkedList
对象
6.         list.add("1 中国");    // 添加元素
7.         list.add("2 北京");
8.         list.add("3 上海");
9.         list.add("4 广州");
10.         list.add("5 深圳");
11.         System.out.println(list);
12.         list.remove("5 深圳");       // 删除元素
13.         System.out.println(list);
14.         list.set(3, "4 深圳");       // 修改元素内容
15.         System.out.println(list);
16.         //常见的操作
17.         System.out.println("集合元素个数: " + list.size());
18.         System.out.println("第一个集合元素: " + list.getFirst());
19.         System.out.println("最后一个集合元素: " + list.getLast());
20.         System.out.println("集合是否为空: " + list.isEmpty());
21.         System.out.println("集合是否包含某元素: " + list.contains("1 中国"));
22.         Collections.shuffle(list);    // 打乱顺序
23.         System.out.println("乱序后的 arraylist" + list);
24.         Collections.sort(list);       // 排序
25.         System.out.println("排序后的 arraylist" + list);
26.     }
27.}
```

在例 7-3 中，第 1 行、第 2 行代码导入类。第 5 行代码创建一个名为 list 的 LinkedList 对象。第 6 行到第 10 行代码向集合添加元素。第 12 行代码删除集合中指定的元素。第 14 行代码根据索引修改元素内容。第 17 行代码查询当前集合的元素个数。第 18 行、第 19 行代码分别通过 getFirst()、getLast()方法获取链表的第一个和最后一个元素。第 21 行代

码判断集合是否包含某个元素。第 22 行到第 25 行代码将集合元素打乱顺序后重新排序。Collections.sort()方法默认按字典顺序排序。程序运行结果如图 7-5 所示。

图 7-5 例 7-3 程序运行结果

7.2.3 泛型

泛型是一种在编程语言中提供参数化类型的机制。通过使用泛型，在编写代码时可以将类型作为参数传递，并在编译时进行类型检查，从而实现类型的安全性和代码的重用性。

例如，假设某程序已经创建了 Product、Employee 类，现声明一个 ArrayList 集合，其用于存储信息，具体如下。

```
Product pro1 = new Product(1,"书籍", 12.99);
Employee emp1 = new Employee("001", "王刚", "男");
ArrayList list = new ArrayList();
list.add(emp1);
list.add(pro1);
for (Object emp : list) {
    // 在某处程序可能会报错，因为无法确定遍历的是 Product 类，还是 Employee 类
}
```

在上述代码中，声明了一个 ArrayList 集合，开发人员原本计划使用集合存储 Employee 对象，但因为疏忽，存入了 Product 对象。存入集合时程序没有报错，因为集合可以存储不同类型的数据。接着，开发人员从集合里取出员工信息，使用 Object 类型遍历，程序还是没有报错。直到在 for 循环内，当要使用员工的信息时程序才报错，这显然影响了开发效率。为了解决此类问题，JDK 1.5 引入了泛型集合的概念。

1．泛型的定义

泛型集合在创建集合对象时指定集合中元素的类型。泛型使用"<参数类型>"的方式明确集合中元素的类型，通过在编译时进行类型检查，可以确保集合只能存储指定类型的对象。例如，把上述例子的代码改成泛型，如下。

```
Product pro1 = new Product(1,"书籍", 12.99);
Employee emp1 = new Employee("001", "王刚", "男");
ArrayList<Employee> list = new ArrayList<Employee>();
list.add(emp1);
list.add(pro1);    // 此处，程序会报错，无法放入不同类型的数据
```

在定义集合时就明确其类型为 Employee，程序会在添加和使用元素时自动检查其类型，无法添加非 Employee 对象，避免了麻烦，从而提高代码的类型安全性。

使用泛型集合，无须手动进行类型转换，可以直接获取和操作特定类型的元素。这样可以减少代码的冗余，避免潜在的类型错误。下面以 ArrayList 集合为例，讲述泛型集合的声明，其语法格式如下。

```
ArrayList<T> list = new ArrayList<T>();
```

💡**说明**

　　T是类型参数，可以是任何有效的数据类型。除了使用具体的类型参数，如果希望程序能够接受不同类型的元素，可以使用通配符泛型。例如以下几种情况。

（1）声明一个接受任何类型的泛型集合。

```
ArrayList<?> list = new ArrayList<>();
```

（2）声明一个接受某个类型及其子类的泛型集合。

```
ArrayList<? extends Number> list = new ArrayList<>();
```

（3）声明一个接受某个类型及其父类的泛型集合。

```
ArrayList<? super Integer> list = new ArrayList<>();
```

　　除了集合可以使用泛型，接口、类和方法也可以使用泛型。例如，泛型接口的定义如下。

```
interface Info<T> {
    public T getVar();
}
```

　　在此不详细介绍泛型接口、泛型类和泛型方法。

2. 泛型的应用

下面以一个示例讲解泛型在 ArrayList 集合中的应用。

📖**【例 7-4】**对 ArrayList 集合应用泛型存储员工信息。

创建员工类 Employee。

```
1. public class Employee {
2.     private String id;       // 员工编号
3.     private String name;     // 员工姓名
4.     private String gender;   // 员工性别
5.
6.     public Employee(String id, String name, String gender) {
7.         this.id = id;
8.         this.name = name;
9.         this.gender = gender;
10.    }
11.    // 省略 3 个属性的 getter()方法
12.
13.    public void doWork() {          //员工工作的方法
14.        System.out.println("员工 " + name + " 正在工作……");
15.    }
16.}
```

使用泛型集合创建 TestEmployee 类。

```
1. import java.util.ArrayList;
2. import java.util.List;
3. public class TestEmployee {
4.     public static void main(String[] args) {
5.         // 声明一个泛型集合
6.         List<Employee> empList = new ArrayList<>();
7.         // 实例化 3 位员工
8.         Employee employee1 = new Employee("001", "王刚", "男");
```

```
9.        Employee employee2 = new Employee("002", "李心", "女");
10.       Employee employee3 = new Employee("003", "张小飞", "男");
11.       // 添加员工信息到集合
12.       empList.add(employee1);
13.       empList.add(employee2);
14.       empList.add(employee3);
15.
16.       // 输出员工人数和员工信息
17.       System.out.println("当前员工人数: " +empList.size()+",他们的信息: ");
18.       for (Employee emp : empList) {
19.           System.out.println("员工编号: " + emp.getId());
20.           System.out.println("员工姓名: " + emp.getName());
21.           System.out.println("员工性别: " + emp.getGender());
22.           System.out.println("--------------------");
23.       }
24.   }
25.}
```

在例 7-4 使用泛型部分，第 6 行代码创建了一个泛型集合。第 12 行到第 14 行代码将员工信息存入泛型集合。第 18 行到第 23 行代码遍历输出员工信息。程序运行结果如图 7-6 所示。

图 7-6 例 7-4 程序运行结果

7.2.4 Set 接口

Set 接口与 List 接口一样继承自 Collection 接口，不同之处在于 Set 接口不允许有重复元素，元素之间没有指定的顺序。实现 Set 接口的对象通常被称为 Set 集合。Set 接口常用方法如表 7-4 所示。

微课

Set 集合

表 7-4 Set 接口常用方法

方法	功能描述
boolean add(Object o)	将指定的元素添加到集合中
boolean addAll(Collection c)	将指定集合中的所有元素添加到当前集合中
boolean remove(Object o)	从集合中删除指定的元素
boolean removeAll(Collection c)	删除集合中与指定集合相同的所有元素
void clear()	清空集合中的所有元素

续表

方法	功能描述
boolean contains(Object o)	判断集合中是否包含指定的元素
boolean containsAll(Collection c)	判断集合中是否包含指定集合中的所有元素
int size()	返回集合中的元素个数
boolean isEmpty()	判断集合是否为空
Iterator<E> iterator()	返回一个迭代器，用于遍历集合中的元素
Object[] toArray()	返回包含集合中所有元素的数组

从表 7-4 中可以看出，Set 接口没有额外的方法，全部重写了 Collection 接口的方法。

下面介绍 Set 集合中较为常见的 HashSet 和 TreeSet 集合。

1. HashSet 集合

HashSet 类是 Set 接口的一个常用实现类，根据哈希值确定元素的存储位置，主要特点是向集合添加元素时自动过滤重复元素，主要用于不能重复且不要求有序存储元素的业务场景，HashSet 类的实例化对象称为 HashSet 集合。其特点如下。

（1）无序性：HashSet 集合中的元素没有固定的顺序，不会按照插入顺序或其他顺序排列。

（2）唯一性：HashSet 集合中不允许有重复的元素，如果试图添加已经存在的元素，操作会被忽略。

（3）高效性：HashSet 集合在添加、删除和查找大量元素时具有较高的性能。

（4）允许 null 值：HashSet 集合中可以包含一个 null 元素。

HashSet 集合是一种不支持修改数据的数据结构，如果要修改元素，可以先删除再添加。下面通过一个示例来学习 HashSet 集合的基本操作。

【例 7-5】使用 HashSet 集合存储商品分类，并对元素进行删除、修改、输出操作，其值为字符串类型。

```
1.  import java.util.HashSet;
2.  import java.util.Set;
3.  public class Demo7_5 {
4.      public static void main(String[] args) {
5.          // 添加元素：如果该元素已经存在，则不会重复添加
6.          Set<String> set = new HashSet<String>();
7.          set.add("家用电器");      // 添加元素到集合
8.          set.add("化妆品");
9.          set.add("饰品");
10.         set.add("电子产品");
11.         set.add("电子产品");          //可以执行，但不会添加
12.         System.out.println("set1:" + set);
13.
14.         set.remove("化妆品");      // 删除元素
15.         System.out.println("set2:" + set);
16.         boolean contains = set.contains("饰品");    //判断集合是否包含某个元素
17.         System.out.println("contains:" + contains);
18.         int size = set.size();          //获取元素个数
19.         System.out.println("size:" + size);
```

```
20.            boolean isEmpty = set.isEmpty();      // 判断集合是否为空
21.            System.out.println("isEmpty:" + isEmpty);
22.     }
23.}
```

在例 7-5 中，第 6 行代码创建了一个 HashSet 泛型集合，并将其命名为 set。第 7 行到第 11 行代码通过 add() 方法添加了 4 种商品分类；第 10 行与第 11 行代码添加的元素同名，程序不会报错，但操作会被忽略。第 14 行代码使用 remove() 方法删除"化妆品"分类。第 16 行代码通过 contains() 方法判断"饰品"分类是否存在于集合中，存在则返回 true，否则返回 false。第 18 行代码获取集合元素的个数。第 20 行代码判断集合是否为空。程序运行结果如图 7-7 所示。

```
Console ⊠
<terminated> Demo7_5 [Java Application] C:\Program Files\
set1:[化妆品, 家用电器, 饰品, 电子产品]
set2:[家用电器, 饰品, 电子产品]
contains:true
size:3
isEmpty:false
```

图 7-7 例 7-5 程序运行结果

173

注意

HashSet集合对元素唯一性的判断基于元素的hashCode()和equals()方法，因此，在使用HashSet集合时，要保证元素的唯一性则需要正确实现hashCode()和equals()方法。在Java中，包装类和String类默认重写了hashCode()和equals()方法，因此在往包装类和String类的HashSet集合中添加元素时，系统会自动去除重复元素。但是，对于用户自定义的类，如果没有重写hashCode()和equals()方法，则无法实现自动去重。下面以一个示例来详细讲解。

【例 7-6】 通过实体类 Category 来封装商品分类，并将其存储至 HashSet 集合中，要求商品分类不能重复。

```
1. import java.util.*;
2. public class Demo7_6 {
3.     public static void main(String[] args) {
4.         Set<Category> categorySet = new HashSet<>();  //定义集合
5.         Category categoryA = new Category(1,"饰品");
6.         Category categoryB = new Category(1,"饰品");
7.         categorySet.add(categoryA);    //添加商品分类到集合
8.         categorySet.add(categoryB);    //添加商品分类到集合
9.         System.out.println(categorySet);    //输出结果
10.    }
11.}
12. //商品分类
13.class Category {
14.    private int gid;       //商品分类 id
15.    private String gName;  //商品分类名称
16.    @Override
```

```
17.     public String toString() {
18.         return "分类有: {" +"分类id=" + gid + ",分类名称='" + gName +
'\'' +'}';
19.     }
20.
21.     // 构造方法
22.     public Category(int gid, String gName) {
23.         this.gid = gid;
24.         this.gName = gName;
25.     }
26.
27.     public int getGid() {
28.         return gid;
29.     }
30.     public void setGid(int gid) {
31.         this.gid = gid;
32.     }
33.     public String getgName() {
34.         return gName;
35.     }
36.     public void setgName(String gName) {
37.         this.gName = gName;
38.     }
39.}
```

在例 7-6 中，第 13 行到第 39 行代码定义了一个实体类 Category，该类用于封装商品分类，包含 gid 和 gName 属性。在程序的 main()方法中，第 4 行代码创建名为 categorySet 的 HashSet 对象。第 7 行、第 8 行代码分别往集合中存入 categoryA 和 categoryB 两个对象。程序运行结果如图 7-8 所示。

图 7-8　例 7-6 程序运行结果 1

从图 7-8 可以看出，HashSet 集合存储的是两个重复的商品分类，这显然不符合 HashSet 集合的业务场景。如果要解决上述问题，则需要重写 hashCode()和 equals()方法，以商品分类 id 为唯一标识，如果相同则判定为同一商品分类。所以，需要在 Category 类中加入以下代码。

```
1.     // 根据 gid判断两个对象是否相等的 equals()方法
2.     public boolean equals(Object o) {
3.         //传入对象与当前对象是同一个对象时，返回 true
4.         if (this == o) return true;
5.         //如果传入对象为空或者类型不匹配，则返回 false
6.         if (o == null || getClass() != o.getClass()) return false;
7.         Category category = (Category) o;   // 将传入的对象转为 Category
对象
8.         return gid == category.gid ;         // 如果两个对象的 gid 相等，则返
回 true
9.     }
10.
11.    // 根据 gid 属性计算哈希码
```

```
12.    public int hashCode() {
13.        return Objects.hashCode(gid);
14.    }
```

通过给 Category 类添加上述代码，重写 hashCode()和 equals()方法，HashSet 集合就会根据 gid 属性判断商品分类是否相同。如果传入对象的 gid 与集合内的 gid 相同，则不能存储。运行修改后的例 7-6 程序，结果如图 7-9 所示。

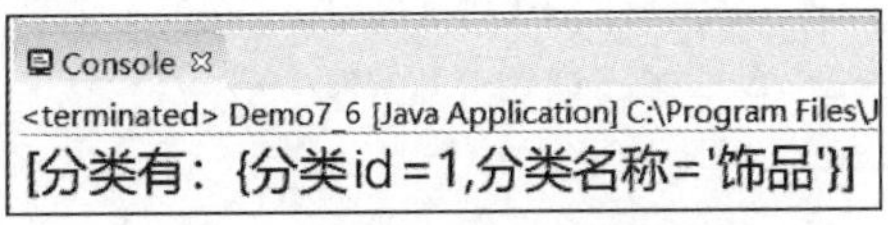

图 7-9　例 7-6 程序运行结果 2

这样，重复的对象不会再存入同一个 HashSet 集合中。

2. TreeSet 集合

TreeSet 集合重新实现了 Set 接口，它基于红黑树（Red-Black Tree）实现，能保证元素的唯一性。与 HashSet 集合不同，TreeSet 是一个有序且不允许存在重复元素的集合，它提供高效的插入、删除和查找操作，并且可以方便地获取最小值、最大值或指定范围内的元素。TreeSet 集合主要用于不能重复且有序存储元素的业务场景，其常用方法如表 7-5 所示。

表 7-5　TreeSet 集合常用方法

方法	功能描述
Object first()	获取 TreeSet 集合中最小（首个）的元素
Object last()	获取 TreeSet 集合中最大（最后）的元素
Object lower(Object o)	返回小于给定元素 o 的最大元素，如果不存在则返回 null
Object floor(Object o)	返回小于等于给定元素 o 的最大元素，如果不存在则返回 null
Object higher(Object o)	返回大于给定元素 o 的最小元素，如果不存在则返回 null
Object ceiling(Object o)	返回大于等于给定元素 o 的最小元素，如果不存在则返回 null
SortedSet\<E\> subSet(Object from, Object end)	返回一个子集合，其中包含从 from（包括）到 end（不包括）的元素
Object clone()	创建并返回 TreeSet 集合的浅拷贝

📖 **【例 7-7】** TreeSet 集合的使用。

```
1. import java.util.TreeSet;
2. public class Demo7_7 {
3.     public static void main(String[] args) {
4.         // 使用泛型创建一个 TreeSet 集合
5.         TreeSet<Integer> numbers = new TreeSet<>();  //使用 Integer 包装类
6.         // 向集合中添加元素
7.         numbers.add(5);
8.         numbers.add(3);
9.         numbers.add(8);
10.        numbers.add(1);
11.        numbers.add(10);
12.        // 显示集合
13.        System.out.println("初始集合: " + numbers);
```

175

```
14.        // 获取集合的长度
15.        System.out.println("集合的长度: " + numbers.size());
16.        // 操作集合
17.        System.out.println("集合中的最小元素: " + numbers.first());
18.        System.out.println("集合中的最大元素: " + numbers.last());
19.        System.out.println("小于等于 6 的最大元素: " + numbers.floor(6));
20.        System.out.println("大于 3 的最小元素: " + numbers.higher(3));
21.        System.out.println("大于 6 的最小元素: " + numbers.ceiling(6));
22.        System.out.println("小于 6 的最大元素: " + numbers.floor(6));
23.        // 判断集合是否为空
24.        System.out.println("集合是否为空: " + numbers.isEmpty());
25.        // 获取第一个元素并删除
26.        System.out.println("获取并删除第一个元素: " + numbers.pollFirst());
27.        // 获取最后一个元素并删除
28.        System.out.println("获取并删除最后一个元素: " + numbers.pollLast());
29.        // 输出更新后的集合
30.        System.out.println("更新后的集合: " + numbers);
31.        // 删除指定元素
32.        numbers.remove(8);
33.        // 获取集合的子集（不包括后面的边界元素）
34.        TreeSet<Integer> sub = (TreeSet<Integer>) numbers.subSet(3, 5);
35.        System.out.println("子集元素: " + sub);
36.    }
37.}
```

在例 7-7 中，第 5 行代码使用泛型创建了一个 TreeSet 集合，集合元素是 Integer 包装类。第 7 行到第 11 行代码向集合中添加元素并自动进行排序，所以第 13 行代码输出的初始集合是排好序的。第 15 行到第 32 行代码使用 TreeSet 集合提供的方法进行操作，包括获取集合的长度、查找最小元素和最大元素、获取比指定元素大或小的最小或最大元素、判断集合是否为空、获取并删除集合中的第一个元素和最后一个元素等。第 34 行代码获取集合的子集。程序运行结果如图 7-10 所示。

```
Console ⋈
<terminated> Demo7_7 [Java Application] C:\Pro
初始集合: [1, 3, 5, 8, 10]
集合的长度: 5
集合中的最小元素: 1
集合中的最大元素: 10
小于等于6的最大元素: 5
大于3的最小元素: 5
大于6的最小元素: 8
小于6的最大元素: 5
集合是否为空: false
获取并删除第一个元素: 1
获取并删除最后一个元素: 10
更新后的集合: [3, 5, 8]
子集元素: [3]
```

图 7-10　例 7-7 程序运行结果

> **✎注意**
>
> 当向TreeSet集合中添加元素时，系统会使用Comparable接口的compareTo()方法进行比较排序。Java的基本数据类型对应的包装类和String类都默认实现了Comparable接口的compareTo()方法，所以当向集合中添加这些类型的元素时会自动进行默认排序。但是，如果是自定义的类，就必须手动实现Comparable接口并重写compareTo()方法，否则，添加元素时会抛出ClassCastException异常。
>
> TreeSet集合的排序规则分为两种：自然排序和定制排序。自然排序是根据元素自身的特性或实现的接口来确定排序规则，而定制排序是根据外部提供的比较器对象来确定排序规则。

（1）自然排序

📖 **【例 7-8】** 在类中实现 Comparable 接口，重写 compareTo()方法，使 TreeSet 集合按照 gid 属性进行排序。

```
1. import java.util.Set;
2. import java.util.TreeSet;
3. public class Demo7_8 {
4.     public static void main(String[] args) {
5.         // 创建一个 TreeSet 泛型集合
6.         Set<Category> categorySet = new TreeSet<>();
7.         Category categoryA = new Category(1,"饰品");
8.         Category categoryB = new Category(3,"手机数码");
9.         Category categoryC = new Category(2,"家用电器");
10.        categorySet.add(categoryA);
11.        categorySet.add(categoryB);
12.        categorySet.add(categoryC);
13.        // 输出结果
14.        for (Category s:categorySet){
15.            System.out.println(s.getGid()+"\t"+s.getgName());
16.        }
17.    }
18.}
19.class Category implements Comparable<Category>{
20.        private int gid;//商品分类 id
21.        private String gName;//商品分类名称
22.
23.        // 重写 compareTo()方法
24.        public int compareTo(Category o) {
25.            return  this.gid - o.gid;        //定义排序规则,按 gid 属性升序排列
26.        }
27.
28.        // 构造方法
29.        public Category(int gid, String gName) {
30.            this.gid = gid;
31.            this.gName = gName;
32.        }
33.        // 此处省略属性的 getter()和 setter()方法
34. }
```

在例 7-8 中，第 19 行到第 34 行代码在定义 Category 类时实现了 Comparable 接口，重写了 compareTo()方法，定义排序规则按 gid 属性升序排列。第 6 行代码定义了一个 TreeSet 泛型集合。第 10 行到第 12 行代码在将对象添加到集合中时，就会按 gid 属性升序排列。程序运行结果如图 7-11 所示。

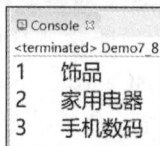

```
Console ☒
<terminated> Demo7_8
1    饰品
2    家用电器
3    手机数码
```

图 7-11 例 7-8 程序运行结果

（2）定制排序

如果用户定义的类中没有实现 Comparable 接口，或者实现了 Comparable 接口又不想使用 compareTo()方法进行排序，又或者对于基本数据类型，不想按照默认的排序规则排序，此时，就可以使用定制排序。

定制排序是指在创建 TreeSet 集合时，使用自定义的比较器（Comparator）来定义元素之间的排序方式，而不是使用元素类的自然顺序。定制排序需要创建一个实现 Comparator 接口的比较器类，并重写其中的 compare()方法。

📖【例 7-9】创建 TreeSet 集合，使用定制的分数比较器，实现灵活定制排序规则。

```java
1. import java.util.Comparator;
2. import java.util.TreeSet;
3. import java.util.ArrayList;
4. public class Demo7_9 {
5.    public static void main(String[] args) {
6.        // 创建 TreeSet 集合，使用定制的分数比较器
7.        TreeSet<Student> studentSet = new TreeSet<>(new ScoreComparator());
8.        studentSet.add(new Student("王维", 85));
9.        studentSet.add(new Student("李大双", 92));
10.        studentSet.add(new Student("黄小毛", 76));
11.        // 遍历集合并输出学生姓名和分数
12.        for (Student student : studentSet) {
13.            System.out.println(student.getName()+ " - " +student.getScore());
14.        }
15.    }
16.}
17.//定义学生类
18.class Student {
19.    private String name;
20.    private int score;
21.    public Student(String name, int score) {
22.        this.name = name;
23.        this.score = score;
24.    }
25.    public String getName() {
26.        return name;
27.    }
28.    public int getScore() {
29.        return score;
```

```
30.    }
31.}
32.
33.//定义分数比较器
34.class ScoreComparator implements Comparator<Student> {
35.    // 重写 compare()方法，使用该方法进行比较排序
36.    public int compare(Student student1, Student student2) {
37.        return student1.getScore() - student2.getScore();
38.    }
39.}
```

在例 7-9 中，第 18 行到第 31 行代码定义了一个 Student 类，该类没有实现 Comparator 接口。第 34 行到第 39 行代码定义了一个 ScoreComparator 类，实现了 Comparator 接口，重写了 compare()方法，根据学生的分数进行升序排列。在 main()方法中，第 7 行代码创建了一个 TreeSet 集合 studentSet，传入了定制的分数比较器 ScoreComparator 并将其作为构造方法的参数。第 8 行到第 10 行代码通过 add()方法添加元素到集合时就会按照分数进行升序排列。第 12 行到第 14 行代码使用增强型 for 循环遍历 studentSet 集合，并输出学生的姓名和分数。程序运行结果如图 7-12 所示。

179

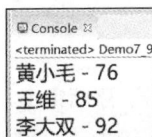

图 7-12 例 7-9 程序运行结果

7.2.5 Map 集合

微课

Map 集合

Map 集合是 Java 集合框架中的一部分，是用于存储键值对（Key-Value Pair）的数据集合。每个键都是唯一的，而值可以重复。Map 集合提供一种通过键快速查找对应值的机制，其常用的方法如表 7-6 所示。

表 7-6 Map 集合常用方法

方法名	功能描述
void put(key, value)	将指定的键值对存储到 Map 集合中。如果已经存在相同的键，则会替换对应的值，并返回被替换的值
Object get(key)	根据给定的键获取对应的值。如果键不存在，则返回 null
Object remove(key)	根据给定的键移除对应的键值对，并返回被移除的值
Boolean containsKey(key)	判断 Map 集合中是否包含指定的键
Boolean containsValue(value)	判断 Map 集合中是否包含指定的值
Set keySet()	返回 Map 集合中所有键组成的 Set 集合
Collection values()	返回 Map 集合中所有值组成的 Collection 集合
Set<Map.Entry<Key,Value>> entrySet()	返回 Map 集合中包含的所有键值对组成的 Set 集合。这个 Set 集合中的每一个元素都是 Map.Entry<k,v>(一个键值对)对象

常见的实现 Map 接口的集合有 HashMap、LinkedHashMap、TreeMap 等，它们提供了相似的基本功能，但在性能和排序等方面有所不同。

（1）HashMap 集合：基于哈希表实现，具有较好的插入、查询、删除性能，但不保证元素的顺序。

（2）LinkedHashMap 集合：基于哈希表和双向链表实现，除了具有 HashMap 集合的特性，还可以保持元素插入顺序。

（3）TreeMap 集合：基于红黑树实现，能够按照键的自然顺序或自定义的顺序进行排列。

HashMap 集合和 TreeMap 集合的对比如表 7-7 所示。

表 7-7　HashMap 集合和 TreeMap 集合的对比

区别	HashMap 集合	TreeMap 集合
元素顺序	没有特定顺序	按自然顺序或者自定义的顺序
实现方式	基于哈希表	基于红黑树
线程安全性	非线程安全	非线程安全
性能	插入、查找、移除元素操作的平均时间复杂度为 $O(1)$	插入、查找、移除元素操作的平均时间复杂度为 $O(\log n)$
场景	插入、删除或大数据量快速查找	需要有顺序的场景
键-值约束	键和值可以为 null	键不能为 null，值可以为 null

1. HashMap 集合

HashMap 集合实现了 Map 接口，用于存储键值对的映射关系，采用 Hash（散列）技术，在插入、查找方面速度较快。存储的内容结构为一个键对应一个值，存储的键值可以为任意对象。它的特点如下。

（1）键值对的无序性：由于 HashMap 集合使用哈希表实现，因此存储的元素与 HashSet 集合一样是无序的。

（2）键的唯一性：HashMap 集合中键可以为任意对象，包括 null，但必须是唯一的，如果插入重复的键，后者的值会把已经存储的旧值替换掉。

创建 HashMap 集合的语法格式如下。

```
Map<键类型,存储值类型> 对象名= new HashMap<>();
HashMap<键类型,存储值类型> 对象名= new HashMap<>();
```

使用 HashMap 集合分为 3 步：导入 java.util.*包、创建 HashMap 对象、使用 HashMap 对象的方法实现业务需求。

【例 7-10】HashMap 集合的使用。

```
1.  import java.util.HashMap;
2.  import java.util.Map;
3.  public class Demo7_10 {
4.      public static void main(String[] args) {
5.          // 创建一个 HashMap 对象，其用于存储各自治区简称和全称的映射关系
6.          Map<Character, String> regions = new HashMap<>();
7.          // 添加键值对
8.          regions.put('桂', "广西壮族自治区");
9.          regions.put('藏', "西藏自治区");
10.         regions.put('宁', "宁夏回族自治区");
11.         regions.put('新', "新疆维吾尔自治区");
12.         regions.put('蒙', "内蒙古");
```

```
13.        regions.put('蒙', "内蒙古自治区");
14.        // 获取值
15.        String name = regions.get('新');
16.        System.out.println("新的全称: " + name);
17.        // 移除键值对
18.        regions.remove("藏");
19.        // 检查是否包含指定的键
20.        boolean containsKey = regions.containsKey("藏");
21.        System.out.println("键中是否包含藏: " + containsKey);
22.        // 检查是否包含指定的值
23.        boolean containsValue = regions.containsValue("宁夏回族自治区");
24.        System.out.println("是否包含宁夏回族自治区: " + containsValue);
25.
26.        System.out.println("----遍历集合----");       // 遍历所有键值对
27.        for (Map.Entry<Character, String> entry : regions.entrySet()) {
28.            Character simple = entry.getKey();
29.            String fullName = entry.getValue();
30.            System.out.println("简称: " + simple + ", 全称: " + fullName);
31.        }
32.
33.        System.out.print("\n输出所有的简称: ");      // 输出所有的键
34.        for (Character simple : regions.keySet()) {
35.            System.out.print(simple+"\t");
36.        }
37.        System.out.print("\n输出所有的全称: ");      // 输出所有的值
38.        for (String fullName : regions.values()) {
39.            System.out.print(fullName+"  ");
40.        }
41.    }
42.}
```

在例 7-10 中，第 6 行代码定义了一个 HashMap 泛型集合，键的类型是 Character，代表简称，值是 String 类型，代表全称。第 8 行到第 12 行代码使用 put()方法添加了 5 个自治区的简称和全称。第 13 行代码重复添加键为"蒙"的值，因为 HashMap 集合的键不能重复，所以会替换前面的值。第 15 行代码获取键为"新"的值。第 18 行代码删除键为"藏"的键值对。第 20 行代码查看是否包含指定的键。第 23 行代码查看是否包含指定的值。第 27 行到第 31 行代码通过增强型 for 循环遍历集合中的元素，并输出结果。第 34 行到第 36 行代码通过增强型 for 循环遍历输出所有的键。第 38 行到第 40 行代码通过增强型 for 循环遍历输出所有的值。程序运行结果如图 7-13 所示。

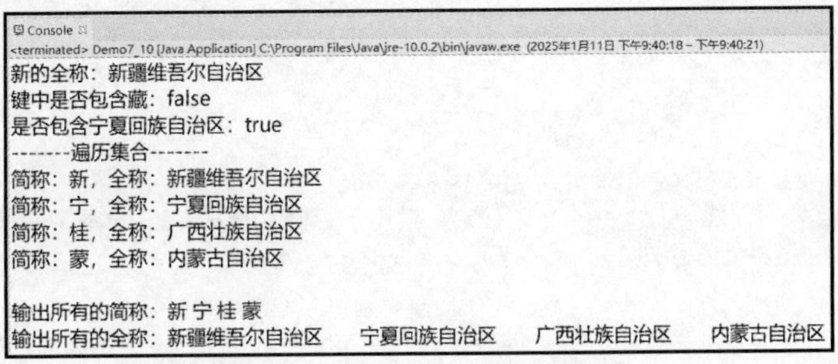

图 7-13　例 7-10 程序运行结果

2．TreeMap 集合

TreeMap 集合与 HashMap 集合一样实现了 Map 接口，但它是有序的，基于红黑树实现。它的特点如下。

（1）有序性：TreeMap 集合按照键的自然顺序或自定义比较器的顺序进行存储。

（2）键的唯一性：TreeMap 集合中存储的键可为任意对象，但不能为 null，且必须唯一，如果插入一个已经存在的键，键关联的值将会替换旧值。

（3）支持自然排序与定制排序：键需实现 Comparable 接口进行自然排序，或通过 Comparator 接口提供定制排序。

创建 TreeMap 集合的语法格式如下。

```
Map<键类型,存储值类型> 对象名= new TreeMap<>();
TreeMap<键类型,存储值类型> 对象名= new TreeMap<>();
```

使用 TreeMap 集合分为 3 步：导入 java.util.*包、创建 TreeMap 对象、使用 TreeMap 对象的方法实现业务需求。

TreeMap 集合要保证元素排列的准确性，需要元素类型实现 Comparable 接口或者提供自定义的比较器。TreeMap 集合的排序规则有两种：自然排序和定制排序，默认为自然排序。

📖【例 7-11】实现 Comparable 接口，并重写 compareTo()方法，将 TreeMap 集合的元素按照商品分类 id 进行升序排列。

```
1. import java.util.Map;
2. import java.util.TreeMap;
3. class Category implements Comparable<Category> {
4.     private int id;        //商品分类 id
5.     private String name;   //商品分类名称
6.
7.     //构造方法
8.     public Category(int id, String name) {
9.         this.id = id;
10.         this.name = name;
11.     }
12.     public int getId() {
13.         return id;
14.     }
15.     public String getName() {
16.         return name;
17.     }
18.
19.     // 重写 compareTo()方法，按照商品分类 id 进行升序排列
20.     public int compareTo(Category other) {
21.         return Integer.compare(this.id, other.id);
22.     }
23.}
24.
25.public class Demo7_11 {
26.     public static void main(String[] args) {
27.         // 创建一个 TreeMap 对象，其用于存储 Category 对象，并按商品分类 id 排序
28.         Map<Category, String> categoryMap = new TreeMap<>();
29.
30.         // 添加 Category 对象到 TreeMap 集合
31.         categoryMap.put(new Category(2, "冷冻食品"), "冷却食品和冻结食品");
```

```
32.          categoryMap.put(new Category(1, "蔬菜类"), "叶菜类和根茎类");
33.          categoryMap.put(new Category(3, "水果类"), "植物果实和食用瓜果");
34.
35.          // 遍历 TreeMap 集合并输出排序后的元素
36.          for (Map.Entry<Category, String> entry : categoryMap.
entrySet()) {
37.              Category category = entry.getKey();
38.              String product = entry.getValue();
39.              System.out.println("商品分类 id: "+category.getId()+",名
称: "+category.getName()+", 描述: "+product);
40.          }
41.      }
42.}
```

在例 7-11 中，第 3 行代码定义了实体类 Category，包含 id 和 name 属性，该类实现了 Comparable 接口，重写了 compareTo() 方法实现 TreeSet 集合的自然排序，即按照商品分类 id 进行升序排列。第 28 行代码创建一个 TreeMap 集合存储分类信息，指定 Category 对象作为键、对 Category 对象的描述作为值。第 31 行到第 33 行代码通过 put() 方法向集合中添加元素，添加时会按照商品分类 id 进行升序排列。第 36 行到第 40 行代码通过增强型 for 循环和 entrySet() 方法遍历输出排序后的元素。程序运行结果如图 7-14 所示。

```
🖳 Console ⌗
<terminated> Demo7_11 [Java Application] C:\Program Files\Java\jre-10.0.2\bin\javaw
商品分类id: 1, 名称: 蔬菜类, 描述: 叶菜类和根茎类
商品分类id: 2, 名称: 冷冻食品, 描述: 冷却食品和冻结食品
商品分类id: 3, 名称: 水果类, 描述: 植物果实和食用瓜果
```

图 7-14　例 7-11 程序运行结果

> **⚡注意**
>
> 如果键是自定义类且没有实现Comparable接口，或者希望使用其他规则进行排序，可以像例7-9那样使用定制排序，即在创建TreeMap集合时提供一个自定义比较器来指定排序规则。通过定制排序，可以控制键的排序方式。在此不详述。

7.2.6　遍历集合

遍历集合是指按照一定的方式，逐个访问集合中的元素。通过遍历集合，可以依次访问每个元素，执行相应的操作或获取需要的信息。例如，输出集合中的元素、筛选满足特定条件的元素、计算元素的总数或求和等。

微课

遍历集合

1. 遍历集合的方法

（1）使用迭代器（Iterator）

使用迭代器遍历集合，首先需要获取集合的 Iterator 对象，其语法格式如下。

```
Iterator iterator = collection.iterator();
while(iterator.hasNext()){
    System.out.println(iterator.next());
}
```

> 💡 **说明**
>
> collection可以是ArrayList、LinkedList、HashSet、TreeSet等对象，通过iterator()方法获取Iterator对象。通过while循环来判断是否还有下一个元素需要遍历，hasNext()方法返回的值是布尔类型，返回true表示还有下一个元素。iterator.next()方法用于获取当前元素。

（2）使用 Lambda 表达式

Lambda 表达式的语法是(参数) -> { 表达式 }，其语法格式如下。

```
collection.forEach(s->{
    System.out.println(s);
});
```

> 💡 **说明**
>
> collection可以是ArrayList、LinkedList、HashSet和TreeSet等对象。forEach()是Java 8引入的遍历集合的方法，s是传入的参数名，代表集合的元素。

（3）使用增强型 for 循环

使用增强型 for 循环遍历集合的语法格式如下。

```
for (Object s:collection){
    System.out.println(s);
}
```

> 💡 **说明**
>
> collection可以是ArrayList、LinkedList、HashSet和TreeSet等对象。s代表集合元素，指代当前正在遍历的元素；Object是元素类型，是集合或数组中元素的类型。

（4）使用普通 for 循环

使用普通 for 循环遍历集合的语法格式如下。

```
for (int i = 0; i < collection.size(); i++){
    System.out.println(collection.get(i));
}
```

> 💡 **说明**
>
> collection可以是ArrayList、LinkedList对象；collection.size()表示集合的大小；i为索引，从0递增至集合的长度；collection.get(i)表示通过索引获取元素。

2. 遍历集合的实现

📖 【例 7-12】使用 4 种不同的方式遍历 HashSet 或 TreeSet 集合。

```
1. import java.util.Iterator;
2. import java.util.Set;
3. import java.util.TreeSet;
4. public class Demo7_12 {
5.   public static void main(String[] args) {
6.     // 或 Set set = new HashSet();
7.     Set set = new TreeSet();
```

```
8.          set.add("毛巾");
9.          set.add("洗衣液");
10.
11.         System.out.println("1.使用迭代器遍历---");
12.         Iterator<String> iterator = set.iterator();
13.         while(iterator.hasNext()){
14.             String element = iterator.next();
15.             System.out.println(element);
16.         }
17.
18.         System.out.println("2.使用增强型 for 循环遍历---");
19.         for(Object element :set){
20.             System.out.println((String) element);
21.         }
22.
23.         System.out.println("3.使用普通 for 循环遍历---");
24.         //  将 Set 集合转换为数组，再使用普通 for 循环遍历数组
25.         String[] array = (String[]) set.toArray(new String[set.size()]);
26.         for(int i = 0; i<array.length;i++) {
27.             System.out.println(array[i]);
28.         }
29.
30.         System.out.println("4.使用 Lambda 表达式遍历---");
31.         set.forEach(element ->{
32.             System.out.println(element);
33.         });
34.     }
35.}
```

在例 7-12 中，第 7 行代码定义了一个 TreeSet 集合，也可以定义 HashSet 集合，语法类似。第 12 行到第 16 行代码使用迭代器遍历输出元素。第 19 行到第 21 行代码使用增强型 for 循环遍历输出集合元素。第 25 行代码将 Set 集合转换为数组。使用普通 for 循环遍历 Set 集合，需要先将 Set 集合转换为数组，然后再遍历。第 31 行到第 33 行代码使用 Lambda 表达式遍历集合。程序运行结果如图 7-15 所示。

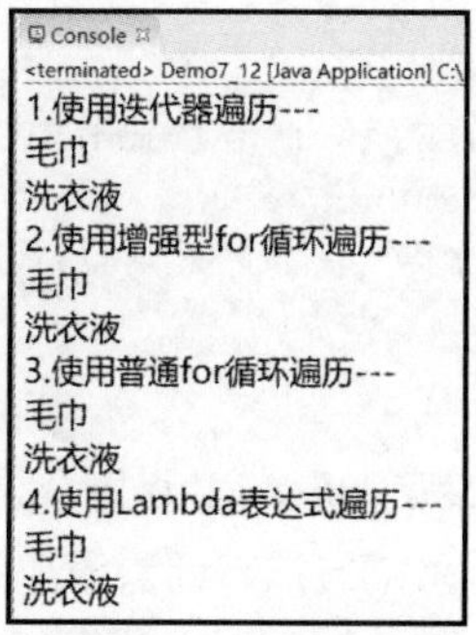

图 7-15 例 7-12 程序运行结果

【知识小秘诀】

➢ Set集合是无序无重复元素的集合。因此，使用普通for循环遍历Set集合时，不能保证元素的顺序。如果只是需要遍历Set集合中的元素，可以使用foreach循环或迭代器。如果需要按照特定顺序遍历Set集合，可以使用TreeSet实现类，它会保持元

素的插入顺序。

> 如果使用普通for循环遍历Set集合，需要先将Set集合转换为数组，再使用for循环遍历数组。

> 遍历List集合与遍历Set集合类似，但是在使用普通for循环遍历时，不需要将其转换为数组。

> 避免使用普通for循环和get()方法来遍历List集合，因为每次调用get()方法都会进行一次数组访问，效率较低。而使用增强型for循环、迭代器或ListIterator(Iterator的子接口)，性能更好。

📖【例 7-13】因为普通 for 循环不适合遍历 HashMap 集合，请使用其他 3 种方法遍历 HashMap 集合。

```java
1. import java.util.HashMap;
2. import java.util.Iterator;
3. import java.util.Map;
4. public class Demo7_13 {
5.     public static void main(String[] args) {
6.         Map map = new HashMap<>();   // TreeMap 集合的遍历方法相同
7.         map.put("CN","中国");
8.         map.put("BJ","北京");
9.
10.        System.out.println("1.使用迭代器遍历---");
11.        Iterator iterator = map.entrySet().iterator();
12.        while(iterator.hasNext()){
13.            Map.Entry element = (Map.Entry) iterator.next();
14.            System.out.println("\t"+element.getKey()+"\t"+element.getValue());
15.        }
16.
17.        System.out.println("2.使用增强型 for 循环遍历---");
18.        for( Object element :map.keySet()){
19.            System.out.println("\t"+(String) element+"\t"+map.get(element));
20.        }
21.
22.        System.out.println("3.使用 Lambda 表达式遍历---");
23.        map.entrySet().forEach(e->{
24.            System.out.println("\t"+e);
25.        });
26.    }
27.}
```

在例 7-13 中，第 6 行代码定义了 HashMap 集合，也可以是 TreeMap 集合，语法与之类似。第 7 行、第 8 行代码使用 put()方法将元素添加到集合中。第 11 行代码用 Map 集合中所有键值对组成的 Set 集合生成一个迭代器。第 13 行代码使用 iterator.next()方法获取下一个元素，由于返回的元素是 Object 类型，所以要将其强制转换为 Map.Entry 类型。第 14 行代码使用 getKey()和 getValue()方法分别获取键和值并输出。第 18 行到第 20 行代码使用增强型 for 循环遍历 Map 集合，其中 map.keySet()方法用于获取所有键组成的 Set 集合。第 23 行到第 25 行代码使用 Lambda 表达式遍历集合时，先使用 entrySet()方法获取所有键值对组成的 Set 集合。程序运行结果如图 7-16 所示。

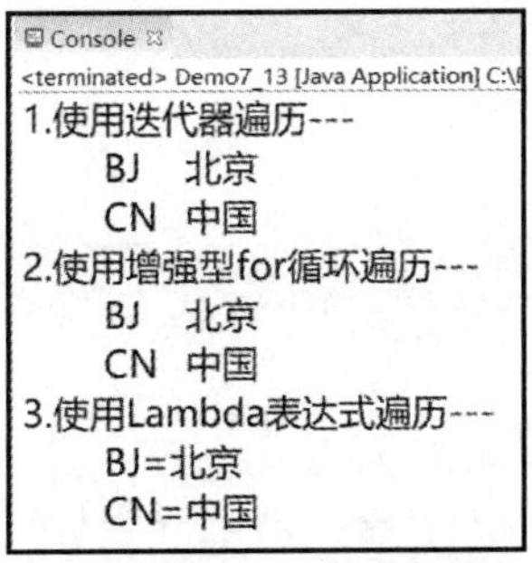

图 7-16　例 7-13 程序运行结果

7.3　任务实施

本阶段使用集合优化购物管理系统的存储结构，与 6.3 节相同，同样实现购物车商品的增、删、改、查和结算功能。程序共设计 3 个类，分别是商品类 Goods、购物车类 ShoppingCart 和购物管理系统类 ShoppingSystem，以及一个计算器接口 Calculate。商品类 Goods 和接口 Calculate 与 6.3.1 小节一致，此处不再详述。

7.3.1　购物车类的设计与实现

与 6.3.2 小节不同，购物车类 ShoppingCart 不再使用数组存储商品信息，而是使用集合，所以需要先定义一个存放 Goods 对象的 List 集合作为属性，接着分别定义方法实现商品的添加、删除、更新和查看等功能。

1. 实现思路

（1）定义 addItem(Goods goods)方法，用于向购物车中添加商品，形参是 Goods 对象，无返回值。

（2）定义 removeItem(Goods goods)方法，用于从购物车中移除指定商品。

（3）定义 updateQuantity(Goods goods, int quantity)方法，用于更新购物车中指定商品的数量。

（4）定义 sortByPrice()方法，用于按照商品价格对购物车中的商品进行排序。

（5）定义 findItemByName(String name)方法，用于根据商品名称查找购物车中的商品。

（6）定义 displayItems()方法，用于显示购物车中所有商品的信息，无参数、无返回值。

（7）定义 calculateTotal()方法，用于计算购物车中所有商品的总金额。

2. 参考代码

```
1.  import java.util.ArrayList;
2.  import java.util.Comparator;
3.  import java.util.List;
4.  public class ShoppingCart implements Calculate{
5.      private List<Goods> items;
6.
7.      public ShoppingCart() {        // 构造方法，初始化集合对象
8.          this.items = new ArrayList<>();
9.      }
10.
11.     public void addItem(Goods goods) {
12.         items.add(goods);
13.     }
```

187

188

```
14.
15.    public void removeItem(Goods goods) {
16.        items.remove(goods);
17.    }
18.
19.    public void updateQuantity(Goods goods, int quantity) {
20.        goods.setQuantity(quantity);
21.    }
22.
23.    public void sortByPrice() {
24.        items.sort(Comparator.comparing(Goods::getPrice));
25.    }
26.
27.    public Goods findItemByName(String name) {
28.        for (Goods item : items) {
29.            if (item.getName().equals(name)) {
30.                return item;
31.            }
32.        }
33.        return null;
34.    }
35.
36.    public void displayItems() {
37.        System.out.println("购物车商品信息:");
38.        for (Goods item : items) {
39.            System.out.println("id:"+item.getId()+",名称:"+
item.getName()+",价格:"+item.getPrice()+",数量: "+ item.getQuantity());
40.        }
41.    }
42.
43.    public double calculateTotal() {
44.        double totalAmount = 0;
45.        for (Goods item : items) {
46.         totalAmount += item.getPrice() * item.getQuantity();
47.        }
48.        return totalAmount;
49.    }
50.}
```

7.3.2　购物管理系统类的设计与实现

1.　实现思路

购物管理系统类 ShoppingSystem 作为整个系统的入口，通过主菜单和用户交互，调用
ShoppingCart 类的各个方法实现具体的操作。它有两个属性，一个是 ShoppingCart 对象 cart，
另一个是 Scanner 对象 sc，用于从控制台读取用户的输入。主要方法如下。

（1）main()：包含整个购物管理系统的交互逻辑。在购物车页面，允许用户选择不同的操作。

（2）addItemToCart()：向购物车添加商品的方法。

（3）removeItemFromCart()：从购物车中移除商品的方法。

（4）updateItemQuantity()：更新购物车中商品数量的方法。

（5）sortItemsByPrice()：按照价格对购物车中的商品进行排序的方法。

（6）searchItemByName()：根据商品名称在购物车中查找商品的方法。

（7）displayCart()：显示购物车中所有商品信息和购物总金额的方法。

2. 参考代码

```
1.  import java.util.Scanner;
2.  public class ShoppingSystem {
3.      private static ShoppingCart cart = new ShoppingCart();
4.      private static Scanner sc = new Scanner(System.in);
5.
6.      public static void main(String[] args) {
7.          int choice = 0;
8.          do {
9.              System.out.println("\n * * * * 欢迎进入购物车菜单 * * * *");
10.             System.out.println("1.添加商品\n2.删除商品 \n3.更新商品数量\n"
11.                 + "4.按价格排序\n5.查找商品\n6.显示购物车商品信息\n7.退出");
12.             System.out.print("——请输入您的选择: ");
13.             choice = sc.nextInt();
14.             switch (choice) {
15.                 case 1:
16.                     addItemToCart();      //调用添加商品的方法
17.                     break;
18.                 case 2:
19.                     removeItemFromCart();   //调用删除商品的方法
20.                     break;
21.                 case 3:
22.                     updateItemQuantity();   //调用更新商品数量的方法
23.                     break;
24.                 case 4:
25.                     sortItemsByPrice();   //调用对商品进行排序的方法
26.                     break;
27.                 case 5:
28.                     searchItemByName();     //调用查找商品的方法
29.                     break;
30.                 case 6:
31.                     displayCart();        //调用显示购物车商品信息的方法
32.                     break;
33.                 case 7:
34.                     System.out.println("谢谢使用……");
35.                     break;
36.                 default:
37.                     System.out.println("输入有误，请重新输入！");
38.             }
39.         } while (choice != 7);
40.         sc.close();
41.     }
42.
43.     private static void addItemToCart() {
44.         System.out.print("输入商品 id: ");
45.         int id = sc.nextInt();
46.         System.out.print("输入商品名称: ");
47.         String name = sc.next();
48.         System.out.print("输入商品价格: ");
49.         double price = sc.nextDouble();
50.         System.out.print("输入商品数量: ");
51.         int quantity = sc.nextInt();
52.         Goods goods = new Goods(id, name, price, quantity);
```

```
53.          cart.addItem(goods);
54.          System.out.println("商品已经添加到购物车！");
55.      }
56.
57.      private static void removeItemFromCart() {
58.          System.out.print("请输入要删除的商品名称：");
59.          String name = sc.next();
60.          Goods goodsToRemove = cart.findItemByName(name);
61.          if (goodsToRemove != null) {
62.              cart.removeItem(goodsToRemove);
63.              System.out.println("已经从购物车中删除该商品！");
64.          } else {
65.              System.out.println("购物车无此商品！");
66.          }
67.      }
68.
69.      private static void updateItemQuantity() {
70.          System.out.print("请输入要更新的商品名称：");
71.          String name = sc.next();
72.          Goods goodsToUpdate = cart.findItemByName(name);
73.          if (goodsToUpdate != null) {
74.              System.out.print("新数量：");
75.              int newQuantity = sc.nextInt();
76.              cart.updateQuantity(goodsToUpdate, newQuantity);
77.              System.out.println("商品数量更新成功！");
78.          } else {
79.              System.out.println("购物车无此商品");
80.          }
81.      }
82.
83.      private static void sortItemsByPrice() {
84.          cart.sortByPrice();
85.          System.out.println("商品已经按价格排序！");
86.      }
87.
88.      private static void searchItemByName() {
89.          System.out.print("请输入要查找的商品名称：");
90.          String name = sc.next();
91.          Goods fItem = cart.findItemByName(name);
92.          if (fItem != null) {
93.              System.out.println("购物车商品信息：id-"+fItem.getId()+",
名称："+fItem.getName()+",价格："+fItem.getPrice()+",数量：" + fItem.getQuantity());
94.          } else {
95.              System.out.println("购物车无此商品！");
96.          }
97.      }
98.
99.      private static void displayCart() {
100.         cart.displayItems();
101.         System.out.println("--------------------------------------");
102.         System.out.println("商品的总金额：" +cart.calculateTotal());
103.         System.out.println("--------------------------------------");
104.     }
105.}
```

程序运行结果如图 7-17 所示。

```
**** 欢迎进入购物车菜单 ****
1.添加商品
2.删除商品
3.更新商品数量
4.按价格排序
5.查找商品
6.显示购物车商品信息
7.退出
------请输入您的选择：1
输入商品id: 101
输入商品名称: 毛巾
输入商品价格: 12
输入商品数量: 3
商品已经添加到购物车！
```

```
**** 欢迎进入购物车菜单 ****
1.添加商品
2.删除商品
3.更新商品数量
4.按价格排序
5.查找商品
6.显示购物车商品信息
7.退出
------请输入您的选择：6
购物车商品信息:
id: 101，名称: 毛巾，价格：12.0，数量：3
id: 102，名称: 洗衣液，价格：25.0，数量：2
id: 103，名称: 洗发水，价格：38.0，数量：1
------------------------------------------
商品的总金额：124.0
------------------------------------------
```

图 7-17　程序运行结果

7.4　任务小结

本任务详细讲解了各种集合的定义和使用场景，分别介绍了 ArrayList、LinkedList、HashSet、TreeSet、HashMap、TreeMap 集合和泛型的常见操作，包括添加元素、修改元素、移除元素、获取元素等，接着详细分析了集合的几种遍历方式。最后，使用集合优化购物管理系统的存储结构，实现购物车商品的增、删、改、查和结算功能。总之，集合模块的应用性较强，需要读者多练习和操作。

7.5　同步练习

一、选择题

1. 以下（　　）方法可以在 List 集合的指定位置插入一个元素。

A. add(Object obj)　　B. remove(Object obj)

C. set(int index, Object element)　　D. get(int index)

2. 以下（　　）方法可以用来获取 List 集合中指定元素的索引。

A. indexOf(Object obj)　　B. lastIndexOf(Object obj)

C. contains(Object obj)　　D. toArray()

3. 以下（　　）方法可以将另一个集合中的所有元素添加到当前 List 集合。

A. removeAll(Collection c)　　B. addAll(Collection c)

C. retainAll(Collection c)　　D. clear()

4. 在 Java 中，集合和数组的区别是（　　）。

A. 数组是一种数据类型，而集合是一些对象的容器

B. 数组长度不可变，而集合长度可变且动态增长

C. 数组中的元素必须是相同的数据类型，而集合可以存储不同类型的对象

D. 以上选项都是正确的

5. 以下（　　）类不允许存储重复的元素。

A. HashSet　　B. TreeSet

C. LinkedHashSet　　D. ArrayList

6. 以下（　　）方法用于获取集合的迭代器对象。

A. iterator()　　B. add(E e)

C. remove(Object o)　　D. size()

7. 以下（　　）方法用于遍历集合的元素。

A. forEach()　　B. iterator()　　C. add(E e)　　D. remove(Object o)

二、填空题

1. HashMap 集合和 TreeMap 集合都实现了_____接口。
2. HashSet 集合不允许包含重复元素是因为它使用了_____机制。
3. 当需要根据键进行排序时，通常会选择使用_____而不是 HashMap 集合。
4. 若要实现自定义排序，需要在类中实现_____接口。
5. 在 List 集合中，_____方法可以用来判断一个对象是否包含在集合中。

三、程序练习题

1. 编写一个学生类 Student，该类包含以下属性：学生姓名 name、学生年龄 age、学生性别 gender。然后编写一个程序，在主方法中创建多个学生对象，将它们存储在 ArrayList 集合中。接着使用迭代器遍历该 ArrayList 集合，并输出每个学生对象的信息。

2. 编写一个方法，其参数是一个 TreeSet 集合，使用增强型 for 循环遍历该 TreeSet 集合，打印出每个元素的值。

3. 编写一个方法 countWords()，其参数是一个字符串数组，返回一个 HashMap 集合，其中，键为字符串数组中的每个不同的单词，值为该单词在数组中出现的次数。

例如，字符串数组是 String[] words = {"apple", "banana", "apple", "orange", "banana", "apple"}，则输出结果为"单词出现频率: {banana=2, orange=1, apple=3}"。

4. 编写一个方法，其参数是一个 HashMap 集合，使用 Lambda 表达式遍历 HashMap 集合的键值对，打印出每个键值对的键和值。

7.6 拓展项目实训——优化博物馆访客信息管理系统

一、任务描述

使用集合优化博物馆访客信息管理系统的存储结构，实现访客信息的增加、删除、修改和查看等功能。共设计 4 个类：访客类 Visitor、访客预约类 VisitorAppoint、访客管理系统类 VisitorSystem 和测试类 TestVisitorSys。

二、功能实现效果

1. 显示程序的主菜单。用户选择要执行的操作，如输入 1 可以添加访客信息，如图 7-18 所示。要求菜单项实现循环选择。

图 7-18 添加访客信息界面

2. 输入 2 可以根据姓名查询访客的详细信息，如图 7-19 所示。

```
请选择操作（0~4）：2
请输入要查询的访客姓名：黄家宁
访客信息：姓名：黄家宁，身份证号：450107200205160623，电话号码：18577886692，预约时间：2024-9-8
```
图 7-19　查询访客信息界面

3. 输入 3 可以根据访客姓名更新访客的电话号码，如图 7-20 所示；输入 4 则可以根据访客姓名删除访客信息。

```
请选择操作（0~4）：3
请输入要更新的访客姓名：黄家宁
请输入新的电话号码：18577886691
访客信息已修改：姓名：黄家宁，身份证号：450107200205160623，电话号码：18577886691，预约时间：2024-9-8
```
图 7-20　更新访客电话号码界面

三、思路分析

1. 设计访客类 Visitor，包含访客的姓名、身份证号、电话号码和预约时间 4 个属性；定义带 4 个参数的构造方法，属性设置为私有的，提供 getter()方法；再定义一个 toString()方法，返回访客信息。当使用输出语句输出对象时，实际上就是调用该对象的 toString()方法。

2. 定义访客预约类 VisitorAppoint，用于管理预约的访客信息。它有一个属性，是存储访客信息的 Map 集合，集合的键是访客姓名，值是访客对象，还有添加、修改、查看和删除访客信息的 4 个方法，如下。

（1）addVisitor(String name, String idCard, String phoneNumber, String appointTime)：用于添加访客信息。参考代码如下。

```java
public void addVisitor(String name,String idCard,String phoneNumber,String
appointTime){
    Visitor visitor = new Visitor(name, idCard, phoneNumber, appointTime);
    visitors.put(name, visitor);
    System.out.println("访客信息已录入: " + visitor);
}
```

（2）updateVisitor(String name, String newPhoneNumber)：用于修改指定访客的电话号码。参考代码如下。

```java
public void updateVisitor(String name, String newPhoneNumber) {
    if (visitors.containsKey(name)) {
        Visitor visitor = visitors.get(name);
        visitor = new Visitor(visitor.getName(), visitor.getIdCard(),
newPhoneNumber, visitor.getAppointTime());
        visitors.put(name, visitor);
        System.out.println("访客信息已修改: " + visitor);
    } else {
        System.out.println("未找到该访客信息! ");
    }
}
```

（3）viewVisitor(String name)：用于查看指定姓名的访客信息。

（4）deleteVisitor(String name)：用于删除指定姓名的访客信息。

3. 访客管理系统类 VisitorSystem：用于管理和录入访客信息。首先定义一个操作菜单的方法 run()，通过多分支选择语句进行菜单项的选择；再定义 4 个方法，分别根据用户的输入调用

VisitorAppoint 类的添加、修改、查看和删除访客信息的 4 个方法。

4. 测试类 TestVisitorSys：在主方法中创建访客管理系统类对象，调用操作菜单的方法 run()。

四、编程要求

1. 根据任务描述和功能实现效果编写程序。

2. 类、属性和方法的命名应该具有描述性，能够清晰地反映其含义。

3. 方法尽量做到单一职责，方法之间低耦合、高内聚。

任务8

08

异常处理和数据的导入与导出
——异常处理机制与I/O流

8.1　任务描述

小林开发的乐客购物管理系统已经能够实现用户登录验证、主菜单选择、存储购物数据、购物车商品结算等功能。他继续测试程序，想看看运行过程是否正常。当运行到需要输入付款金额的界面时，他不小心输成一个字母，这时程序报错，停止运行了。他需要重新启动程序，非常麻烦。小林请教学长，该如何处理这类问题。学长告诉他，需要设计程序的异常处理机制，同时，还要学会读写文件数据、备份数据，使系统更加健壮和可靠。

任务目标	• 对用户的输入进行合法性校验，在出现异常情况时进行捕获和处理 • 录入商品信息超过资源限制时进行异常处理，防止程序崩溃 • 对录入的购物数据进行导入和导出处理
知识目标	• 理解异常、字节流和字符流的概念和原理 • 掌握程序异常处理机制，编写出健壮的异常处理代码 • 掌握字符流、字节流和 File 类的常用操作
素养目标	• 提高学生多维度思考的技术素养 • 培养学生遵守国家法律法规的意识 • 培养学生严谨、精益求精的工匠精神

8.2　知识储备

8.2.1　异常处理概述

微课

异常处理概述

在 Java 程序的开发过程中，异常是指程序执行过程中由于输入错误、资源不足、网络故障、程序缺陷等出现的意外情况。异常打破了正常的程序执行流程，会使程序停止运行。为了解决这些问题，Java 提供了异常处理机制，它允许程序在发生异常时进行适当的响应和处理，确保程序的稳定性和可靠性。

1. 异常处理机制

Java 的异常处理机制是一种用于处理程序在运行过程中可能出现的错误情况的机制，它通过 try...catch...finally 语句块实现。在 try 块中编写可能引发异常的代码，当 try 块中的代码发生异常时，会去 catch 块中查找与此异常相匹配的异常类型，如果找到，则执行 catch 块里的代码。这个过程叫捕获异常。如果找不到相匹配的异常类型，程序则会停止执行并抛出异常。如果

try 块中的代码没有发生异常，则 finally 块中的代码会被执行。

2. 异常的分类

Java 针对不同的异常情况提供了大量的异常类，这些类都继承自 java.lang.Throwable 类（简称 Throwable 类），Throwable 类的继承体系如图 8-1 所示。

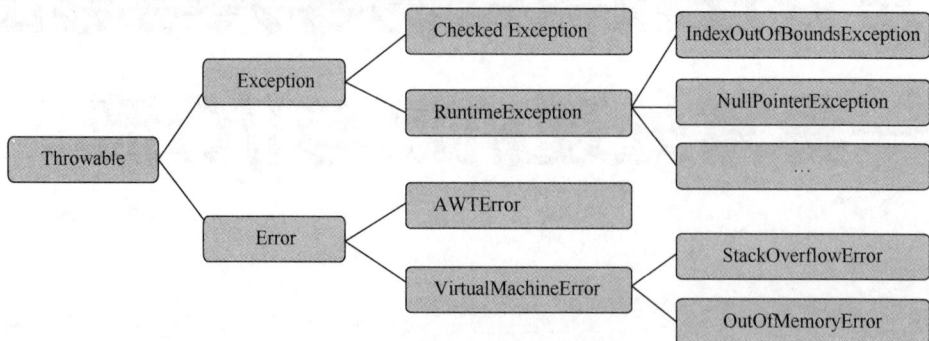

图 8-1　Throwable 类的继承体系

Throwable 类是 Java 中所有错误和异常的顶级父类，它有两个子类，分别为 Error 类和 Exception 类。Error 类表示虚拟机出现了无法处理的内部错误或资源耗尽等情况，不能被程序捕获和处理，无法恢复。常见的 Error 类包括 OutOfMemoryError、StackOverflowError 类等。OutOfMemoryError 类表示堆内存不足，无法为对象分配空间；StackOverflowError 类表示栈溢出，栈溢出通常是由于递归调用或方法调用层次太深而导致的。这些错误一旦产生，程序就不能继续执行，并且需要通过修改代码或增加系统资源等措施来避免它们产生。

Exception 类是所有异常的父类，它分为两大类：受检异常（Checked Exception）和运行时异常（RuntimeException）。受检异常是在编译时就需要处理的异常，必须通过 try...catch 语句块或 throws 关键字来处理。这些异常通常是由外部因素（如文件不存在、网络连接中断等）引起的，开发人员必须显式地处理这些异常以确保程序的健壮性。与受检异常不同，运行时异常通常是由于程序错误导致的，编译器不会强制要求进行处理，应该在代码层面进行修复。下面介绍 Exception 类的常见子类及其描述，如表 8-1 所示。

表 8-1　Exception 类的常见子类及其描述

分类	异常类型	异常描述
运行时异常	ArithmeticException	算术异常，如出现除零操作时抛出
	NullPointerException	空指针异常，尝试访问一个空对象的属性或调用空对象的方法时抛出
	IndexOutOfBoundsException	索引越界异常，尝试访问数组、集合等不存在的索引时抛出
	IllegalArgumentException	非法参数异常，传递给方法的参数不符合方法的预期时抛出
	ClassCastException	类转换异常，尝试将一个对象转换为不是实际类型的子类时抛出
	InputMismatchException	输入格式异常，输入的数据与预期的数据类型或格式不匹配时抛出

续表

分类	异常类型	异常描述
受检异常	IOException	输入输出异常，如文件读写、网络操作等异常
	FileNotFoundException	文件未找到异常，通常在尝试打开一个不存在的文件时抛出
	ClassNotFoundException	找不到类异常，找不到相应的类时抛出

8.2.2 异常处理的方法

在 Java 中，异常处理主要涉及捕获异常、抛出异常和自定义异常处理 3 个方面。

微课

异常处理的方法

1. 捕获异常

使用 try...catch...finally 语句块来捕获和处理异常，其语法格式如下。

```
try {
        // 可能会发生异常的代码
} catch (异常类型 对象名) {
        // 处理该异常类型的代码，可以使用 catch 块捕获多个不同的异常
} finally {
        // 无论是否捕获，都会执行该区域的代码
}
```

说明如下。

- try: 可能会抛出异常的代码块。如果发生异常，会立即跳转到与其异常类型相匹配的 catch 块。

- catch: 用于捕获和处理 try 块中抛出的异常。可以根据不同类型的异常来编写多个 catch 块，以便分别处理不同类型的异常。catch 块捕获异常后，可以进行相应的处理，比如记录日志、提示用户等。

- finally: 无论是否发生异常都会执行该区域的代码，通常用于释放资源，比如关闭文件、关闭数据库连接等。即使在 try 块中使用了 return 语句，finally 块中的代码也会被执行。

📖 【例 8-1】使用 try...catch...finally 语句块。

```
1.  import java.util.*;
2.  public class Demo8_1 {
3.    public static void main(String[] args) {
4.      Scanner sc = new Scanner(System.in);
5.      try {          //可能发生异常的代码
6.        System.out.print("请输入被除数: ");
7.        int numOne = sc.nextInt();
8.        System.out.print("请输入除数: ");
9.        int numTwo = sc.nextInt();
10.       int c = numOne/numTwo;
11.     } catch (ArithmeticException e1) {
12.       System.err.println("除数不能为0! ");
13.        System.err.println(e1.getMessage()); //输出e1对象的描述信息
14.     } catch (InputMismatchException e2) {
15.       System.err.println("输入的数据格式不正确! ");
16.     } finally {
17.       sc.close();    // 关闭输入对象，释放资源
18.     }
```

```
19.      System.out.println("谢谢使用！");  // 进行异常处理后程序可以继续执行
20.   }
21.}
```

在例 8-1 中，第 6 行到第 10 行是可能发生异常的代码，如果 try 块中的某行代码发生了异常，则 try 块中剩下的代码不会被执行。如果除数为 0，会抛出 ArithmeticException 异常，被第 11 行代码捕获，执行其 catch 块中的代码；如果输入的数据格式不对，会抛出 InputMismatchException 异常，被第 14 行代码捕获，执行其 catch 块中的代码。第 16 到第 18 行代码是无论是否发生异常都会执行的 finally 块，关闭输入对象，释放资源。程序运行结果如图 8-2 所示。

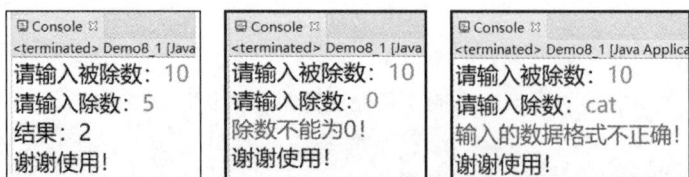

图 8-2　例 8-1 的 3 种程序运行结果

> **注意**
>
> 　　第12行的System.err.println()是将错误信息输出到标准错误流的方法，输出红色字体；第11行的e1是异常对象名；第13行的getMessage()方法用来获取该异常对象的描述信息；第11行到第14行也可以使用catch(Exception e)代替，代表可以捕获任意类型的异常。
>
> 　　在Eclipse中，可以使用快捷方式生成try…catch语句块。首先，在编辑器中选择需要包裹在try…catch语句块中的代码，然后右击，选择【Surround With】→【Try/catch Block】，最后，根据需要适当修改代码即可。

2. 使用 throw 或 throws 关键字抛出异常

除了可以使用 try…catch 语句块捕获异常，还可以使用 throw 或 throws 关键字主动抛出异常。throw 和 throws 关键字的作用和使用场景有所不同，它们的区别如下。

（1）作用不同

通过 throw 关键字可以显式地在代码中抛出指定的异常；throws 关键字用于在方法声明中标识可能会抛出的异常类型。通过在方法签名中使用 throws 关键字，可以告知调用者可能会抛出的异常类型。

（2）位置不同

throw 关键字通常在方法体内部使用，用于抛出具体的异常对象。throws 关键字用于方法声明中，表示该方法可能会抛出指定类型的异常。

（3）处理方式不同

throw 关键字通常需要搭配 try…catch 语句块来捕获并处理抛出的异常；throws 关键字则要么在当前方法中处理异常，要么将异常继续向上层调用者抛出，由调用者处理。

（4）适用性不同

throw 关键字适用于在方法内部处理特定的异常情况，并主动抛出异常；throws 关键字适用于在方法声明中标识受检查的异常，以便通知调用者可能会抛出哪些异常。

下面，分别举例使用 throw 和 throws 关键字主动抛出异常。

📖【例 8-2】使用 throw 关键字主动抛出异常。

```
1. import java.util.*;
2. public class Demo8_2 {
3.    public static void main(String[] args) {
4.       try {
5.             inputUserName();
6.             System.out.println("用户名有效！");
7.       } catch (InputMismatchException e) {
8.             System.out.println("发生异常: " + e.getMessage());
9.       }
10.   }
11.    // 定义一个输入用户名的方法
12.    public static void inputUserName() {
13.       Scanner sc = new Scanner(System.in);
14.       System.out.print("请输入用户名: ");
15.       String username = sc.next();
16.       if (username.length() < 6) {
17.          throw new InputMismatchException("用户名长度不能少于6个字符");
18.       }
19.    }
20.}
```

在例 8-2 中，第 12 行到第 19 行代码定义了一个 inputUserName()方法，该方法用于验证输入的用户名是否符合要求。第 15 行到第 18 行代码判断输入的用户名长度是否少于 6 个字符，如果是，则使用 throw 关键字抛出 InputMismatchException 异常对象，并传入异常描述信息"用户名长度不能少于 6 个字符"。在程序的 main()方法中，需要把 inputUserName()方法放到 try 块中。当执行第 5 行代码时，如果输入的用户名少于 6 个字符，则会抛出 InputMismatchException 异常。第 7 行代码用于捕获 InputMismatchException 类型的异常。第 8 行代码用于输出异常的描述信息。程序运行结果如图 8-3 所示。

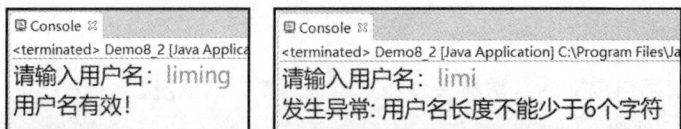

📺 Console ✕
\<terminated\> Demo8_2 [Java Applica
请输入用户名: liming
用户名有效!

📺 Console ✕
\<terminated\> Demo8_2 [Java Application] C:\Program Files\Ja
请输入用户名: limi
发生异常: 用户名长度不能少于6个字符

图 8-3 例 8-2 的两种程序运行结果

📖【例 8-3】使用 throws 关键字主动抛出异常。

```
1. public class Demo8_3 {
2.    private static String[] arr = {"lisa","feifei",null};
3.    public static void main(String[] args) {
4.       try {
5.          test(0);     //调用方法
6.          test(1);
7.          test(2);
8.       }catch(NullPointerException e) {
9.          System.out.println("空指针异常: "+e.toString());
10.      }
11.   }
12.    // 定义一个 test()方法，获取数组每个元素的长度
```

```
13.    public static void test(int i) throws NullPointerException{
14.        System.out.println("arr["+i+"]的长度: "+arr[i].length());
15.    }
16.}
```

在例 8-3 中，第 13 行到第 15 行代码定义了一个 test()方法，用于获取数组每个元素的长度，并在方法声明中使用 throws NullPointerException 将空指针异常抛给方法的调用者。在 main()方法中调用 test()方法时，第 5 行到第 7 行代码如果抛出空指针异常，则通过 catch 块捕获并处理这个异常。第 9 行代码是输出异常对象 e 的字符串表示形式。程序运行结果如图 8-4 所示。

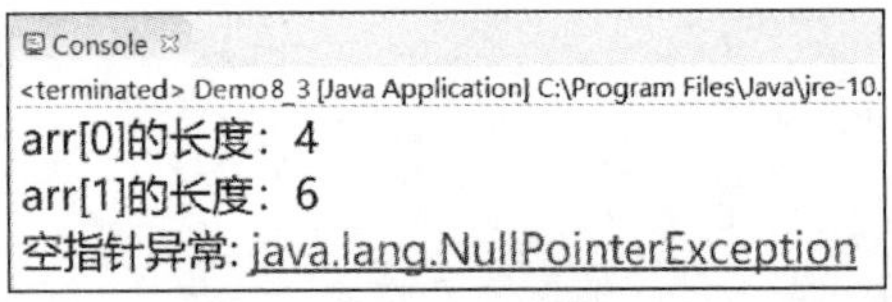

图 8-4　例 8-3 程序运行结果

3. 自定义异常处理

自定义异常处理是指在编程中创建自定义的异常类来表示特定的异常情况，并在程序中使用这些自定义异常类来处理相应的异常情况。通过自定义异常类，开发人员可以更好地组织和管理异常信息，使得代码结构更清晰，同时也能更准确地捕获和处理特定类型的异常。自定义异常处理通常涉及以下几个步骤。

（1）创建自定义异常类：创建一个继承自 Exception 类或 RuntimeException 类的自定义异常类，用于表示特定的异常情况。

（2）抛出自定义异常：当某个特定的异常情况出现时，使用 throw new 自定义异常类名（"描述信息"）格式抛出自定义异常。

（3）捕获和处理自定义异常：在调用可能会抛出自定义异常的方法时，需要使用 try...catch 语句块来捕获并处理这些异常。通过捕获自定义异常，程序可以根据具体情况采取相应的处理措施，比如输出错误信息、记录日志、回滚操作等。

📖【例 8-4】使用自定义的异常类来表示支付金额无效的情况。

```
1. public class Demo8_4 {
2.    public static void main(String[] args) {
3.        ShoppingCart cart = new ShoppingCart();
4.        try {
5.            cart.Payment(50.0);        // 调用方法
6.            cart.Payment(-10.0);       // 尝试支付无效的负数金额
7.        } catch (PayException e) {
8.            System.out.println("支付失败: " + e.getMessage());
9.        }
10.    }
11.}
12.
13.// 购物车类，定义有一个付款方法 Payment()，该方法抛出自定义异常
14.class ShoppingCart {
15.    public void Payment(double amount) throws PayException {
16.        if (amount <= 0) {
17.            throw new PayException("无效的支付金额");
```

```
18.        }
19.        // 可以在这里添加其他支付处理逻辑
20.        System.out.println("成功支付金额: " + amount);
21.    }
22.}
23.
24.// 自定义异常类 PayException
25.class PayException extends Exception {
26.    public PayException(String message) {
27.        super(message);
28.    }
29.}
```

在例 8-4 中，第 25 行到第 29 行代码创建了一个自定义异常类 PayException，该类继承自 Exception 类，构造方法调用父类的构造方法，接收一个字符串参数作为异常描述信息。第 14 行代码定义购物车类 ShoppingCart，该类包含付款方法 Payment()，该方法使用 throws 关键字主动抛出异常。第 16 行到第 20 行代码用于判断付款金额是否小于等于 0，如果是则抛出自定义异常 PayException，描述信息是"无效的支付金额"。在实际应用中，第 19 行代码中可以添加其他支付处理逻辑，比如调用支付接口进行真正的支付操作。在主方法中，实例化 ShoppingCart 类，调用付款方法 Payment()，当付款金额为-10.0 时，会抛出 PayException 异常，其被 catch 块捕获，并输出异常描述信息。程序运行结果如图 8-5 所示。

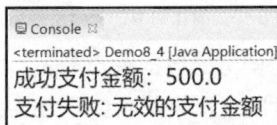

图 8-5　例 8-4 程序运行结果

8.2.3　I/O 流概述

微课

I/O 流概述

流（Stream）是处理输入输出（Input/Output，I/O）操作的抽象概念，所以也叫 I/O 流。它主要定义在 java.io 包中。java.io 包提供了丰富的流类和方法，使得流的操作变得灵活而高效。

1.　流的概念

输入输出是指应用程序与外部设备进行数据交互的操作，包括读取硬盘数据、写入硬盘数据、显示器或打印机输出数据等。Java 的输入输出是通过数据流的形式实现的。所谓流是指一组有序数据序列，一个流必须有源端和目的端，就像水流从一个地方流向另一个地方。

在程序开发中，经常使用流来读取文件、发送网络请求、处理用户输入等。当程序需要读取数据时，会开启一个通向数据源端的流，获取数据并输到内存中，这个就是输入流。例如，从键盘读取用户的输入、从文件读取数据或从网络连接接收数据都属于输入流的操作。当程序需要写入数据时，会开启一个通向数据目的端的流，将内存处理的数据输出到外部，这个就是输出流。比如向屏幕输出信息、将数据写入文件或通过网络连接发送数据等。

2.　流的类型

流可以根据其处理的数据类型、方向和缓冲方式的不同进行分类。按方向不同可以分为输入流和输出流，按处理的数据类型不同可以分为字节流和字符流，按缓冲方式的不同可以分为缓冲流和非缓冲流。

在 java.io 包中，有 4 个类为流类的顶层类，它们是抽象类，也是所有流类的父类，分别是字节输入流类 InputStream、字节输出流类 OutputStream、字符输入流类 Reader 和字符输出流类 Writer。这 4 个抽象类定义了流操作的基本框架和方法，具体的流类（如 FileInputStream、FileOutputStream、FileReader、FileWriter 等）通过继承这些抽象类并实现其抽象方法，提供具体的数据输入输出功能。

下面，通过一个简化的 I/O 流体系架构图（见图 8-6），展示常用流类之间的关系和继承结构。

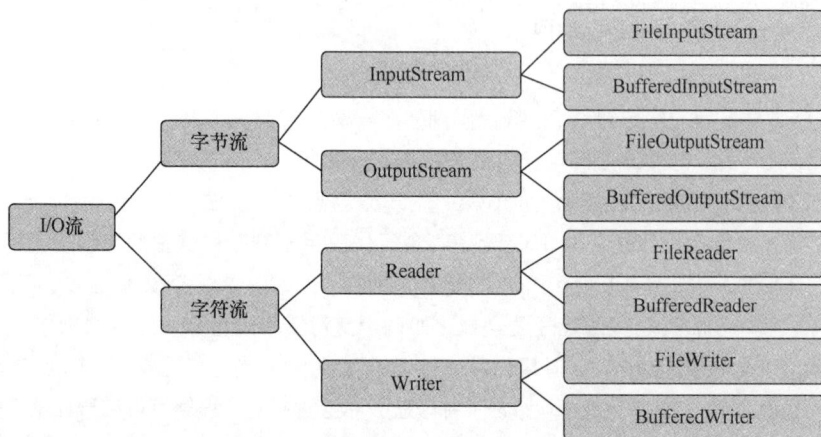

图 8-6　简化的 I/O 流体系架构图

字符流与字节流的区别在于它们读写的数据单元不同。字节流以字节为单位进行读写操作，适用于处理二进制数据，如图像、音频、视频等。字符流以字符为单位进行读写操作，适用于处理文本数据，能够自动处理字符编码和解码的工作。在实际开发中，根据需要选择合适的流类型可以更加高效地进行数据的输入输出操作。

8.2.4　字符流

微课

字符流

字符流主要通过 Reader 类和 Writer 类来实现，它们都是抽象类。Reader 类是字符输入流，用于从输入源（例如文件、网络连接、内存等）读取字符数据并写入程序；Writer 类是字符输出流，用于将字符数据写入输出目标（例如文件、网络连接、内存等）。字符流可以自动处理字节流操作文本文件时留下的一些问题，如不同操作系统换行符不同的问题、不同的字符编码问题等。

1．字符输入流

字符输入流是用于读取字符数据的流，Java 中常用的字符输入流类有 Reader 类和其子类 FileReader、InputStreamReader、BufferedReader 等。FileReader 类用于从文件中读取字符数据；InputStreamReader 类用于将字节输入流转换为字符输入流；BufferedReader 类提供了缓冲功能，可以高效地读取字符数据。字符输入流类生成的对象是字符输入流，表 8-2 所示为字符输入流的常用方法。

表 8-2　字符输入流的常用方法

方法	功能描述
int read()	从输入流中读取一个字符并返回该字符的 Unicode 值，如果已经读到流的末尾，则返回-1

续表

方法	功能描述
int read(char[] cbuf)	从输入流中读取字符，将它们存储到 cbuf 字符数组中，并返回实际读取的字符数
int read(char[] cbuf, int off, int len)	从输入流中读取 len 个字符，将它们存储到 cbuf 字符数组中，从 off 位置开始存储，并返回实际读取的字符数
String readLine()	从输入流中读取一行文本内容，以字符串形式返回。如果已经到达输入流的末尾，则返回 null
void reset()	将流重置到最后一次标记的位置
void close()	关闭流并释放与之关联的资源

📖 【例 8-5】使用字符输入流的 3 种方法读取文件内容。

```java
1.  import java.io.BufferedReader;
2.  import java.io.FileNotFoundException;
3.  import java.io.FileReader;
4.  import java.io.IOException;
5.  public class Demo8_5 {
6.      public static void main(String[] args) {
7.          String filePath = "src/exception/DemoFile.txt";
8.
9.          System.out.println("\n--第 1 种：不使用缓冲，一个一个读取");
10.         FileReader fileReader1 = null;
11.         try {
12.             fileReader1 = new FileReader(filePath);
13.             int data; // read()方法返回 int 类型数据（字符对应的 Unicode 值）
14.             while ((data = fileReader1.read()) != -1) {  // 读到末尾则返回-1
15.                 System.out.print((char) data); // 使用强制类型转换回字符型
16.             }
17.         } catch (IOException e) {
18.             e.printStackTrace();
19.         } finally {
20.             try {            // 使用异常处理机制释放资源
21.                 if (fileReader1 != null) {
22.                     fileReader1.close();
23.                 }
24.             } catch (IOException e) {
25.                 e.printStackTrace();
26.             }
27.         }
28.
29.         System.out.println("\n--第 2 种：使用数组，一行一行读取");
30.         try (FileReader fileReader2 = new FileReader(filePath)) {
31.             char[] buffer = new char[1024];     // 声明数组
32.             int charsRead;
33.             while((charsRead = fileReader2.read(buffer,0,buffer.length))!=-1) {
34.                 System.out.print(new String(buffer, 0, charsRead));
35.             }
36.         } catch (IOException e) {
37.             e.printStackTrace();
38.         }
39.
40.         System.out.println("\n--第 3 种：使用缓冲，一行一行读取");
41.         try (FileReader fileReader3 = new FileReader(filePath);
```

```
42.          BufferedReader bufferedReader = new BufferedReader
(fileReader3)) {
43.          String line;
44.          while ((line = bufferedReader.readLine()) != null) {
45.              System.out.println(line);
46.          }
47.      } catch (IOException e) {
48.          e.printStackTrace();
49.      }
50.  }
51.}
```

在例 8-5 中，第 9 行到第 27 行代码使用传统方法按字符循环读取文件内容并输出，同时还使用传统的异常处理机制释放资源，这种方法效率较低。第 29 行到第 38 行代码使用数组，一次读取多个字符，减少 I/O 操作次数，提高读取效率，但需要提前确定数组的长度，可能会导致内存浪费或者无法完整读取一行。第 40 行到第 50 行代码使用 BufferedReader 进行缓冲，可以一次读取一行字符，读取效率更高。注意，第 30 行和第 41 行使用了 try-with-resources 语句，该语句可以自动释放资源，下文将对其作详细说明。通常建议使用第 3 种方法以获得更好的性能和更高的便捷性。程序运行结果如图 8-7 所示。

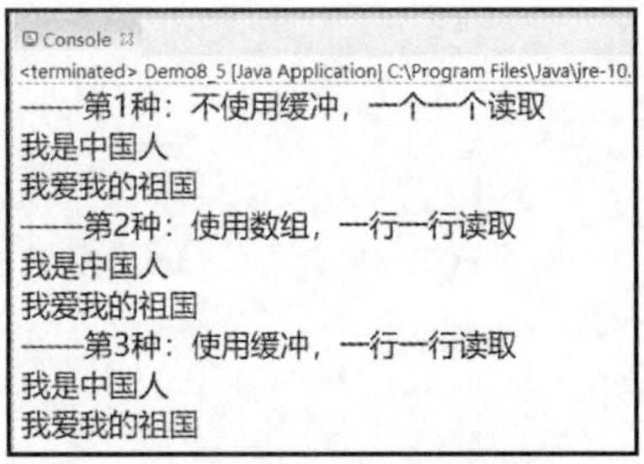

图 8-7　例 8-5 程序运行结果

说明如下。

• try-with-resources 语句块是 Java 7 引入的一个特性，用于简化释放资源（如文件或网络连接）的代码，确保资源在使用完毕后能够正确释放，同时提高代码的可读性和简洁性。

• 在 try 后的括号内声明要使用的资源，每个资源的声明形式都为 resourceType resourceName = initialization，资源类型必须实现 AutoCloseable 接口，如果有多个资源则用分号分隔它们的声明。在大括号内编写需要使用这些资源的代码逻辑。catch 块用于捕获异常并进行相应的处理。无论代码块是否正常执行至结束，系统都会自动调用资源的 close()方法来释放资源。

• BufferedReader 类继承自 Reader 类，其内部有一个缓冲区和 readLine()方法，可以按行读取文本到缓冲区，从而减少对底层输入流的实际读取次数，提高读取效率。

2. 字符输出流

字符输出流是以字符为单位将数据写入外部设备或输出源（如文件、网络连接等）的抽象类。Java 中常用的字符输出流类有 Writer 类和其子类 FileWriter、OutputStreamWriter、BufferedWriter。FileWriter 类用于向文件中写入字符数据；OutputStreamWriter 类用于将字符输出流转换为字节输出流；BufferedWriter 类提供了缓冲功能，可以高效地写入字符数据。字符输出流类生成的对象是字符输出流，表 8-3 所示为字符输出流的常用方法。

表 8-3 字符输出流的常用方法

方法	功能描述
void write(int c)	将单个字符写入输出流
void write(char[] obuf)	将字符数组 obuf 中的字符写入输出流
void write(char[] obuf, int off, int len)	将字符数组 obuf 中从 off 位置开始的 len 个字符写入输出流
void write(String str)	将字符串 str 写入输出流
void write(String str, int off, int len)	将字符串 str 中从 off 位置开始的 len 个字符写入输出流
void flush()	刷新输出流，将缓冲区中的数据立即写入目标设备或文件
void close()	关闭流并释放与之关联的资源

📖【例 8-6】使用字符输出流的两种方法写入文件内容。

```
1. import java.io.BufferedWriter;
2. import java.io.FileWriter;
3. import java.io.Writer;
4. public class Demo8_6 {
5.     public static void main(String[] args) {
6.         System.out.println("1.写入文件");
7.         writerData();         // 调用 writerData()方法
8.         System.out.println("2.使用缓冲写入文件");
9.         byBufferedWriter();   // 调用 byBufferedWriter()方法
10.    }
11.
12.    private static void writerData() {
13.        try(Writer writer = new FileWriter("src/exception/file1.txt")){
14.            writer.write("我是中国人");
15.        } catch (Exception e) {
16.            e.printStackTrace();
17.        }
18.    }
19.    //使用 BufferedWriter 类减少 I/O 操作的次数以提高效率
20.    private static void byBufferedWriter() {
21.        try (Writer writer = new FileWriter("src/exception/file2.txt");
22.             BufferedWriter bufferedWriter = new BufferedWriter
(writer)) {
23.            bufferedWriter.write("我是中国人\r\n 我爱我的祖国");
24.        } catch (Exception e) {
25.            e.printStackTrace();
26.        }
27.    }
28.}
```

在例 8-6 中，第 12 行到第 18 行代码使用 FileWriter 类写入文件内容。第 20 行到第 27 行代码使用 BufferedWriter 类对字符输出流对象 writer 进行包装，再调用 write()方法将字符串数据写入文件。程序运行结果如图 8-8 所示。

图 8-8 例 8-6 程序运行结果

205

8.2.5　字节流

字节流是用于处理二进制数据的流，可以读取和写入任意类型的文件，包括文本文件、图像文件、音频文件等，常见的文件操作有复制、移动、重命名等。Java 的字节流父类是 InputStream 和 OutputStream，这两个类都是抽象类，它们分别用于读取和写入字节数据，读取和写入的目标可以为文件、网络连接、内存等。

使用字节流的一般步骤是先创建相应的字节流对象，然后打开输入源或输出目标，接着读取或写入字节数据，最后，调用 close()方法来关闭流，释放资源。

1．字节输入流

常用的字节输入流类有 BufferedInputStream、FileInputStream、ByteArrayInputStream 等。FileInputStream 类用于从文件中读取字节数据；BufferedInputStream 类则提供了缓冲功能，可以高效地读取字节数据；ByteArrayInputStream 类的作用是将字节数组作为输入源进行读取。字节输入流类生成的对象是字节输入流，表 8-4 所示为字节输入流的常用方法。

表 8-4　字节输入流的常用方法

方法	功能描述
int read()	从输入流中读取一个字节的数据，并返回该字节的整数表示形式
int read(byte[] b)	读取最多 b.length 个字节的数据，将其存储到字节数组 b 中，并返回实际读取的字节数
int read(byte[] b, int off, int len)	读取最多 len 个字节的数据，将其存储到字节数组 b 中，从 off 位置开始存储，并返回实际读取的字节数
int available()	返回输入流中可读的字节数
void close()	关闭输入流

📖【例 8-7】使用字节输入流的两种方法读取文件内容。

```
1.  import java.io.BufferedInputStream;
2.  import java.io.FileInputStream;
3.  import java.io.IOException;
4.  public class Demo8_7 {
5.     public static void main(String[] args) {
6.        System.out.println("——1.使用 FileInputStream 流的示例");
7.        fileInputStreamDemo();
8.        System.out.println("\n——2.使用 BufferedInputStream 流的示例");
9.        bufferedInputStream();
10.    }
11.
12.    private static void fileInputStreamDemo() {
13.       String filePath = "src/exception/file8_7.txt";  // 文件存放路径
14.       try (FileInputStream fis = new FileInputStream(filePath)) {
15.          int data;
16.          while ((data = fis.read()) != -1) {    //读取文件
17.             System.out.print((char) data);
18.          }
19.       } catch (IOException e) {
20.          System.err.println("错误信息: " + e.getMessage());
21.       }
22.    }
23.
```

```
24.     private static void bufferedInputStream() {
25.         String filePath = "src/exception/file8_7.txt"; // 文件存放路径
26.         try (BufferedInputStream bis = new BufferedInputStream
(new FileInputStream(filePath))) {
27.             int data;
28.             while ((data = bis.read()) != -1) {
29.                 System.out.print((char) data);
30.             }
31.         } catch (IOException e) {
32.             System.err.println("错误信息: " + e.getMessage());
33.         }
34.     }
35.}
```

在例 8-7 中，第 12 行到第 22 行代码使用 FileInputStream 流读取文件内容并输出。第 24 行到第 34 行代码使用 BufferedInputStream 流读取文件内容并输出。这两种写法很相似，但第 2 种写法将 BufferedInputStream 流和 FileInputStream 流结合起来，可减少对硬盘的频繁访问，提高读取效率。程序运行结果如图 8-9 所示。

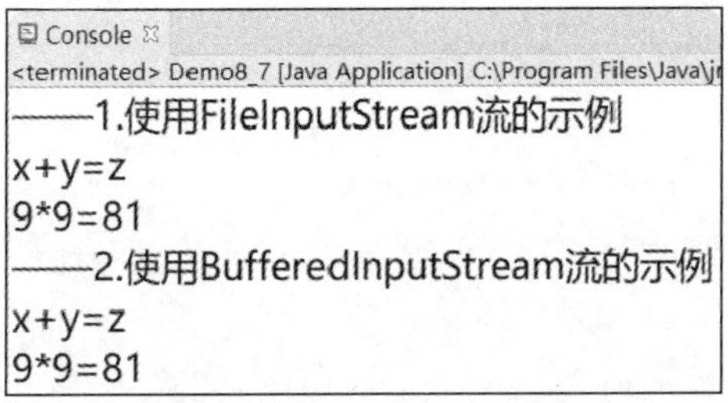

图 8-9　例 8-7 程序运行结果

2. 字节输出流

常用的字节输出流类有 FileOutputStream、BufferedOutputStream、ByteArrayOutputStream 等。FileOutputStream 类用于向文件中写入数据；BufferedOutputStream 类提供了缓冲功能，可以高效地写入字节数据；ByteArrayOutputStream 类则会将写入的数据存储在一个内部字节数组中。字节输出流类生成的对象是字节输出流，表 8-5 所示为字节输出流的常用方法。

表 8-5　字节输出流的常用方法

方法	功能描述
void write(byte[] b)	将字节数组 b 中的数据写入输出流
void write(byte[] b, int off, int len)	将字节数组 b 中从 off 位置开始的 len 个字节写入输出流
void write(int b)	将指定的字节写入输出流
void flush()	刷新输出流，将缓冲区中的数据强制写出
void close()	关闭输出流，释放相关的资源

📖【例 8-8】使用字节输出流实现文件的写入和复制操作。

```
1. import java.io.*;
2. public class Demo8_8 {
3.     public static void main(String[] args) {
4.         System.out.println("—1.使用 BufferedOutputStream 流的示例");
5.         bufferedOutputStream();        //调用写入文件的方法
```

208

```
6.        System.out.println("--2.图片复制示例");
7.        copyStream();              //调用复制图片的方法，使用字节输入输出流
8.    }
9.
10.    private static void bufferedOutputStream() {
11.        String wData = "我和我的祖国\r\n 未来可期";   //写入文件的内容
12.        byte[] content = wData.getBytes();  // 将文本内容转换为字节数组
13.        try (
14.            FileOutputStream fos = new FileOutputStream("src/
exception/f3.txt");
15.            BufferedOutputStream bos = new BufferedOutputStream(fos);
16.        ){
17.            bos.write(content);   // 将字节数组写入缓冲流
18.            bos.flush();
19.            System.out.println(wData+"-写入成功! ");
20.        }catch (Exception e){
21.            e.printStackTrace();
22.        }
23.    }
24.
25.    private static void copyStream() {
26.        String sourceImg = "src/exception/myimg.png"; // 源图片路径，已存在
27.        String targetImg = "src/exception/target.jpg"; //目标图片路径，
运行程序后生成
28.        try (
29.            FileInputStream fileInputStream = new FileInputStream
(sourceImg);
30.            FileOutputStream fileOutputStream = new
FileOutputStream(targetImg)
31.        ) {
32.            byte[] buffer = new byte[1024];
33.            int bytesRead;
34.            while ((bytesRead = fileInputStream.read(buffer)) != -1) {
35.                fileOutputStream.write(buffer, 0, bytesRead);
36.            }
37.            System.out.println("图片复制成功! ");
38.        } catch (IOException e) {
39.            e.printStackTrace();
40.        }
41.    }
42.}
```

在例 8-8 中，第 10 行到第 23 行代码使用 BufferedOutputStream 流向文件写入内容并输出提示信息。第 12 行代码使用 getBytes()方法将文本内容转换为字节数组。第 17 行代码调用 write()方法将内容写入文件。第 18 行代码刷新输出流，将缓冲区中的数据强制写出，再执行第 19 行代码输出提示语句。第 25 行到第 41 行代码先使用 FileInputStream 流读取图片内容，再使用 FileOutputStream 流写入图片文件，实现了图片的复制。第 32 行代码创建了一个大小为 1024 的字节数组 buffer 作为数据缓冲区。第 34 行到第 36 行代码使用 while 循环读取源图片文件中的数据到缓冲区，然后将缓冲区中的数据写入目标图片文件，直到读取完整个文件。程序运行结果如图 8-10 所示。

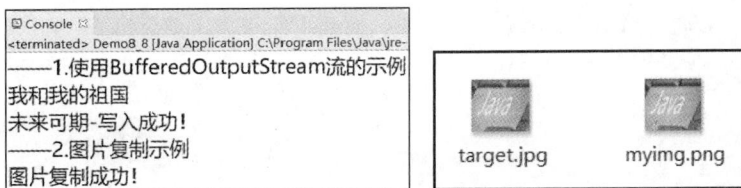

图 8-10 例 8-8 程序运行结果

8.2.6 File 类

微课

File 类

通过 I/O 流可以对文件内容进行读写操作，但是对文件本身进行的一些常规操作是无法通过 I/O 流来实现的，如文件的删除、重命名和查看文件目录等。针对文件的这些操作，JDK 提供了一个 File 类，该类用于封装路径，指向文件或目录，并提供一些方法来操作这个文件和目录。

1. File 类的方法

File 类可以用来操作文件和目录的属性、路径，以及进行创建、删除操作等。File 类指向的路径可以是绝对路径，也可以是相对路径。表 8-6 列出了其常用方法。

表 8-6　File 类的常用方法

方法	功能描述
boolean mkdir()	创建单级目录
boolean mkdirs()	创建多级目录
boolean createNewFile()	创建新文件
boolean delete()	删除文件或目录
boolean exists()	判断文件或目录是否存在
String getAbsolutePath()	获取文件或目录的绝对路径
String getName()	获取文件或目录的名称
boolean isDirectory()	判断是否为目录
boolean isFile()	判断是否为文件
long length()	获取文件的大小（字节数）
String[] list()	返回目录下的文件和子目录的名称数组
File[] listFiles()	返回目录下的文件和子目录的 File 对象数组

2. File 类的应用

📖【例 8-9】使用 File 类创建一个目录，在目录下创建一个新文件，并显示新文件的信息，再显示目录下的所有文件和子目录，最后删除文件。

```java
1. import java.io.*;
2. public class Demo8_9 {
3.     public static void main(String[] args) {
4.         System.out.println("——1.创建一个目录");
5.         File dir = createDir("example");
6.         System.out.println("——2.在目录下创建一个文件");
7.         File file = createTxtFile("example","Demo8_9.txt");
8.         System.out.println("——3.显示文件信息");
9.         showFileInfo(file);
```

```
10.        System.out.println("——4.显示目录下的所有文件和子目录");
11.        showFiles(dir);
12.        System.out.println("——5.删除文件");
13.        delFile(file);
14.    }
15.    /**
16.     * 在当前路径下创建一个子目录
17.     * @param dirName 子目录的名称
18.     * @return 返回新生成的目录对象
19.     */
20.    private static File createDir(String dirName) {
21.        File dir = new File(dirName);
22.        if (!dir.exists()) {
23.         dir.mkdir();
24.            System.out.println("目录"+dir+"创建成功！");
25.        } else {
26.            System.out.println("目录"+dir+"创建失败或已存在！");
27.        }
28.        return dir;
29.    }
30.    /**
31.     * 在指定目录下创建一个新文件
32.     * @param dirName 指定的目录名称
33.     * @param fileName 新文件的名称
34.     * @return 返回新文件对象
35.     */
36.    public static File createTxtFile(String dirName, String fileName) {
37.        File file = new File(dirName + "/" + fileName);
38.        try {
39.            if (file.createNewFile()) {
40.                System.out.println("文件已创建: " + fileName);
41.            } else {
42.                System.out.println("文件已存在");
43.            }
44.        } catch (IOException e) {
45.            System.out.println("创建文件时发生错误");
46.            e.printStackTrace();
47.        }
48.        return file;
49.    }
50.    //定义显示文件信息的方法
51.    private static void showFileInfo(File file) {
52.        System.out.println("文件路径: " + file.getAbsoluteFile());
53.        System.out.println("是不是目录: " + file.isDirectory());
54.        System.out.println("是不是文件: " + file.isFile());
55.        System.out.println("文件名称: " + file.getName());
56.        System.out.println("文件大小（单位：字节）: " + file.length());
57.        System.out.println(file.canRead() ? "文件可读" : "文件不可读");
58.        System.out.println(file.canWrite() ? "文件可写" : "文件不可写");
59.    }
60.    // 定义根据指定目录显示该目录下的所有文件及子目录的方法
```

```
61.    private static void showFiles(File file) {
62.        if(file.exists() && file.isDirectory()){
63.            System.out.println("目录" + file + "下的所有文件: ");
64.            String[] list = file.list();      //返回目录下的文件和子目录的
名称数组
65.            for (String filePath:list){
66.                System.out.println("------"+filePath);
67.            }
68.        }else {
69.            System.out.println("非目录");
70.        }
71.    }
72.    // 定义删除文件的方法
73.    private static void delFile(File file) {
74.        if(file != null){
75.            file.delete();        //删除文件
76.            if(!file.exists()){
77.                System.out.println(file.getName()+"删除成功");
78.            }else {
79.                System.out.println(file.getName()+"删除失败");
80.            }
81.        }
82.    }
83.}
```

在例 8-9 中，第 20 行到第 29 行代码定义了一个创建目录的方法 createDir()，形参是目录名称，返回值是新目录对象。第 36 行到第 49 行代码定义了一个在指定目录下创建一个新文件的方法 createTxtFile()，形参是指定目录名称和新文件名称，返回值是新文件对象。第 51 行到第 59 行代码定义了一个显示文件信息的方法 showFileInfo()，形参是文件对象。第 61 行到第 71 行代码定义了一个根据指定目录显示该目录下所有文件及子目录的方法 showFiles()，形参也是文件对象。第 73 行到第 82 行代码定义了一个删除文件的方法 delFile()，形参也是文件对象。在程序的主方法 main()中分别调用这 5 个方法。程序运行结果如图 8-11 所示。

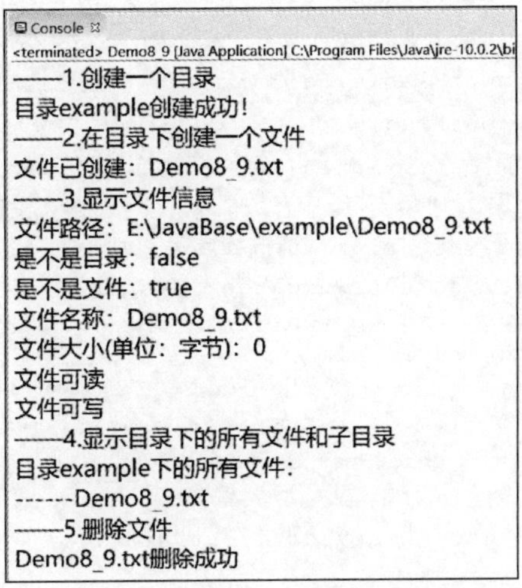

图 8-11 例 8-9 程序运行结果

8.3 任务实施

本阶段使用异常处理机制优化购物管理系统，同时使用输入输出流实现购物数据的持久化处理。

录入购物数据及数据的导入与导出

本任务实现购物数据的录入、将数据暂存至本地文件、从本地文件加载数据和保存退出等功能，使用异常处理机制和输入输出流操作。

1. 实现思路

（1）定义一个用于存储录入的购物数据的集合 List<Goods>，集合中每个元素代表一条商品信息。

（2）创建自定义异常类，命名为 GoodsMaxException，当存储的商品信息超过 3000 条时，则抛出自定义异常。

（3）定义商品类 Goods，实现序列化接口 Serializable。序列化是将对象转换为字节流的过程，这样可以将对象保存到文件、数据库或者实现网络连接。该类共有 4 个属性、2 个构造方法和 1 个 toString()方法，以及封装 4 个属性的 getter()和 setter()方法。

（4）定义将数据暂存至本地文件的方法 saveListToFile()，通过 FileOutputStream 和 ObjectOutputStream 类来实现，调用 writeObject()方法将集合对象进行序列化操作后写入输出流。

（5）定义一个从本地文件加载数据的方法 loadListFromFile()，通过 FileInputStream 和 ObjectInputStream 类来实现，调用 readObject()方法进行反序列化操作，从输入流中读取对象。

（6）在程序的 main()方法中调用相关操作对应的方法。

2. 参考代码

```
1.  import java.io.*;
2.  import java.util.*;
3.  public class Example8_3_1 {
4.      public static void main(String[] args) throws GoodsMaxException {
5.          List<Goods> goodsList = new ArrayList<>();      //定义存储数据的集合
6.          System.out.println("--------录入购物数据并实现数据的导入与导出---------");
7.          String fileName = "src//exception//goodsData.txt";
8.          goodsList.addAll(loadListFromFile(fileName));    //加载本地数据
9.          final int MAX = 3000;              //定义常量，假设容量
10.         boolean inputFlag = false;        // 是否退出程序
11.         while (!inputFlag){               // 实现菜单项的选择
12.             System.out.println("可选择菜单： 1.录入数据  2.暂存至本地
3.加载本地文件数据   4.保存退出 ");
13.             System.out.print("请选择序号: ");
14.             Scanner sc = new Scanner(System.in);
15.             int opt = sc.nextInt();
16.             switch (opt){
17.               case 1:
18.                   if(goodsList.size() > MAX){
19.                       throw new GoodsMaxException("警告，最多能存储"+MAX+"件商品");
20.                   }
21.                   goodsList.add(inputData());          // 录入数据
22.                   break;
23.               case 2:
```

```
24.              saveListToFile(goodsList,fileName);   // 暂存至本地文件，不退出
25.              break;
26.          case 3:
27.              System.out.println(goodsList.toString());
28.              break;
29.          case 4:
30.              saveListToFile(goodsList,fileName);   // 暂存至本地文件后退出
31.              inputFlag = true;
32.              break;
33.          default: break;
34.          }
35.      }
36.  }
37.
38.  // 将数据暂存到本地文件（保存商品集合数据）
39.  public static void saveListToFile(List<Goods> list, String fileName) {
40.      try(  FileOutputStream fileOut = new FileOutputStream(fileName);
41.          ObjectOutputStream objectOut = new ObjectOutputStream(fileOut);
42.      ){
43.          objectOut.writeObject(list); //将集合对象进行序列化操作后写入输出流
44.          objectOut.flush();
45.          System.out.println(fileName+"+数据已成功保存到本地文件");
46.      } catch (Exception e) {
47.          e.printStackTrace();
48.      }
49.  }
50.
51.  // 从本地文件加载数据（加载集合数据）
52.  public static List<Goods> loadListFromFile(String fileName) {
53.      List<Goods> list = new ArrayList<>();
54.      if(!new File(fileName).exists()){
55.          return list;
56.      }
57.      try (  FileInputStream fileIn = new FileInputStream(fileName);
58.          ObjectInputStream objectIn = new ObjectInputStream(fileIn);)
59.      {
60.          list = (List<Goods>) objectIn.readObject();   //反序列化操作
61.          objectIn.close();
62.          System.out.println("已从文件中加载原有数据: " + fileName);
63.      } catch (Exception e) {
64.          e.printStackTrace();
65.      }
66.      return list;
67.  }
68.
69.  private static Goods inputData() {
70.      Scanner sc = new Scanner(System.in);
71.      System.out.print("请输入商品 id: ");
72.      String id = sc.next();
73.      System.out.print("请输入商品名称: ");
74.      String name = sc.next();
75.      System.out.print("请输入商品价格: ");
76.      double price = sc.nextDouble();
77.      System.out.print("请输入商品数量: ");
78.      int quantity = sc.nextInt();
```

```
79.          Goods goods = new Goods(id, name, quantity, price);
80.          return goods;
81.      }
82.}
83.// 自定义异常类，资源超载时的异常
84.class GoodsMaxException extends Exception {
85.     public GoodsMaxException(String message) {
86.          super(message);
87.      }
88.}
89.
90. // 购物车的商品存储数据结构，Goods 类实现反序列化操作
91. class Goods implements Serializable{
92.     private String id; // 商品 id——唯一标识
93.     private String name; // 商品名称
94.     private Integer quantity; // 商品数量
95.     private double price; // 商品价格
96.     // 省略属性的 getter()和 setter()方法
97.     public Goods() {      // 构造方法 1
98.     }
99.     // 构造方法 2
100.    public Goods(String id, String name, int quantity, double price) {
101.         this.id = id;
102.         this.name = name;
103.         this.quantity = quantity;
104.         this.price = price;
105.     }
106.     @Override
107.     public String toString() {
108.          return "商品信息{ id='" + id + '\'' +", 名称='" + name + '\'' +
109.               ", 价格=" + price + ", 数量=" + quantity +"}\n";
110.      }
111.      }
```

程序运行结果如图 8-12 所示。

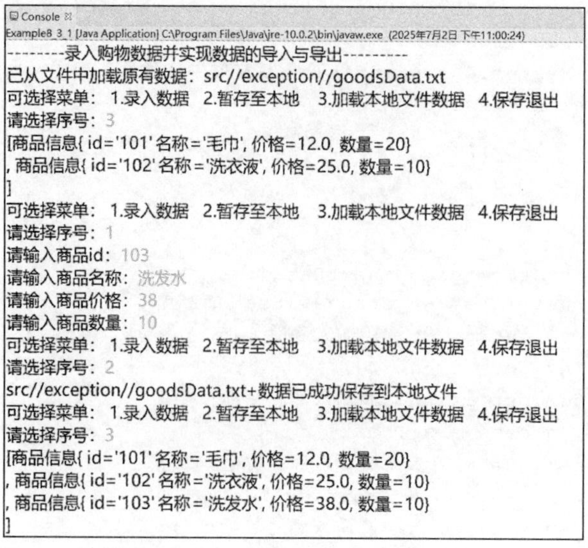

图 8-12　Example8_3_1 程序运行结果

8.4 任务小结

本任务首先分析了 Java 的异常处理机制和异常类型，详细地讲解了 try...catch...finally 语句块、throw 关键字、throws 关键字和自定义异常类。接着讲解了 I/O 流，详细地分析了常见 I/O 流及其用法，并在示例中使用 try-with-resources 简化流的关闭。最后，在任务实施阶段把各个知识点融会贯通，让读者学会在实际场景中应用所学的知识，加深对异常处理机制和 I/O 流的理解。

8.5 同步练习

一、选择题

1. 下列哪个选项正确地描述了 Java 中的异常处理机制？（　　　）

    A. 异常处理是 Java 的一种错误检测和处理机制

    B. 异常处理是 Java 的一种错误检测机制，但不包括错误处理

    C. 异常处理是 Java 的一种错误处理机制，但不包括错误检测

    D. 异常处理是 Java 的一种错误检测和处理机制，且包括错误检测和处理

2. 在 Java 中，以下（　　　）关键字用于声明一个方法可能抛出异常。

    A. try　　　　　　　　B. catch　　　　　　　C. throws　　　　　　D. throw

3. 在 Java 中，以下哪个选项描述了 finally 语句块的作用？（　　　）

    A. finally 语句块用于捕获异常

    B. finally 语句块用于处理异常

    C. finally 语句块用于释放资源或执行必须执行的代码

    D. finally 语句块用于声明可能抛出异常的方法

4. 下列哪个选项属于 Java 中的 Checked Exception（受检异常）？（　　　）

    A. NullPointerException　　　　　　　　B. ArrayIndexOutOfBoundsException

    C. FileNotFoundException　　　　　　　　D. ArithmeticException

5. 在 Java 中，以下（　　　）类不是字节流类。

    A. FileInputStream　　　　　　　　B. InputStreamReader

    C. ByteArrayOutputStream　　　　　　D. FileReader

6. 下列关于 Java 字符流的说法中，错误的是（　　　）。

    A. 字符流主要用于处理文本数据

    B. 字符流是基于字节流的高级流

    C. 字符流可以直接处理 Unicode 字符

    D. 字符流提供了 InputStream 和 OutputStream 两个类

7. 在 Java 中，以下关于 File 类的说法中，错误的是（　　　）。

    A. File 类可以用来创建、删除、重命名文件

    B. File 类可以获取文件的大小和最后修改时间

    C. File 类只能操作文件，不能操作目录

    D. File 类提供了一些用于判断文件属性的方法

二、填空题

1. 异常处理机制中异常处理通常用＿＿＿＿＿＿＿语句块来实现，在＿＿＿＿＿＿＿块中编写可能引发异常的代码。

2. 在 Java 中，＿＿＿＿＿＿异常是指在编译时就能够检查到的异常，必须显式地进行处理；而＿＿＿＿＿＿异常是指在运行时才能够检查到的异常，处理方式比较灵活。

3. 在 Java 中，要自定义一个异常类需要继承＿＿＿＿＿＿类或其子类，并实现一个构造方法来初始化异常对象。通常情况下，会使用带有字符串参数的构造方法来为异常对象设置异常信息，这个字符串参数可以通过调用＿＿＿＿＿＿方法获取。

4. 在 Java 中，使用＿＿＿＿＿＿可以创建文件或目录，使用＿＿＿＿＿＿可以删除文件或目录。

5. 在 Java 中，使用＿＿＿＿＿＿读取字符流数据，通常需要利用＿＿＿＿＿＿来提高效率。

三、程序练习题

1. 编写程序，要求用户输入一个整数，然后计算该整数的平方根并输出。如果用户输入的不是有效的整数，则捕获并处理异常，最后输出错误提示信息。

2. 编写程序，读取一个文件的内容并输出到控制台。如果文件不存在或无法读取，则捕获并处理异常，最后输出错误提示信息。

3. 编写程序，要求用户输入一个字符串，然后将这个字符串转换为整数并输出。如果输入的字符串不能转换为整数，则捕获并处理异常，最后输出错误提示信息。

4. 编写程序，要求用户输入一个文件名和一段文本，然后将这段文本写入指定的文件。

5. 编写程序，要求用户输入一个目录路径，然后列出该目录下的所有文件和子目录的名称。

8.6 拓展项目实训——访客信息管理系统的数据持久化处理

一、任务描述

在博物馆访客信息管理系统中，如果访客的预约信息未进行持久化处理，不保存至硬盘，那么当断电或者系统异常退出时就会导致数据丢失，所以数据持久化处理非常重要。现在，需要把访客的预约信息存储到本地磁盘文件中，并实现数据的导入与导出功能。

二、功能实现效果

1. 显示主菜单，用户可以选择对应操作的菜单项。如果输入 3，则从保存访客信息的 TXT 文件中读取数据，并输出到控制台，菜单能够实现循环，如图 8-13 所示。

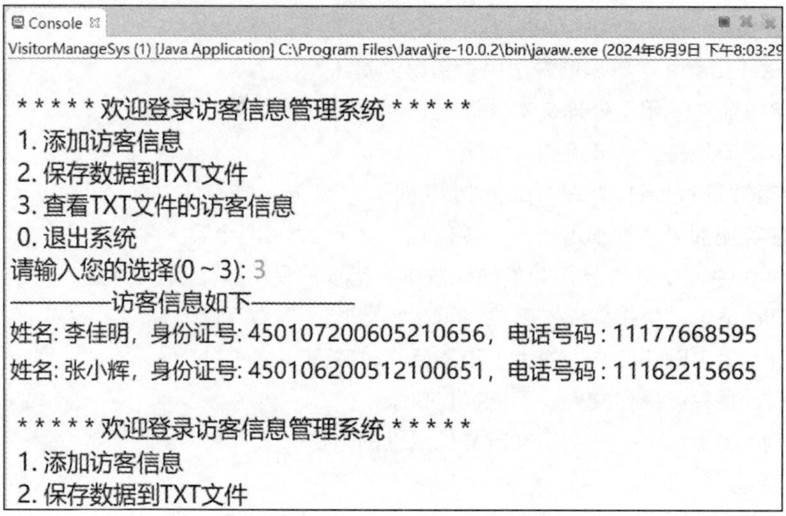

图 8-13 功能实现效果 1

2. 如果输入 1，则可以添加访客信息，访客信息可以循环添加，如图 8-14 所示。

```
＊＊＊＊＊欢迎登录访客信息管理系统＊＊＊＊＊
1. 添加访客信息
2. 保存数据到TXT文件
3. 查看TXT文件的访客信息
0. 退出系统
请输入您的选择(0～3): 1
请输入访客姓名: 黄欣欣
请输入访客身份证号: 452528200606200772
请输入访客电话号码: 11155661210
```

图 8-14　功能实现效果 2

3. 如果输入 2，则把前面添加的访客信息存储到本地保存访客信息的 TXT 文件中，如图 8-15 所示。

```
＊＊＊＊＊欢迎登录访客信息管理系统＊＊＊＊＊
1. 添加访客信息
2. 保存数据到TXT文件
3. 查看TXT文件的访客信息
0. 退出系统
请输入您的选择(0～3): 2
访客信息已经存入文件: src//exception//visitors.txt

＊＊＊＊＊欢迎登录访客信息管理系统＊＊＊＊＊
1. 添加访客信息
2. 保存数据到TXT文件
3. 查看TXT文件的访客信息
0. 退出系统
请输入您的选择(0～3): 3
--------------访客信息如下--------------
姓名:李佳明，身份证号:450107200605210656，电话号码:11177668595
姓名:张小辉，身份证号:450106200512100651，电话号码:11162215665
姓名:黄欣欣，身份证号:452528200606200772，电话号码:11155661210
```

图 8-15　功能实现效果 3

三、思路分析

1. 定义 Visitor 类，表示一个访客对象，包含姓名、身份证号、电话号码 3 个属性，定义构造方法和 getter()方法。直接以字符型数据进行输入输出，所以不做序列化处理。

2. 定义 VisitorManageSys 类，表示程序的主要入口点，定义一个静态集合 ArrayList<Visitor> 存储要添加的访客信息。在 main()方法中显示主菜单，包含以下 3 个方法。

（1）addVisitor()：允许用户输入新访客的信息，并将其添加到访客集合中。

（2）appendVisToFile()：使用字符输出流把集合中的数据以追加的形式存储到 TXT 文件中。部分参考代码如下。

```
try (PrintWriter writer = new PrintWriter(new FileWriter(FilePath, true))) {
    for (Visitor vis : visitors) {
        writer.print("姓名: " + vis.getName() + ", ");
        writer.print("身份证号: " + vis.getIdCard() + ", ");
        writer.println("电话号码: " + vis.getPhone()+" ");
    }
    System.out.println("访客信息已经存入文件: " + FilePath);
```

（3）displayVisFromFile()：使用字符输入流从 TXT 文件中按行读取数据并输出到控制台。

四、编程要求

1. 根据任务描述和功能实现效果编写程序。

2. 要求标识符命名规范，属性和方法有注释，思路分析提供的代码仅供参考。

3. 保留相关的扩展方式，开发人员可根据具体需求进行扩展和优化。